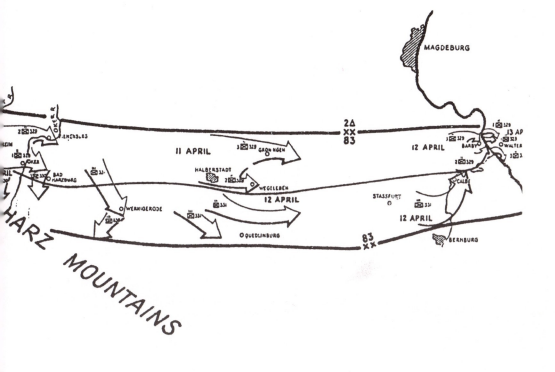

PFLEGHAR BRÜCKENKOPF ZERBST

Udo Pfleghar

Brückenkopf Zerbst
Der amerikanische Vorstoß über die Elbe
im April 1945

Anhaltische Verlagsgesellschaft mbH Dessau
1998

ISBN 3-910192-68-8
© Anhaltische Verlagsgesellschaft mbH Dessau
Printed in Germany
1. Auflage 1998

Lektorat: Dr. Bernd Ulbrich, Dessau
Layout: Helmut Erfurth, Dessau
Satz und Lithos: Repro- und Satzstudio Kuinke, Dessau
Druck: Druckhaus Köthen GmbH
Buchbinderische Verarbeitung: Großbuchbinderei Leipzig

Zum Geleit

Das kleine Städtchen Zerbst in Anhalt, zwischen Magdeburg und Dessau östlich der Elbe gelegen, war mit seinen mittelalterlichen Bauten einstmals ein idyllischer Anziehungspunkt in Mitteldeutschland. Die großen historischen Ereignisse der letzten Jahrhunderte berührten es meist nur am Rande. Bürgerliche Behaglichkeit und Anpassung verknüpften seine Geschichte mit den Zeitläufen in unserem Land. Im April 1945 wurde Zerbst jedoch zu einem der Mittelpunkte des tragischen Geschehens. Die Stadt wurde grausam in den Strudel des Untergangs der Nazibarberei hineingerissen.

Ich habe den Versuch einer Spurensuche in dieser geographischen Ecke der ehemaligen DDR unternommen, von der eine Wende der Nachkriegsgeschichte hätte ausgehen können, wenn die Amerikaner im Augenblick des militärischen Triumphes die Warnungen des britischen Premiers Churchill nicht überhört hätten und vom Brückenkopf vor Zerbst, wie beabsichtigt, weiter auf Berlin vorgestoßen wären. Aufgrund ihrer strategischen Lage wurde meine Geburtsstadt Zerbst drei Wochen vor Kriegsende noch völlig zerstört. Mein Vater Ernst Pfleghar sammelte schon 1945 über 100 Augenzeugenberichte über die Leiden und Schrecken der Zerbster Bevölkerung. Nach ihrer Freigabe in den National Archives in Washington, DC stieß ich auf zahlreiche Dokumente der amerikanischen Kriegführung im April 1945 zum Hintergrund der Tragödie von Zerbst.

Die Vergangenheit zwingt uns auch noch nach über 50 Jahren zum Nachdenken, was Unterdrückung, Krieg und Not einst in Deutschland hinterließen. Die freie Welt hatte nicht vor der menschenverachtenden Vernichtungsmaschinerie des Hitlerstaates kapituliert. Sie brachte in einem opfervollen Weg Menschenwürde und Freiheit nach Europa zurück. Hierbei sollte vor allem der Beitrag der USA gewürdigt werden, denn es gab Jahre des Antiamerikanismus, nicht zuletzt in der ehemaligen DDR, der ihre Leistung in Vergessenheit geraten ließ. Aufschlußreich erwies sich für mich auch der opfervolle Weg des 329. US Infantry-Regiments „Buckshot", den ich von den verlustreichen Kämpfen in der Normandie an durch die Hölle Hürtgenwald bei Aachen, die Einnahme von Neuss am Rhein, bis an die Elbe über den Brückenkopf verfolgte.

Bei der Auswertung bzw. der Übersetzung der amerikanischen Dokumente war ich auf sachkundige Hilfe angewiesen, die ich dankenswerterweise bei Werner Menzel, Rocourt bei Lüttich, und Jens-Uwe Knudsen, Brühl, fand. John Schommer, Elm Grove/Wisconsin, Paul Mac Farlane, St. Petersburg/Florida, sowie zahlreiche weitere Zeit- und Augenzeugen stellten mir wertvolles Material zur Verfügung. Auch ihnen sei Dank.

Möge dieses Buch dazu beitragen, notwendige Lehren aus der Vergangenheit zu ziehen.

    Köln, im September 1998   Udo Pfleghar

Was Zerbst einmal war

Die Stadt feierte in diesem Jahrhundert gleich zweimal einen runden Geburtstag: 1907 beging man das 900jährige und schon 1949 das 1 000jährige Jubiläum von Zerbst. Anlaß für die Feier 1949 war ein Vermerk auf einer Urkunde Ottos des Großen. In ihr wird die Stiftung des Bistums Brandenburg verordnet, und unter den Landesteilen dieses Bistums wird ein Gau Ciervisti genannt. Sicherlich hat ein Ort oder eine Siedlung schon in slawischer Zeit bestanden. Als Heinrich I. und sein Sohn Otto der Große sich im 10. Jahrhundert die slawischen Lande östlich der Elbe aneigneten, wurde jedoch der alte slawische Name beibehalten. Vermutlich bedeutet er Maden- oder Wurmort. Es war kein Spottname. Aus Würmern gewann man nämlich einen roten Farbstoff, der dann Gegenstand des Handels wurde.[1] In der Chronik des großartigen und verläßlichen Thietmar von Merseburg wird dieser Burgward erwähnt: „inde ad urbem quae cirvisti dicitur". Thietmar war seit 1009 Bischof von Merseburg und der Verfasser einer Historie, die von Heinrich I. bis zum letzten Ottonen Heinrich II. reicht. Sie umfaßt die Zeitspanne 919–1018 und berichtet insbesondere über die Ostpolitik der sächsischen Könige und Kaiser und deren Beziehungen zu den Slawen. Die Burgwardbezirke waren Grenzsicherungen gegen die Slawen. Den Mittelpunkt bildete eine Fluchtburg mit danebenliegenden Wirtschaftshöfen. Sehr bald kam das Marktrecht hinzu, wenn die Straßenverbindung günstig lag, wie beispielsweise an Flußübergängen. Durch Zerbst fließt die Nuthe, die damals ein weitläufiges Sumpfgebiet bildete. Mit der weiteren Besiedlung von entfernteren Ostgebieten verlor der Burgward in Zerbst zwar seine Bedeutung, der Handel jedoch blieb.

Besonders der Holzreichtum der Umgebung bis weit in den Fläming hinein bedingte den Aufstieg des Handelszentrums. Man benötigte für die Lagerung des Holzes einen großen Platz, der verkehrsgünstig gelegen war. Dieser Holzmarkt (Forum Lignorum) wurde nach östlicher Sitte durch einen Rathausbau in der Mitte geteilt, so daß ein zentraler Marktplatz und nördlich davon der Hohe Holzmarkt entstanden. Das war um 1380. Weitere kleinere Märkte bildeten sich ringsherum mit einem Viehmarkt, einem Salzmarkt, einem Fischmarkt und der Schleibank. Aus den ursprünglich armseligen Hütten wuchsen mit der Zeit stolze Bürgerhäuser empor. Die Gotik mit ihren Fachwerkbauten eroberte die aufblühende Stadt.

1385 setzten die Bürger als Zeichen ihrer städtischen Freiheit eine vermutlich hölzerne Rolandfigur vor das im Ausbau befindliche Rathaus. 60 Jahre später wurde sie durch eine Sandsteinfigur ersetzt. Erst im 19. Jahrhundert bekam der Roland sein jetziges viel zu enges Haus, in das er hineingezwängt wurde. Dabei verlor er sogar einen Teil seines Allerwertesten, sonst hätte er nicht in die neugotische Behausung hineingepaßt. Stolz zeigt Roland auch heute noch sein Schwert. Den Schild ziert der Adler des Heiligen Römischen Reiches Deutscher Nation. Bedeutungsvoll auch der Kastengürtel, den er trägt: Auf der Gürtelschnalle spielt ein Engel ein Saiteninstrument. Ein gleicher Engel erscheint auch am Roland zu Bremen. Sicherlich ist es ein Hinweis auf die Gerechtigkeit und ihren göttlichen Ursprung. Seit altgermanischen Zeiten hängen Recht und Religion eng zusammen. Der Engel ist als Bote des obersten Richters ausersehen, vor dem auch die irdischen Richter sich einst verantworten müssen. Der Kaufmann unterliegt ebenfalls dem göttlichen Gesetz. Freigelegte Wandmalereien in einem alten Patrizierhaus am Markt deuten darauf hin. Augenfällig ist auch der Hund, auf den Roland tritt. Er ist bei allen erhaltenen Rolandfiguren nur hier vertreten und symbolisiert das Recht, diejenigen, die nicht mit dem Schwert zu bestrafen sind, „zu Hunde zu tragen", d.h. zu verurteilen. Davon betroffen sind hohe geistliche und weltliche Würdenträger. Darüber hinaus war in vielen europäischen Sprachen verbreitet, die Glaubensfeinde Hunde zu nennen. Die christlichen Spanier z.B. nannten die moslimischen Mauren stets perros – Hunde. Vielleicht ist die Zerbster Figur noch eine lebendige Erinnerung an die Rolandsage, die aus Spanien kam und im Mittelalter stark verbreitet war. Roland rettete der Sage nach das christliche Heer der Franken vor den Mauren. Die steinerne Figur auf dem Zerbster Markt wurde zum Symbol der städtischen Freiheit. Leider wurde zu seinen Füßen im Mittelalter auch ein gar nicht mehr freiheitliches Blutgericht gehalten.[2]

Auf einer hohen Holzsäule daneben prangt seit 1403 eine kleine goldene Figur, die vom beginnenden 19. Jahrhundert an „Butterjungfer" heißt. Auch diese kleine Figur wurde zum Symbol der Zerbster Bürgerfreiheit. Eine sagenhafte Überlieferung aus dem 15. Jahrhundert, an dem manches Körnchen Wahrheit sein mag, berichtet folgendes: Der hochfahrende Zerbster Rat, in dem viele reiche Kaufleute den Ton angaben, hatte verfügt, daß der Buttermarkt nur vor den Mauern der Stadt abgehalten werden durfte. So konnten die Kaufleute die Butter in der Stadt teuer verkaufen, denn mancher Hausfrau war der Weg zum Buttermarkt zu weit. Die Landleute hatten das Nachsehen. Zur selben Zeit aber hatten zwei unverheiratete Schwestern eine große Erbschaft gemacht. Zufällig wurde eine der beiden Zeugin eines Willküraktes des Hohen Rates. Eine arme Bäuerin hatte trotz des Verbotes in ihrem Korb Butter auf dem Zerbster Markt verkauft. Sie wurde angeklagt und sollte 24 Goldgulden zahlen oder in den Schuldturm. Von Mitleid erfaßt, zahlte eine der beiden Schwestern das geforderte Geld. Als man fragte, warum sie dies täte, forderte sie kühn die Verlegung des Buttermarktes in die Stadt. Der Bürgermeister lachte sie aus und meinte listig, wenn sie bereit wäre, vom Buttermarkt vor der Stadt an bei jedem Schritt ein Goldstück in ihre Fußstapfen zu legen, so wäre dort der Buttermarkt, wo sie das letzte niedergelegt hätte. Sofort stimmte sie zum Erstaunen aller zu. Das Spiel begann. Vom Buttermarkt an legte sie bei jedem Schritt, den sie ging, ein Goldstück in ihre Fußstapfen. Man erreichte das Stadttor und weiter ging es Schritt für Schritt. Der Bürgermeister mußte alle Goldstücke aufheben und schwitzte tüchtig. Ihre Schwester schritt an ihrer Seite und holte immer neue Beutel mit Goldstücken unter ihren weiten Kleidern hervor. Auf dem Markt angekommen, war das Vermögen der beiden dahin. Das Volk jubelte – nun sollte der Buttermarkt endlich in der Stadt sein. Später zahlten die Bauern freiwillig je einen Marktgroschen an den Markttagen und sicherten damit den beiden

Schwestern ein Auskommen bis zu deren Ende.[3] Die dankbaren Zerbster Bürger setzten den beiden Schwestern dieses Denkmal. Auf einer hohen Säule thront noch heute die güldene Figur der „Butterjungfer": eine Figur für die beiden Schwestern – sie sollen zeitlebens ein Herz und eine Seele gewesen sein. Die hölzerne Säule mußte von Zeit zu Zeit erneuert werden. In Zerbst erzählte man sich, daß bei jeder Erneuerung ein schreckliches Unheil über die Stadt käme. 1944 wurde die morsche Holzsäule ersetzt. Ein Menetekel für künftige Ereignisse?

Um diese beiden Symbole der Stadtfreiheit herum wuchs Zerbst weiter. Neue Fachwerkhäuser entstanden, manche mit prächtigen Giebeln verziert. Auch zählte die Stadt im 15. Jahrhundert 32 große Brauhäuser. Bier wurde zum Exportschlager. Es muß hervorragende Eigenschaften hinsichtlich seiner Lagerfähigkeit gehabt haben. Selbst bei Festlichkeiten der umliegenden Städte wie Wittenberg und Magdeburg schätzte man Zerbster Bier als Delikatesse. Im 15. Jahrhundert gab es in der Stadt ganze 550 Brauer – in München waren es erst 30! Selbst Grimmelshausen erwähnt in seinem Simplizius Simplizissimus das Zerbster Bier. Im 18. Jahrhundert veränderte sich jedoch der allgemeine Geschmack. Es ging mit den Brauereien bergab. Nur das Zerbster Bitterbier erinnert noch heute an die große Brautradition.[4]

Eines der prächtigsten Häuser am Markt war das Apostelhaus, das als Gasthaus diente. An geschnitzten Balken, die einen Fachwerkgiebel zierten, stachen die Apostelfiguren hervor. Auch Luther war hier abgestiegen, als er die Stadt besuchte. Zerbst blühte auf. Das Rathaus wurde vergrößert und erhielt Ende des 15. Jahrhunderts zwei farbige und vergoldete Backsteingiebel. Nach einem Brand im 19. Jahrhundert ging jedoch die Farbigkeit verloren, und sie mußten neu gestaltet werden. Dabei ergänzte man die Terrakotten durch Figuren aus der Reformationszeit. Emanuel Semper, der zweite Sohn von Gottfried Semper, war als Modellierer an der Ausführung beteiligt. Der Wohlstand der Zünfte und Gilden ließ jedoch das Rathaus bald zu klein werden. Deshalb entstand im 16. Jahrhundert auf dem Markt ein mächtiger Erweiterungsbau, „Neues Haus" genannt. Ursprünglich wurde dieser Bau an der Wende von Spätgotik und Renaissance auch als Kaufhaus gebraucht, wie es im Osten üblich war. Sicher richtete man sich hierbei nach der Tradition des Magdeburger Stadtrechts. Baumeister war der bekannte Ludwig Binder. Mit ihm wehte ein Hauch der Renaissance nach Zerbst hinein. Später verunglückte er tödlich bei Arbeiten am Turm der Wittenberger Stadtkirche. Binder erwarb das Zerbster Stadtrecht, was für die Bedeutung des damaligen Gemeinwesens spricht. Reiche Giebelaufsätze schmückten dieses „Neue Haus". Auch das Hauptportal spiegelte die Bedeutung des Gebäudes wider. Es war nach dem verheerenden Luftangriff 1945 noch beschädigt erhalten geblieben. Eine Inschrift auf dem Gesims enthielt die Mahnung: „Verbum manet eternum – das Wort Gottes bleibt in Ewigkeit – Anno Domini 1537".[5] Es ist einleuchtend, daß dies bei den späteren DDR-Machthabern nicht stehenbleiben durfte. Das „Neue Haus", in den Mauern noch völlig erhalten, wurde genauso abgerissen wie die Ruine des in seiner Bausubstanz noch vorhandenen Renaissance-Rathauses. Die vorgegebenen ideologischen Richtlinien der damaligen Zeit hatten die Tendenz, eine „Sozialistische Stadt" zu erbauen. Die Polen dagegen haben gezeigt, wie man Vergangenheit durch geschickte Restauration wieder entstehen läßt. In Zerbst aber wüteten Spitzhacke und Abrißbirne. Das Binderportal konnte teilweise gerettet werden, Teile davon lagern heute im Heimatmuseum.

Mit den Kaufherren und Handwerkern, die aus Zerbst ein blühendes Gemeinwesen gemacht hatten, waren auch Mönche in die Stadt gekommen. Drei große Klöster entstanden: Die Franziskaner begründeten 1240, also nur 16 Jahre nach dem Tod des Heiligen Franziskus, das erste Kloster. 1309 ließen sich die Augustiner hier nieder. Ein Zisterzienserinnenkloster war zehn Jahre vorher in Zerbst entstanden. Da die Nonnen beim Eintritt in die Klausur eine reiche Aussteuer mitbrachten, kam diese Niederlassung bald zu großem Besitz. Ganze Dörfer im Fläming, im Köthener und Bernburger Land gehörten den weißen Nonnen des Bernhard von Clairvaux. Bürger und Geistlichkeit kamen in Zerbst gut miteinander aus. Das sollte sich ändern, als hier und in anderen Städten des Bistums Brandenburg der Dominikaner Tetzel auftauchte, der Ablaßbriefe verkaufte. Gegen dessen Treiben, besonders in Zerbst und Jüterbog, wetterte Martin Luther von Wittenberg aus und verbreitete seine Thesen gegen den Ablaßhandel. So war es verständlich, daß die Reformation sehr früh in Zerbst einzog. Nach Wittenberg war es eine der ersten deutschen Städte, in der sich die neue Lehre durchsetzte. Nur zwei Monate später, nachdem Luther von der Wartburg nach Wittenberg zurückgekehrt war, predigte er am 18. Mai 1522 im Zerbster Augustinerkloster. Auch am darauffolgenden Sonntag verkündete er hier den Zerbstern das Wort Gottes. Das muß ungeheuren Eindruck bei der Bürgerschaft hinterlassen haben. Auch der hohe Rat mit dem tapferen Bürgermeister Claus Cramer stellte sich entschlossen und mutig auf die Seite Luthers. Die Einwohner stürmten die Kirchen und entfernten die Bilder und Altäre. Zerbster Brauknechte verbrannten in ihren Braupfannen wertvolle Heiligenbilder, Plastiken und anderes Kirchenmobiliar. St. Nikolai wurde als erste Kirche der Stadt evangelisch. Als die Brauknechte auch das Franziskanerkloster gestürmt und dort die Mönche vertrieben hatten, versuchte der Kaiser selbst, die Stadt wieder botmäßig zu machen. Der mutige Bürgermeister Claus Cramer schrieb am 26. September 1529 auf einen Merkzettel, den er an den Befehl Kaiser Karls V. heftete: „Anno Domini. Sonntag nach Michaelis. Anno Domini 1529. Wolle mit nichten von dem Worte Gottes abtreten. Die grauen Mönche wieder einzunehmen mit nichten gewilligten. Es koste Leib oder Geld. Die Clenodia auch nicht zurück – nich – nich – nich!" Auch die kaiserlichen Drohungen hatten also nichts genutzt.

Aber nun zur Nikolaikirche, die als erste evangelisch geworden war. Ihre Anfänge reichten bis ins 12. Jahrhundert zurück. Der erste romanische Bau erwies sich bald als zu klein für diese aufstrebende Stadt. Daher faßten Bürger und Geistlichkeit den Beschluß, eine gewaltige Hallenkirche zu errichten, die Zerbst angemessen repräsentieren sollte.

Als Baumeister wurden Hans und Mathias Kumoller aus Dresden verpflichtet. Beide waren aus der berühmten Parlerschule in Prag hervorgegangen. So entstand eine gewaltige Hallenkirche in Parlerschen Dimensionen. Drei mächtige Schiffe wölbten sich empor, ein gewaltiges Satteldach deckte die Kirche. Das aufstrebende spätgotische Netzgewölbe bildete den inneren Abschluß. Ein reich dekorierter Umgangschor rückte den erlebten Raum in den Mittelpunkt. 1488 war der Bau vollendet, obwohl vorher ein schreckliches Unheil geschah: Die Zerbster Stadtwache hatte im kaum vollendeten Südturm das Pulvermagazin untergebracht. Man wähnte sich hier sicher. Doch unvorsichtige Ministranten betraten den Turm in der Osternacht 1475 mit brennenden Kerzen! Das Pulverlager wurde mitsamt Turm und leichtsinnigen Knaben in die Luft gejagt. Den ebenfalls beschädigten nördlichen Turm baute man wieder auf, wagte aber nicht, eine Doppelturmfassade zu errichten. Die Zerbster begnügten sich mit zwei kurzen Kegeln rechts und links, die mit Kreuzblumen geschmückt waren. Die Mitte wurde nun zum eigentlichen Kirchturm. Ein Umgang für den Türmer und seine Wohnung in luftiger Höhe diente der Sicherheit, von hier aus hatte man einen umfassenden Überblick. Auch die Turmglocken wurden vom Türmer betätigt. Zerbst hatte mit der Nikolaikirche und dem von weither schon sichtbaren Turm sein Wahrzeichen erhalten. Es überragte weit alle Häuser der Stadt. Neben dem Magdeburger Dom blieb die Nikolaikirche das größte Bauwerk in Mitteldeutschland und erinnerte an den „schönen Stil" der Parlerschule. Selbst noch als Ruine, wie sich Turm und Kirche heute darbieten, wird in dem tristen modernen Stadtbild ein Akzent gesetzt. In den 70er Jahren war von den SED-Machthabern der Abriß der Kirchenruine erwogen worden. Entschlossener Bürgerzorn hatte das verhindert!

1524 hatten die letzten sechs Augustinermönche nach dem Verkauf ihres Klosters an den Rat die Stadt Zerbst verlassen. Das Klostergebäude wurde zu einem Spital umgewandelt. Auch das Frauenkloster wurde im Beisein Melanchthons und Bugenhagens aus Wittenberg evangelisch. Nur die Franziskaner im Barfüßerkloster hatten sich beharrlich geweigert, der Lehre Luthers zu folgen. Bereits ein Jahr früher, 1523, mußte der letzte katholische Priester der Stadt den Rücken kehren. Nur die Franziskanermönche im Barfüßerkloster hielten noch eifrig ihre Stellung. Die Zerbster Bürger forderten, die Mönche sollten schleunigst ihre Sachen packen und abziehen. Selbst der Fürst in Dessau konnte die Bürger nicht umstimmen. Im September 1526 stürmten schließlich Zerbster Brauknechte das Kloster. Der Guardian (Vorsteher) wies die aufgebrachten Bürger darauf hin, umgehend die Besetzung aufzuheben und in Frieden abzuziehen. Aber der Bürgermeister antwortete selbstbewußt: „Das wird nicht eher geschehen, als wenn die Disteln Feigen tragen!" Darauf verließen die letzten Mönche das Gebäude und die Stadt.

Luther hatte den Zerbstern geraten, eine Bildungsanstalt in den Mauern des jetzt leerstehenden Klosters unterzubringen. Doch die anhaltischen Fürsten neigten Calvin und der strengeren reformierten Lehre zu. Es herrschte noch der Grundsatz: Cuius regio, eius religio – wessen Land, dessen Religion – und folglich waren die Landeskinder dem reformierten Glaubens Calvins verpflichtet. Die Zerbster befolgten dann aber doch den Rat Luthers und gründeten in diesem Gebäude 1582 die anhaltische Landes-Universität, das „Gymnasium illustre". Die Universitäten in Wittenberg und Leipzig waren streng lutherisch, und deshalb mußte die Zerbster ein Gegengewicht zur Wittenberger Universität sein. Hier sollten die anhaltischen Landeskinder als Richter, Ärzte und Priester ausgebildet werden. Die Jugend hatte also gefälligst im Lande zu bleiben und hier ihr Wissen zu erwerben. Zerbst war zu dieser Zeit die größte und bedeutendste anhaltische Stadt. Die Einwohnerzahl betrug etwa 8 000. Dessau, Köthen und Bernburg zusammen hatten nicht mehr Bewohner. Studenten kamen jetzt aus ganz Deutschland, ebenso bedeutende Professoren. Der Rektor war auf Lebenszeit angestellt. Es gab drei Fakultäten: Theologie, Jurisprudenz und Medizin. Der zweite Rektor war der große Calvinist Marcus Friedrich Wendelin. Er kam aus Heidelberg und hatte dort und in Genf studiert. Die Schrecken des Dreißigjährigen Krieges fielen in seine Amtszeit. Seine Frau wurde von der Pest dahingerafft, ebenso zwei Professoren. Wendelin schrieb in den letzten Jahren seines Lebens die großen theologischen Werke, die seinen Namen in ganz Europa bekannt machten. Ein ganzes Jahrhundert lang wurden sie auf allen reformierten Universitäten gelehrt. Auch Konrad Philipp Limmer aus der Oberpfalz war ein bedeutender Professor in Zerbst. Er lehrte Medizin. Schon 1690 führte er die Anatomie des menschlichen Körpers mit praktischen Übungen im Sezieren an dieser Hochschule ein. Zu der Zeit war das Sezieren im übrigen Deutschland noch verpönt und streng verboten. Der letzte Rektor der Zerbster Universität war wohl auch der bedeutendste: Christian Friedrich Sintenis. Im Hauptamt war er Pfarrer an der Trinitatiskirche, aber er nahm auch sein Amt als Professor sehr ernst. Sein 50 Bände umfassendes Werk war für ein weltweites Publikum geschrieben worden: Romane und wissenschaftliche Abhandlungen. Fast in jedem Jahr gab er ein Buch heraus, manchmal sogar mehrere. Sein „Veith Rosenstock" und die „Menschenfreuden aus meinem Garten in Zerbst" wurden weit in Deutschland bekannt, ja sogar ins Holländische übersetzt. Er forderte ein Christentum der Tat und der wahren Nächstenliebe. Mit dieser Universität, an der man allerdings nicht den Doktorhut erwerben konnte, war eine berühmte Druckerei verbunden. Eine bedeutende Bibliothek trug ebenfalls zum Ruhm der Universität bei. Viele Schriften Luthers, Melanchthons sowie Lukas Cranachs Prunkbibel sind heute noch erhalten. Die Bibliothek des Zerbster Franciscceums ist deshalb immer noch eine der bedeutendsten in Mitteldeutschland.[6] Der Dreißigjährige Krieg brachte das Verhängnis auch für diese Hochschule. Sie schleppte sich noch bis 1798 dahin.

Während der Regierungszeit des Dessauer Fürsten Leopold III. Friedrich Franz von Anhalt war in seiner Residenzstadt Dessau das Philantropinum gegründet worden. Hier hatte Johann Bernhard Basedow seine pädagogischen Ideen Ende des 18. Jahrhunderts in die Tat umsetzen können. Der Fürst, von seinen Landeskindern Vater Franz genannt, war ein begeisterter Anhänger der Ideen der Aufklärung. Als nach dem Aussterben der Zerbster Linie das Fürstentum an Dessau gefallen war, konnte die Aufklärung auch in die Stadt Zerbst einziehen. In konsequenter Fortführung der vom Philantropinum verfochtenen Trennung von Kirche und Schule rückten die Realienfächer in den Vordergrund. Neue Sprachen und Naturwissenschaften sollten Vorrang bekommen. Nach diesen Ideen wurde 1803 im ehemaligen Franziskanerkloster und dem ihm folgenden Gymnasium illustre ein Gymnasium gegründet, das die pädagogischen Neuerungen übernahm. 1836 erhielt es zum Andenken an Vater Franz den Namen Francisceum. Es war eine der ersten Schulen in Deutschland, in der die Realienausbildung im Vordergrund stand. Heute ist dieser Name nach dem DDR-Zwischenspiel zur Schule zurückgekehrt.

Der Dreißigjährige Krieg hatte der Stadt schwere Wunden geschlagen. Im März 1626 überkletterten die Truppen Ernst von Mansfelds die Stadtmauer und drangen in Zerbst ein. Der Feldherr nahm Quartier im Neuen Haus am Markt. Plünderungen, Kriegssteuern und schreckliche Gewalttaten suchten die armen Bewohner der Stadt schwer heim. Es sollte noch schlimmer kommen! Wallensteins Soldaten hatten die Pest eingeschleppt – 3 000 Menschen, fast die Hälfte der Einwohner, fielen ihr zum Opfer. Als 1631 die Schweden vor Zerbst erschienen, wurden sie anfangs von der Bevölkerung stürmisch begrüßt. Sie plünderten aber die Stadt später noch grausamer aus als die Kaiserlichen. Der Zerbster Fürst war 1644 zum evangelisch-lutherischen Bekenntnis zurückgekehrt, also mußten ihm die Einwohner folgen. Endlich kam 1648 der ersehnte Friedensschluß. Nur allmählich vernarbten die schweren Wunden des 30jährigen Mordens, Raubens und Plünderns.

Ein bedeutender Kirchenbau für die bis dahin unterdrückten Lutheraner konnte mit der Trinitatiskirche begonnen werden. Baumeister war der Holländer Cornelis Ryckwaert. Als Festungsbaumeister hatte er in brandenburgischen Diensten einen gewissen Ruhm erworben. Ihm zur Seite stand der Stukkateur Giovanni Simonetti, der sich als Schüler Andreas Schlüters ausgezeichnet hatte. Er folgte Ryckwaert auch nach dessen Tod als Baumeister. Da in der Nikolaikirche weiterhin reformierter Gottesdienst abgehalten wurde, erstand jetzt nur 100 Meter entfernt die Kirche der Heiligen Dreifaltigkeit – St. Trinitatis. Es wurde ein imposanter frühbarocker Zentralbau in Form eines griechischen Kreuzes. Hier war der Baumeister sicherlich dem klassizistischen Vorbild Andrea Palladios gefolgt. Ryckwaert schuf einen der frühesten Kirchenbauten dieses Stils in Deutschland. Direktes Vorbild war die Osterkerk in Amsterdam. Ein gewaltiges Pyramidendach bildete den Abschluß der Kirche. Der Zentralbau war auf den lutherischen Predigtgottesdienst abgestimmt und legte gesteigerten Wert auf Hör- und Sichtbarkeit. Heute ist die Trinitatiskirche dank der unermüdlichen und tätigen Mithilfe der Gemeinde während der DDR-Zeit wieder im alten Glanz aufgebaut. Auch die Apotheose der Zerbster Fürsten oben auf dem Giebel ist neu erstanden – dies damals sicherlich nicht zur Freude der SED-Oberen.

Unweit dieser Kirche lag ein anderer Markt – die Heide. Hier steht noch heute das größte Zerbster Stadttor, das Heidetor. Ein mächtiger Turm mit Zinnen und Pyramidenhelm beschützt die Stadt. Seit dem 15. Jahrhundert immer wieder verändert, hat er alle Zeitenläufe überstanden und wurde zu einem Zerbster Wahrzeichen.

Doch das wichtigste Gebäude lag vor den Mauern der Stadt – das Schloß. Heute ragt mitten im Schloßgarten eine einsame Ruine auf einem überdimensionalen Platz auf – es sind die letzten Überreste der einst stolzen Pracht. Der Bauweise des 12. Jahrhunderts gemäß, sicherte eine Burg mit Vorburg und Wassergraben den feudalen Besitz. Herren waren die Askanier, die von Albrecht dem Bären abstammten. Jedoch gab es unter ihren Nachkommen bis ins 18. Jahrhundert hinein kein Erstgeburts- und Unteilbarkeitsgesetz. Die Folge waren immerwährende Erbteilungen, die den ganzen Besitz in viele Mini-Fürstentümer zersplitterten. Im frühen Mittelalter bildeten die Askanier sicherlich das mächtigste deutsche Fürstengeschlecht. Zwei Kurfürstentümer, Kur-Sachsen und Brandenburg, vereinigten sie unter ihrer Herrschaft. Aber durch die häufigen Erbteilungen zerfloß die Macht. Immerhin ging die Zerbster Linie ungeschmälert daraus hervor. Doch durch innere Streitigkeiten verlor sie zunehmend an Einfluß. Fürst Rudolf, einer der Fürsten, war im 15. Jahrhundert unter Kaiser Maximilian zu Kriegsruhm gekommen und unter dem Beinamen der „Tapfere" in die Geschichte eingegangen. In Innsbruck liegt dieser Zerbster Askanier begraben. Im 14. Jahrhundert konnte der Fürst die Bürger der Stadt durch einen Vertrag zwingen, beim Bau der Stadtmauer und der darum liegenden Befestigungsanlagen seine Genehmigung einzuholen. 1378 wurde das in einem Vertrag besiegelt. Die Zerbster wiederum betrachteten es jedoch als ihr gutes Recht, ihre Stadt mit Mauern und Türmen zu befestigen. Das Freiheits- und Unabhängigkeitsbewußtsein der Gilden und Zünfte führte infolgedessen zum Bau eines Wehrturms auf der Stadtmauer direkt dem Schloß gegenüber. Daraus wurde der „Kiekinpott" oder „Kiek in de Koken". Doch die Bürgerschaft mußte für diese Eigenmächtigkeit 900 Mark in Silber an den Fürsten zahlen. Das Recht, als freier Mann in der Stadt zu wohnen, bedingte auch, daß jeder, ob arm ob reich, 24 Tage im Jahr am Bau des Grabens und der Mauer mitarbeiten mußte. Somit trug jeder auch Verantwortung für die Verteidigung seiner erworbenen Rechte.

Die blühendste Stadt in Anhalt im 15. und 16. Jahrhundert war ohne Zweifel Zerbst. Die vornehmsten Bürgerfamilien bildeten die Patrizier, ihnen gegenüber standen die Zünfte der Handwerker. Sie suchten, sich die Gleichberechtigung mit den Patriziern zu erstreiten. Die Patrizierhäuser der Stadt hatten mehrere Stockwerke mit weit vorspringenden Erkern. Die Fachwerkbalken trugen prächtige Schnitzarbeiten wie die Apostelfiguren am Gasthaus „Deutsches Haus" am Marktplatz. Mit der Schützengilde zogen einmal im Jahr die vornehmen Bürger zum festlichen Wettschießen mit der Armbrust auf den Schützenplatz vor den Mauern.

Die Klöster jedoch befanden sich in einem erbärmlichen Zustand. 1485 schrieb Fürst Magnus von Zerbst an den Papst: „Zwei Klöster meiner Stadt Zerbst sind so in den Grund verderbt, daß seit einiger Zeit nicht geringes Ärgernis daraus entstanden. Falls ihm nicht gesteuert wird, ist die größte Gefahr und tiefer Verfall auch in den Herzen der Besserdenkenden zu fürchten!". Die Abneigung gegen die laxen Sitten in den Klöstern hatte natürlich auch die Bevölkerung erfaßt. So genügte ein kleiner Anstoß, der die Reformation erfolgreich auslöste. Fürst Magnus hatte einen Neffen, der die Herrschaft Köthen besaß. Es war Fürst Wolfgang. Nach Magnus' Ableben teilte er sich mit den Dessauern die Herrschaft Zerbst. Magnus hatte keinen Erben hinterlassen. Inzwischen trieb hier der Dominikanermönch Tetzel sein Unwesen. Er verkaufte Ablaßbriefe, die sogar für zukünftig zu begehende Sünden gelten sollten. Dieser Ablaßhandel sollte die Initialzündung für die Reformation werden. Zerbst war sehr früh schon lutherisch geworden und Fürst Wolfgang gab den Zerbstern einen festen Schutz: „Ich werde die Stadt Zerbst bei dem göttlichen Worte und heiligem Evangelium gnädiglich schützen und dabei sie zu verteidigen Leib und Gut, Land und Leute aufs Spiel setzen!" Wolfgang protestierte 1529 auf dem Reichstag zu Speyer mit anderen Fürsten gegen den Wormser Beschluß Kaiser Karls V. Dieser Protest war der Anlaß, die unterzeichnenden Fürsten Protestanten zu nennen. Wolfgang wurde somit der erste Protestant Anhalts. Er unterzeichnete ebenfalls in Augsburg mit anderen die Konfession und wurde zu einem der mutigen Bekenner. Nach der verlorenen Schlacht von Mühlberg 1547 mußte er fliehen. Er verbarg sich, zum Teil als Müller verkleidet, im Land. Erst als alter Mann erhielt er einen Teil seiner Besitzungen zurück, die ihm von Karl V. genommen worden waren. Er hatte sich nach Zerbst zurückgezogen, nachdem er das Fürstenhaus den Dessauer Vettern vermacht hatte. Hier starb er 1566 und wurde in der Hofkirche St. Bartholomäi beigesetzt.

Wo einst die alte Wasserburg gestanden hatte, war nach deren Abriß ein kreisrunder Platz entstanden. Dort hatte jeder Fürst sein eigenes kleines Schlößchen errichten lassen, zum Teil stattliche Renaissancebauten, welche sich Wolfgangs Vettern Johann, Georg und Joachim von Ludwig Binder erbauen ließen.

Herzog Joachim Ernst gelang es, die anhaltischen Stammlande nochmals zu vereinigen. Als dieser 1586 kinderlos starb, begründete Rudolf nach der Teilung Anhalts 1603 die Linie Anhalt-Zerbst.

Im 17. Jahrhundert waren die Gebäude der einzelnen Schlößchen baufällig geworden. Die Verwüstungen und Plünderungen im Dreißigjährigen Krieg spielten hierbei sicherlich eine Rolle. Erst als sich das Land etwas erholt hatte, war an einen Neubau der Schloßanlage zu denken. 1681 legte Fürst Karl Wilhelm den Grundstein. Das neue Zerbster Schloß sollte eine Dreiflügelanlage werden. Den Entwurf hatte der brandenburgische Festungsbaumeister Cornelis Ryckwaert geliefert. Zur gleichen Zeit erbaute er ja die St. Trinitatiskirche. Die bisherigen Anlagen wurden abgetragen, und alles Material als Fundament des Neubaus genutzt. An der Seite Ryckwaerts stand der Italiener Giovanni Simonetti, der als Stukkateur und Architekt nach Ryckwaerts Tod die Bauleitung übernahm. Simonetti schuf die schönen Stukkaturen in den Sälen und Kabinetten im strengen, französisch anmutenden Barock. Auch das Prunkstück der Anlage, die Schloßkapelle, ging auf ihn zurück. Simonetti hatte als Mitarbeiter Andreas Schlüters viele Stuckarbeiten im Berliner Stadtschloß geschaffen. Der aus Weißenfels stammende Johann Christoph Schütze schuf dann den Mittelturm des Schlosses. Inzwischen hatte sich das Rokoko auch in Zerbst durchgesetzt. Mit dem Westflügel wurde der Bau 1746 schließlich vollendet. Die Pläne dazu hatte wahrscheinlich ein Mitarbeiter des großen Wenzelslaus von Knobelsdorff geliefert, Johann Friedrich Friedel. Ein grandioser Barockbau war entstanden. Die kleinen Fürsten von Zerbst hatten sich ihr Versailles geschaffen. Im Inneren prangten verspielte Rokoko-Rocaillen und prächtige Deckengemälde. Michael Hoppenhaupt, der mit seinem Bruder unter anderem das Konzertzimmer Friedrichs des Großen in Sanssouci sowie die Stukkaturen in diesem Schloß mitgestaltet hatte, schuf in diesem Flügel des Zerbster Schlosses die Innendekorationen vor allem für das Zedernkabinett, den Audienzsaal und das Blaue Kabinett. Jeder Raum war ein Kunstwerk.[7]

Die Zerbster Fürsten Karl Wilhelm, Johann August und Christian August hatten sich mit dem Schloßbau übernommen. Anfang des 18. Jahrhunderts konnten sie aus der Stadt die erforderlichen Einkünfte nicht erzielen, obwohl in Zerbst eine Gold- und Silbermanufaktur gegründet worden war und 1721 eine Fayencemanufaktur entstand. Die Erzeugnisse konnten gut abgesetzt werden, aber für die fürstliche Kasse fiel dennoch nicht genug ab.

Eine erneute Erbteilung der Zerbster Fürsten hatte die Linie Zerbst–Dornburg entstehen lassen. Als auch der dortige Fürst Johann August ohne männlichen Nachkommen starb, übernahm sein Bruder Christian August die nunmehr wiedervereinigte Herrschaft Zerbst. Dieser Fürst war als 18jähriger in preußische Dienste getreten. Der Alte Dessauer, Leopold I., hatte ihn in der Kriegskunst ausgebildet und auf Preußen eingeschworen. In mehreren Feldzügen hatte sich Christian August ausgezeichnet. Schließlich erhielt er den Rang eines preußischen Feldmarschalls. Wegen seiner Verdienste hatte er vom preußischen König den Gouverneursposten der Festung Stettin erhalten, die erst wenige Jahre vorher an Preußen angegliedert worden war. Dort wurde 1729 seine Tochter Sophie Friederike Auguste geboren, zärtlich „Fieke" genannt. In Stettin verlebte sie ihre Kinderjahre. Ihre Eltern verbrachten auch viele Monate im Jahr in ihren Stammschlössern Dornburg und Zerbst. Sophie Friederike Augustes Mutter stammte aus dem Herzogtum Holstein-Gottorp. Ihr Cousin war mit der Tochter Peters des Großen von Rußland verheiratet. Aus dieser Ehe war der russische Thronerbe Peter III. hervorgegangen.

Am 1. Januar 1744 traf per Kurierpost ein Brief im Zerbster Schloß ein, der besagte, daß die 15jährige Sophie Friederike Auguste den jungen Peter von Holstein-Gottorp zu heiraten hätte. Beide hatten sich einmal kurz als Kinder gesehen, sonst kannten sie sich nicht. Mit diesem Brief vom glänzenden Zarenhof in St. Petersburg war das Mädchen aus dem kleinen Zerbst zur zukünftigen Gattin des russischen Thronfolgers bestimmt worden. Noch hatte sich die junge Fieke nicht von dieser Überraschung erholt, schon traf ein zweites Schreiben ein. Absender war der preußische König Friedrich der Große. Er gab der jungen Frau nicht nur zu verstehen, daß er von den Hochzeitsplänen wußte, sondern er offenbarte auch, der Urheber zu sein. Dagegen war man machtlos. Ein weiterer Brief Friedrichs des Großen drängte zur sofortigen Abreise nach St. Petersburg. Selbstverständlich verfolgte der König ein klares Kalkül: Die Sachsen war mit Österreich liiert und mit Rußland verbündet. Friedrich mußte also versuchen, diesen Block auseinanderzubrechen – und wenn es sein mußte: mit einer Heirat! Damit hatte er die Gewähr, den preußischen Einfluß am russischen Hof geltend zu machen.

Die Zarin Elisabeth war unverheiratet und hatte keine Kinder. Deshalb adoptierte sie den Sohn ihrer Schwester, die mit einem Herzog von Holstein-Gottorp verheiratet war. Sie bestimmte ihn zu ihrem Nachfolger. Dieser Großfürst Peter III. war ein glühender Verehrer Friedrichs des Großen. Er trug stets preußische Uniformen, ja er ahmte sogar den Gang und die Sprache des von ihm verehrten Preußenkönigs nach.

Friedrich der Große hatte seine Schwester mit dem Kronprinzen von Schweden verheiratet. Auch das war natürlich ein Politikum – er hoffte hiermit einen Verbündeten zu gewinnen. In Rußland dagegen waren Palastrevolutionen bisher recht häufig gewesen. Dafür wollte er natürlich keine Hohenzollernprinzessin opfern. Die junge Zerbster Fürstentochter kam ihm deshalb sehr gelegen. Ihre Person an der Seite des preußisch gesinnten Peter III. mußte Friedrichs Einfluß in Rußland sicherstellen. Auch die europäischen Großmächte waren nicht müßig, sie bemühten sich ebenfalls um eine eheliche Verbindung mit dem jungen Großfürsten Peter. Man wußte, daß dieser junge Holsteiner, Thronerbe des mächtigen Rußland, schwach, egoistisch und manchmal brutal war. Mit einer Frau an seiner Seite hoffte man, Einfluß auf Rußland zu gewinnen.

Zarin Elisabeth sah in der kleinen Fürstentochter aus Zerbst keine Gefahr. Zumal sie auch diplomatisch zu verhindern versucht hatte, daß der sächsische Einfluß in Rußland nicht zu stark wurde, indem eine Enkelin Augusts des Starken den russischen Thronfolger heiratete. Mußte diese kleine Zerbster Prinzessin für ihre Standeserhöhung nicht jedem ewig dankbar sein? Die Mutter Sophie Friederike Augustes war natürlich begeistert von dem Plan, der ihre Tochter auf den russischen Thron führen sollte. Der Vater hingegen hatte anfangs Bedenken wegen des zu vollziehenden Übertritts zum russisch-orthodoxen Glauben. Aber der Wille des Preußenkönigs half ihm über diese Bedenken hinweg.

Bereits 12 Tage nach dem Erhalt der Briefe brach die Mutter mit der gerade 15jährigen Tochter „Fieke" nach St. Petersburg auf. In Berlin machte man Station, und bei einem Hoffest soll sich Friedrich der Große sehr um die junge Prinzessin gekümmert haben, damit ja nichts mehr schieflaufen konnte. Die Schlittenreise mitten im Winter war sehr beschwerlich für alle Beteiligten, aber man gelangte wohlbehalten in St. Petersburg an. Plan der Zarin Elisabeth war es, daß die junge Prinzessin unvermutet hier auftauchen sollte, um allen Spekulationen und Intrigen über Hochzeitspläne des jungen Peter ein Ende zu machen. Eine Tatsache war geschaffen, nichts konnte mehr rückgängig gemacht werden. Mit einem festlichen Empfang begann die Laufbahn der kleinen Zerbster Prinzessin in der Hofgesellschaft St. Petersburgs. Beim Übertritt zur russisch-orthodoxen Kirche nahm sie den Namen Katharina an. Begabt wie sie war, lernte sie sehr schnell Russisch und fügte sich erstaunlich gut in das Hofleben ein. Auch sammelte sie bald eine ihr ergebene Partei junger Adeliger um sich. Siebzehn Jahre hatte sie Zeit, sich in den russischen Verhältnissen zurechtzufinden. Und als am Ende des Siebenjährigen Krieges die Friedrich II. feindlich gesonnene Zarin Elisabeth starb, ging die Rechnung des Preußenkönigs auf. Katharina nutzte die Antipathie des Adels gegen ihren unberechenbaren Gemahl Peter III. aus. Sie stellte sich an die Spitze der Verschwörung gegen ihn und ließ sich von ihr ergebenen Gardeoffizieren zur Zarin Katharina II. ausrufen. Ihr Gatte war ermordet worden – seine Mörder wurden nie bestraft. Katharina regierte 1762–1796 auf dem russischen Zarenthron. Die ehemalige Zerbster Prinzessin rettete Friedrich den Großen im Siebenjährigen Krieg durch einen vorzeitigen russisch-preußischen Frieden, und somit trug „Fieke" sicherlich ihren Teil der Dankbarkeit gegenüber dem Preußenkönig ab.

In Rußland herrschte sie mit straffer Hand. Sicherlich liebäugelte sie in vielem mit den Gedanken der Aufklärung, doch die Leibeigenschaft und Herrschaft des Adels über die russischen Bauern sah sie als gottgewollt an. Und doch ermahnte sie die Besitzenden ständig, die Ausplünderung der Leibeigenen nicht zu weit zu treiben. Die Drangsal der russischen Bauern hatte sich Luft gemacht in 40 Aufständen, der größte davon stand unter der Führung des Kosaken Pugatschow. Hierbei hatten 30 000 Bauern das Gebiet zwischen Ural und Wolga erobert. Erst nach dem Aufgebot eines großen Heeres konnten die Aufständischen besiegt werden. Pugatschow wurde 1775 nach schrecklicher Folter öffentlich hingerichtet. Katharinas anhaltische Herkunft mag der Grund dafür sein, daß 1764 deutsche Bauern an der Wolga angesiedelt worden sind. Sie machten aus diesen Siedlungen eine blühende Landschaft, und erst Stalin beendete diese Blütezeit durch die Deportationen der Nachkommen dieser Siedler während des Zweiten Weltkriegs. Zwei Türkenkriege brachten Rußland unter Katharina Zugang zum Schwarzen Meer. So konnte sie auch die Krim annektieren. Später teilte sie mit Preußen zusammen Polen auf und befestigte damit Rußlands Stellung als europäische Großmacht.

In die Geschichte ist sie auch wegen der zahlreichen Liebhaber eingegangen, die ihren Weg säumten. Der einflußreichste war sicherlich Potemkin, dem sie ein Leben lang auf ihre Art die Treue hielt. 1796 starb sie in ihrem Schloß Zarskoje Selo in der Nähe von St. Petersburg. Sie ist 67 Jahre alt geworden.[8]

Während dieser Zeit gab es für die Zerbster schwere Steuerlasten zu tragen, denn die Schwiegereltern des russischen Thronfolgers mußten ja prunkvoll repräsentieren. Der östliche Seitenflügel des Schlosses war prächtig im Rokoko ausgestaltet worden. Vorgesehen war auch der erweiternde Ausbau des Schlosses in Dornburg, er konnte aber wegen fehlender Mittel nicht vollendet werden.

Der Bruder Katharinas, Friedrich August, folgte seinem Vater nach dessen Tode 1747 als Fürst von Zerbst nach. Allerdings konnte er seiner berühmten Schwester in St. Petersburg nicht das Wasser reichen. Um die Jahrhundertwende bemerkte der Journalist Karl Emil Franzos bei einem Besuch der Gemälde im Zerbster Schloß auf allen Porträts der Zerbster Fürsten „einen Keim zum Laster und alle Zeichen ungebändigter Sinnlichkeit".[9] Vielleicht trieben es die Zerbster ein wenig schlimmer als andere Fürsten ihrer Zeit. Nun – Bruder Friedrich August bedrückte das Land durch Günstlingswirtschaft und Verschwendung. Um das notwendige Geld aus seinem Land herauszupressen, verkaufte er sogar ein Anzahl seiner Landeskinder als Soldaten nach England. Von dort wurden sie nach Amerika geschickt, um gegen die Kolonisten zu kämpfen, die ihre Unabhängigkeit erklärt hatten. Wenn einer der Soldaten desertierte, hatte er die schwersten Strafen zu vergegenwärtigen. Weil der Fürst Angst hatte, daß die Preußen den Soldatenhandel stoppten, wurden sie auf dem Wege zu den Nordseehäfen durch Thüringen an preußischem Gebiet vorbeigeführt. 1778 verkaufte er ein komplettes Regiment. In Stade wurden die Soldaten nach England und Kanada eingeschifft. Zur selben Zeit verbot der Fürst die gerade in Preußen eingeführten Pockenschutzimpfungen im Zerbster Land. Ungefähr ein Viertel aller Kinder starb damals an Pocken. Der Fürst hatte ebenfalls eine panische Angst vor allen revolutionären Umtrieben, wie sie in Amerika und Frankreich stattfanden. Das Schicksal Ludwigs XVI. versetzte ihn derart in Schrecken, daß er in Zerbst 2 000 Soldaten mit 11 Obersten unterhalten hat.

Katharina dauerte die Zerbster Not, deshalb sandte sie laufend Lieferungen von russischem Getreide an die Zerbster Armen. Oft erreichte es jedoch die Empfänger nicht, genauso wie das ebenfalls mitgeschickte Geld. Die Mißwirtschaft des Fürsten bedingte, daß der Rat der Stadt Zerbst in immer neuen Schreiben um die Hilfe Katharinas nachsuchen mußte.

Nach 16jähriger Regierungszeit verließ Friedrich August aufgrund eines Streites mit Friedrich dem Großen Zerbst. Zunächst hielt er sich in Basel auf. 30 Jahre lang ließ er sein Land durch einen Staatsrat regieren und kümmerte sich bis zu seinem Ende 1793 in Luxemburg nicht mehr darum. Da er keinen Erben hinterlassen hatte, endete das selbständige Fürstentum Zerbst und fiel an den Dessauer Fürsten Leopold Friedrich Franz. Das war kein anderer als der berühmte Vater Franz, ein Freund Goethes und Winckelmanns und Schöpfer der Dessauer Aufklärung. Er hatte sowohl den Wörlitzer Park angelegt als auch das berühmte Philantropinum in Dessau eingerichtet, an dem der Pädagoge Johann Bernhard Basedow seine Wirkungsstätte erhielt.

Das Gebiet des Fürstentums Zerbst war 1663 durch eine Erbschaft um das Jeverland – im Norden Niedersachsens gelegen – vergrößert worden. Nach Zerbster Vorbild wurde dort eine Schützengilde gegründet, ebenso entstand eine Fayencemanufaktur. 38 000 Reichstaler Reingewinn zogen die Zerbster Fürsten jährlich aus dem Jeverland. Ohne dieses Geld hätte sicherlich das Schloß in Zerbst nicht gebaut werden können. Über 125 Jahre wurde das 400 km entfernte Jever, zu dem auch die Insel Wangerooge gehört, von den Zerbster Fürsten regiert. Mit dem Tode Friedrich Augusts fiel das Jeverland an die Zarin Katharina von Rußland.

Nach zeitgemäßer Sitte ließen die Fürsten einen Schloßgarten anlegen. Es entstand eine Anlage mit sternartig angelegten Wegen, die zu einem Mittelpunkt führten. Gegenüber der Rückseite des Schlosses ließen sie eine Orangerie bauen. August der Starke von Sachsen mit seinem Zwingerbau in Dresden diente wohl als Vorbild. Für Vater Franz jedoch war ein künstlicher, barocker Garten ein Unding. Unter Winckelmanns Einfluß hatte er sich gegen eine solche Vergewaltigung der Natur gewandt. Der Schöpfer des Wörlitzer Gartenreiches ließ den Zerbster Schloßgarten umwandeln, sobald das Erbe an Anhalt-Dessau übergegangen war. Am Ufer der Nuthe entstand eine englische Anlage mit Kulissenbepflanzungen und freiem Blick auf die fürstlichen Bauwerke. Jede Epoche hat ihren Geschmack hinterlassen: Im Barock herrschten exotische Pflanzen und Bäume vor wie Sumpfzypressen, Platanen und Geweihbäume. Im Englischen Garten besann man sich auf die einheimischen Gehölze. Der Zerbster Schloßgarten besitzt noch heute eine gelungene Mischung beider Stile und dementsprechend eine große Artenvielfalt von Bäumen und Pflanzen. Als einziger Bau der fürstlichen Residenz hat die Reitbahn den Zweiten Weltkrieg überstanden. 1724–27 wurde sie gebaut, der Baumeister war Johann Christoph Schütze aus Weißenfels. Nach ihrer Fertigstellung trat er in sächsische Dienste. Der Turm des Zerbster Schlosses und Bauten in Warschau und Krakau gehen auf ihn zurück. Die Reitbahn wurde durch eine große freischwingende Decke abgeschlossen. Darunter befand sich die Loge für den Fürsten und seine Gäste. Inmitten der Dachkonstruktion öffnete sich die Empore für die Musiker. Ein großes Doppelwappen, das der Bildhauer Paul Anton Trebesky gestaltete, schmückte die Fürstenloge. Da die Pferde Staub in der Arena aufwirbelten, sorgte ein Kamin für saubere Luft. Eine gewisse Ähnlichkeit mit der berühmten Hofreitschule in Wien läßt sich nicht abstreiten. Zeitweise gastierte hier sogar das Dessauer Hoftheater. Nach dem Zweiten Weltkrieg waren die Dachschäden schnell ausgebessert, und aus der Reitbahn wurde die Zerbster Stadthalle. Gastspiele umliegender Theater erfreuten die Bevölkerung. Nach der Wende hielt sogar eine der großen demokratischen Parteien hier eine Delegiertenversammlung ab. Die Schloßfreiheit, der große Platz vor dem Schloß, folgt noch heute dem alten Grundriß. Erst im letzten Jahrhundert ging dieser Platz in den Besitz der Stadt Zerbst über. An der Nordseite der Schloßfreiheit erheben sich noch zwei stattliche Barockhäuser. Eines davon war durch Bomben schwer beschädigt worden und konnte schon in den 50er Jahren instandgesetzt werden. Es handelt sich um zwei ehemalige Kavaliershäuser der höchsten Hofbeamten, die angemessen repräsentieren und in Schloßnähe wohnen mußten. Die Häuser wurden bereits im 16. Jahrhundert errichtet, jedoch zu Anfang des 18. Jahrhunderts gründlich umgebaut. Beide Bauten glänzen heute wieder in schwerem französischem Barock. Sie gehörten ursprünglich zwei Brüdern. Einer war der fürstliche Hofmarschall und der andere Oberst und Oberbefehlshaber der fürstlichen Armee. Noch heute strahlen beide Häuser den Glanz der einstigen fürstlichen Hofhaltung wider.

Auf der Südseite der Schloßfreiheit ragt die immer noch wuchtige Teilruine der Bartholomäikirche empor. Sie diente jahrhundertelang als Hofkirche. Stilgeschichtlich ist es wohl das interessanteste und reichste Kirchengebäude von Zerbst. Bereits im 12. Jahrhundert begonnen, wurde sie um 1300 Stiftskirche. Von dem ehemals romanischen Bau gibt es noch ein Stufenportal, das schön ornamentierte Schäfte aufweist. Im Tympanon ist eine spätromanische Kreuzigungsgruppe, wenn auch stark verwittert, zu erkennen. Die Bartholomäikirche bestand aus einer dreischiffigen Halle. Starke Pfeiler, die das Deckengewölbe trugen, stammen aus dem Umbau im 15. Jahrhundert. Neben dem Haupteingang im Westen erhebt sich ein Treppenturm. Auch diese Kirche wurde völlig zerstört, jedoch unter tätiger Mithilfe der Gemeinde teilweise wieder aufgebaut. Die mächtigen Rundbogenpfeiler bilden heute im ehemaligen Langhaus den Ruinenhof. Der Chorraum mit schönem Netzgewölbe im Osten konnte wiederhergestellt werden und dient der Gemeinde heute als Kirchenraum. Darunter befindet sich die Gruft mit dem Grabmal des Fürsten Wolfgang von Anhalt. An die äußere Kirchenmauer angelehnt, stehen noch zahlreiche mehr oder weniger stark verwitterte Grabsteine. Sie geben Auskunft über einstige bekannte Zerbster Familien. Im Inneren konnten wenige farbige mittelalterliche Wandmalereien und ein sehr schön restauriertes Bild der „Taufe Christi" von Lukas Cranach dem Jüngeren gerettet werden. Auf dem Gemälde der Reformationszeit ist auch Fürst Wolfgang als Zeuge der Taufe vertreten.

Sicher ist, daß Johann Friedrich Fasch hier sonntags musizierte und den Gottesdienst mit seiner Hofkapelle feierlich begleitete. Seit 1722 war er als Hofkapellmeister in Zerbst tätig und hatte sogar zweimal die Berufung als Thomaskantor nach Leipzig abgelehnt. Nach unstetem Wanderleben entschied er sich für den Hofdienst und lebte 36 Jahre in der Stadt. Die Musikpflege in Zerbst besaß im Fürstenhaus Vorrang. Schon im 16. Jahrhundert hatte unter anderem Michael Prätorius seine musikalische Ausbildung hier erhalten. Der große Johann Sebastian Bach schätzte Fasch und war mit ihm eng verbunden. Anna Magdalena Bach hatte vor ihrer Heirat verschiedentlich als Solistin in Zerbst gesungen. Auch der Sohn Philipp Emanuel Bach weilte oft zu Konzerten in der Stadt. Johann Friedrich Fasch komponierte viele Kantaten, 12 Messen, 69 Ouvertüren und circa 60 Konzerte, zahlreiche Sinfonien, Quartette und Motetten. Im 19. Jahrhundert geriet er fast völlig in Vergessenheit. Es ist dem Herausgeber des bekannten Musiklexikons, Hugo Riemann, zu verdanken, die Kompositionen Faschs in unserem Jahrhundert wiederentdeckt zu haben.

Vor der Bartholomäikirche stehen noch die Reste des „Dicken Turmes". Etwa um 1300 erbaut, diente er der ursprünglichen Burganlage als Wachturm. Im 15. Jahrhundert konnten die Schloßherren auf ihn verzichten, und die Zerbster bauten ihn zum freistehenden Glockenturm der Bartholomäikirche aus. Einstmals schmückten ihn schöne Renaissancegiebel, die Ludwig Binder entworfen hatte. Als Spitze trug er eine barocke Laterne. Dieser Zierrat fiel dem Bombenangriff zum Opfer. Der Turm erhebt sich auf der höchsten Stelle der Stadt: 69 Meter über dem Meeresspiegel.

Durch die Eingliederung nach Anhalt-Dessau war es vorbei mit der Selbständigkeit von Zerbst. Der Abstieg zu einer kleinen Provinzstadt begann. Bewegende Zeiten erlebten die Bewohner Anfang des 19. Jahrhunderts: 1806 zogen erst preußische und danach französische Truppen ein. Napoleon soll sogar einmal im Schloß übernachtet haben. Nach der Völkerschlacht bei Leipzig folgten 1813 die Russen. Das Revolutionsjahr 1848 ging auch an Zerbst nicht vorüber. Es gab allgemeine Unruhen, da das Freiheitsbewußtsein der Bürger und der Drang nach Mitbestimmung in den Freiheitskriegen gewachsen waren. Die Einwohner stürmten das Haus des Bürgermeisters. Doch bald darauf wurde eine Bürgerwehr aufgestellt, die Ruhe und Ordnung im alten Sinne wiederherstellte. Die Vorstadt Ankuhn, vor allem von Gemüsebauern bewohnt und bisher selbständig gewesen, wurde nach Zerbst eingemeindet. Sie lieferte im Frühjahr weiterhin den berühmten Zerbster Spargel, der auf dem sandigen Boden trefflich gedieh und mit der „Zerbster Brägenwurst" zu den kulinarischen Kostbarkeiten in Mitteldeutschland zählte. Dazu trank man das Zerbster Bitterbier.

Früh schon, in den Jahren 1863–1874, wurde die Stadt an die Eisenbahnstrecke Magdeburg–Dessau–Leipzig angeschlossen. Der neu erbaute Bahnhof, etwa zwei Kilometer vom Marktplatz entfernt, wurde durch eine Pferdebahn auf Schienen mit dem Zentrum verbunden. Jedesmal vor Abfahrt eines Zuges beförderte sie die Fahrgäste zum Bahnhof. Hier gab es neben dem allgemeinen Warteraum einen für „hochgestellte Herrschaften".

Bis heute wird die Zerbster Innenstadt noch von einer Stadtmauer aus Feldsteinen und Ziegeln umgrenzt. Einige Abschnitte tragen noch einen Wehrgang. Wichtige Stellen sicherten Türme, die meisten davon existieren nur noch als Ruine. Im 19. Jahrhundert verwandelten sich die ehemaligen Wälle vor der Stadt in Grünanlagen. Der „Bullerberg", ein Rodelparadies der Kinder im Winter, ist ein letzter Rest der Wälle. Jenseits dieses Grüngürtels wuchsen rings um die Stadtmauer neue Siedlungen und Wohnviertel. Zerbst wurde zur Kreisstadt mit über 20 000 Einwohnern.

Was dieses Städtchen einstmals so liebenswert machte, war sein mittelalterlicher Kern mit Fachwerkhäusern, engen Straßen und prächtigen Portalen an den alten Gebäuden. Man nannte es das „Mitteldeutsche Rothenburg". Nur war es etwas verschlafener und abgerückter – ein idyllisches, anhaltisches Juwel.

Noch ist Frieden

Zerbst wurde zum Touristenziel. An Wochenenden kamen viele Berliner in die Stadt. Sie bummelten über den Markt und über den Hohen Holzmarkt, saßen bei Kaffee und Kuchen in der Konditorei Heinicke am Markt und besuchten das Museum im Schloß. Besonders die prachtvollen zehn Gobelins, die um 1750 in Brüssel in den Manufakturen von van den Borght und van den Hecke kunstvoll nach antiken Motiven, u.a. „Hephaistos, der Gott der Schmiede" oder „Vermählung von Amor und Psyche", gewirkt worden sind. Lange Zeit glaubte man, sie wären den Bomben zum Opfer gefallen und im Schloß verbrannt. Aber 1994 wurden sie im Deutschen Historischen Museum in Berlin nach langer Irrfahrt wiederentdeckt und restauriert.[10] Nicht nur der Berliner Dialekt war tonangebend, auch Sächsisch hörte man häufig in Zerbst. Die Gäste stiegen im Hotel "Anhalt" auf dem Markt ab. Das Haus war ein imposanter barocker Bau mit einem Rundgiebel zur Marktseite. Ein französischer General hatte vor der Völkerschlacht bei Leipzig auch einmal hier Quartier bezogen. Andere Besucher der Stadt wohnten gegenüber im Hotel „Zum goldenen Löwen". Auch hier wurden hochgestellte Gäste wie der letzte deutsche Kronprinz oder ein Seeheld aus dem Ersten Weltkrieg, der „Seeteufel" Graf Luckner, einquartiert. Im großen Saal traf sich die „Löwengesellschaft", ein Zusammenschluß von Honoratioren der Stadt. Sie veranstalteten hier ihre Bälle, die Herren im Frack, die Damen in lang, oder spielten Theater, vor allem vaterländische Stücke wie den „Alten Fritz". Berühmt geworden sind die Kulturabende der Buchhandlung Gast im Löwensaal. Dichterlesungen wurden vor vollem Haus abgehalten, auch traten Sänger wie Marcel Wittrich, Arno Schellenberg, Margarete Klose und Erna Berger hier auf. Die Dresdener Staatskapelle, der Kreuzchor, die Thomaner und die Wiener Sängerknaben feierten in Zerbst Triumphe. Otto Gebühr gastierte mit dem Lustspiel „Der Raub der Sabinerinnen" und Barnabas von Geczy mit dem zur damaligen Zeit berühmtesten Tanz- und Schauorchester. Auch der junge Hans Hass berichtete mit eindrucksvollen Bildern über seine Abenteuer mit Haien und anderen exotischen Fischen in der damals unendlich fernen Karibik. Zerbst gab sich kulturell auf der Höhe der Zeit.

In der „Zerbster Liedertafel" versammelten sich ebenfalls Zerbster Bürger aus sogenannten besseren Kreisen, als aktive oder passive Mitglieder. Man feierte und war froh, daß sich die Zeiten nach den Hungerjahren des Ersten Weltkriegs, der Inflation und der Weltwirtschaftskrise beruhigten. Natürlich war man brav konservativ deutsch-national gesonnen, und wenn schon an besonderen Festtagen eine Fahne aus dem Fenster gehängt werden mußte, tat man das aus Gewohnheit, weil es der Nachbar eben auch tat. Selbstverständlich dominierte die schwarz-weiß-rote Fahne der „national Gesonnenen" vor der schwarz-rot-gelben Fahne der Weimarer Republik. Diese wurde verächtlich nur schwarz-rot-Mostrich genannt. Stramm rechts dominierte. Anders die Kinder. Sie sangen ein Spottlied auf ihre Stadt:

In Zarbst da is's jemitlich,
da jibs ne Pferdebahn.
Det eene Pferd, det zieht nich,
det annere det ist lahm.
Der Kutscher, der is bucklich,
de Räder, die sin krumm,
un alle finf Minuten, da kippt die Karre um.

Im Winter fuhren alle Zerbster Kinder Schlittschuh auf dem Schloßteich, der bei einer gewissen Eisstärke freigegeben wurde. Auch Erwachsene drehten hier ihre Pirouetten. Bei ausreichend Schnee rodelte man mit lautem Geschrei den alten Wall des Bullerbergs abwärts.[11] Im Sommer gab es eine Badeanstalt, ein mit Holzbrettern abgezweigter Arm der Nuthe. Wer ein Fahrrad hatte, fuhr an die Elbe bei Tochheim. Das Baden hier war nicht ungefährlich wegen der Strömung und der Strudel an den Buhnen. Besser war es dagegen am Gödnitzer See, einem alten Elbarm. Hier durfte man jedoch die zahlreichen Angler nicht stören, die sich kleine Häuschen auf Pfählen in den See gebaut hatten.

Höhepunkt des Jahres war für viele das Schützenfest im Sommer. Schon am frühen Morgen zog die Schützenkapelle unter Trommelwirbel und Pfeifenklang zum Wecken durch die Stadt. Dann erfolgte der große Umzug der Schützen. Sie trugen graue Uniformen, die mit Orden, Ehrenzeichen und wertvollen Schützenketten geschmückt waren. Es gab zwei Könige: einen Scheibenkönig und den König beim Vogelschießen. Besonders der Vogelkönig wurde wie ein Monarch gefeiert. Er wurde morgens in einem Landauer abgeholt und mußte ein opulentes Frühstück für die abholenden Schützen geben. Überhaupt war es eine kostspielige Sache, Schützenkönig zu sein. Wer nicht über ausreichende Mittel verfügte, schoß beim Königsschuß besser vorbei, sonst hätte er sich übernommen. Nach dem Frühstück begann der Zug durch die Stadt. Unter Hochrufen der Bürger fuhr der Wagen mit dem König zum Schützenhaus, begleitet von der gesamten Schützengilde. Vogelkönig wurde derjenige, der das letzte Stück eines hölzernen Reichsadlers heruntergeschossen hatte. Der Vogel war ungefähr eineinhalb Meter hoch und hing an einem Stahlgerüst in ca. 20 m Höhe ungefähr 80 m vom Schützen entfernt. Jedes herabgeschossene Teil des Adlers wurde mit silbernen Löffeln prämiert. Für den Reichsapfel und das Zepter gab es sogar einen silbernen Pokal. Nachdem der König dann ermittelt war, wurde er auf dem Balkon des Schützenhauses proklamiert und vom Volk bejubelt. Eine Kirmes mit vielen Karussells und Schaubuden auf dem Schützenplatz vor dem Heidetor begleitete das Ganze. Für die Kinder der Stadt war das Schützenfest neben Weihnachten der Höhepunkt des Jahres. Man konnte in den Schaubuden den dicksten Mann der Welt oder den Mann mit den zwei Köpfen sowie den stärksten Boxer, der alle Männer von Zerbst zum Kampf herausforderte, bewundern. In den Sommermonaten schlugen auf dem Schützenplatz die großen Namen der Zirkuswelt wie Sarasani, Krone oder Busch ihr Zelt zu kurzen Gastspielen auf.

Das wirtschaftliche Wachstum von Zerbst war nicht unbeträchtlich. Einige kleinere Industriebetriebe, darunter eine Schrauben- und eine Maschinenfabrik hatten sich an der Peripherie angesiedelt und brachten der Bevölkerung wertvolle Arbeitsplätze. Nach der Weltwirtschaftskrise mit ihren gigantischen Arbeitslosenzahlen war das eine Bereicherung des Zerbster Stellenmarktes. Die Flugzeugindustrie in Deutschland faßte wieder Fuß, und in Dessau waren die Junkers-Werke entstanden. Eine große Anzahl Zerbster hatte dort eine neue Arbeit gefunden. Mit der Eisenbahn fuhren sie frühmorgens nach Dessau und abends wieder zurück. Natürlich wurde auch halbtags am Sonnabend gearbeitet, so daß es 48 Stunden in der Woche waren.

Zerbst blieb eine Landstadt, die vom Umland lebte. Mehrmals in der Woche verkauften die Bauern ihre Erzeugnisse auf dem Zerbster Markt. Die Hausfrauen freuten sich darüber, denn sie konnten billiger einkaufen. Mittags machten sich die Landwirte dann wieder mit Pferd und Wagen auf den Heimweg. Auch hatten sie bei dieser Gelegenheit alle dringenden Einkäufe und Arztbesuche erledigt – ein guter Brauch seit dem Mittelalter. Wenn sie zu Fuß oder per Pferdewagen, mit Fahrrädern, seltener mit Motorrädern, vereinzelt sogar mit Autos nach Zerbst aufbrachen, sagten sie: „Ick mache jetzt na de Schdad!" Manch lustige Begebenheit zwischen Bauern und Städtern gäbe es zu berichten. Ein Zahnarzt auf dem Markt pflegte alle seine Patienten zu duzen. Einmal kam aber auch eine adelige Gutsbesitzerfrau, die er noch nicht kannte, zur Behandlung. Er sagte: „Nu setz Dich mal in den Stuhl." Sie darauf: „Erlauben Sie mal, ich bin de Frau von X!" Er: „Na denn setz Dich eben uff zwee Stühle!" Auch von einem Zerbster praktischen Arzt sind ähnliche Anekdötchen übermittelt. Er pflegte meist mehrere Patienten auf einmal zur Ordination ins Sprechzimmer zu holen. Einer wurde hinter einen Paravent gestellt mit einem Glas in der Hand und der Aufforderung: „Nu pinkele da ma scheen rin!", während er die anderen hinter dem Schirm untersuchte.

Zahlreich waren die Kirchgänger an Sonntagen in ihren Gotteshäusern versammelt. Bei den evangelischen Kirchen gab es im Anschluß an den Gottesdienst die Unterweisung für die Kinder. Als Pfarrhelferinnen fungierten zum größten Teil Oberprimanerinnen. Sonntagnachmittag hatten die Bäcker- und Konditoreien geöffnet. Viele Bürger versorgten sich und die Familie mit Kuchenpaketen und wanderten die Nuthe entlang zum „Vogelherd", einem Gasthaus im Norden der Stadt. Dort wurde der mitgebrachte Kuchen bei einer Kanne Kaffee verzehrt. Man traf viele Bekannte, konnte ausgiebig über die aktuellen Begebenheiten sprechen und, wenn es sein mußte, sich natürlich auch moralisch entrüsten! Auch im „Friedrichsholz" und „Von Rephuns Garten" begegneten sich die Familien beim Kaffee und packten die mitgebrachten Kuchenpakete aus. Für die meisten Zerbster verlief der Sonntag im selben Rhythmus und im Habitus braver Bürgerlichkeit.

Die Juden feierten am Samstag ihren Sabbat. Durch die Toleranz der anhaltischen Fürsten begünstigt, konnte sich auch in Zerbst eine kleine jüdische Gemeinde bilden. Zum

Gottesdienst versammelte sie sich bereits seit dem 18. Jahrhundert in der Synagoge an der Ecke Wolfsbrücke zur Brüderstraße. Die Gemeinde wuchs, und 1905 wurden die neue Synagoge und das Wohnhaus für den Kantor eingeweiht. Einige jüdische Geschäftsleute hatten ihre Läden am Markt und genossen in der Stadt großes Ansehen. Auf der Alten Brücke war das Kaufhaus Schocken wegen seiner günstigen Preise bei der Bevölkerung sehr beliebt. Dennoch gab es schon Anzeichen für einen wachsenden Antisemitismus, z.B. wurde in einem Lehrbuch für anhaltische Lehrerseminaristen von Juden als Christustötern gesprochen. In Gedichten wurden sie als „artfremd" verteufelt. Oder es hieß einfach: „Ein Deutscher will mit einem Juden nichts zu tun haben!" Leider beteiligten sich auch einige Pastoren von der Kanzel aus an diesen Anschuldigungen und hielten judenfeindliche Predigten. Schon bald schlossen sich deshalb einige junge Juden der zionistischen Bewegung an und emigrierten nach Palästina. Am politischen Horizont zeichnete sich Anfang der 30er Jahre eine starke Zunahme rechter Vereinigungen ab. Durch Arbeitslosigkeit und allgemeine Unzufriedenheit mit den Regierenden in Berlin hatte die SA auch in Zerbst erheblichen Zulauf erhalten. Sie marschierte jetzt in Braunhemden durch die Stadt. Ihr „Sturmlokal" hatte sie in der Breiten Straße, dort tranken sie sich gelegentlich Mut an. Auf der Straße sangen sie antisemitische und nationalistische Lieder, z.B. zogen sie sonntags während der Gottesdienste an Kirchen vorbei, in denen der Pastor noch nicht auf ihrer Linie lag, und grölten: „Hängt die Juden, stellt die Pfaffen an die Wand!"

Das Bürgertum sah anfangs diese SA-Aufmärsche skeptisch, da in ihren Reihen so manche Rabauken und stadtbekannte Schläger marschierten. Auch die KPD war aktiv. Ihre Schalmeienkapelle und der Rotfrontkämpferbund veranstalteten spektakuläre Umzüge durch Zerbst. Ihnen folgte meistens ein Zug Transparente tragender Anhänger. Trafen SA und KPD zusammen, gab es Zoff. Für viele Bürger war es ein Grund, sich erschrocken abzuwenden. Sie stellten nüchtern fest, daß es braune und rote Kommunisten gab. Friedlichere Umzüge veranstalteten die Sozialdemokraten, sie fanden mehr Zustimmung unter der Bevölkerung. Aber auch sie mußten sich gegen Überfälle von Nazis und Kommunisten schützen und hatten deshalb eine militante Gruppe aufgeboten, das „Reichsbanner Schwarz-Rot-Gold". Ihre Transparente warnten vor den Nazis und allen radikalen Kräften in der jungen Demokratie. Jedoch viele Zerbster Bürger standen der Demokratie von Weimar gleichgültig, manchmal sogar feindlich gegenüber. Der "Stahlhelm" oder „Bund der Frontsoldaten", wie er sich nannte, fand breitere Zustimmung im Bürgertum, hing es doch noch am kaiserlichen Deutschland mit seinem autoritären Nationalismus. Dem „Stahlhelm" angeschlossen war die „Scharnhorst Jugend", die bei ihren Umzügen in Uniform die alte Reichskriegsflagge vorantrug. Das Großbürgertum unterstützte den „Stahlhelm" offen und zeigte sich oft in Feldgrau. Natürlich gab es auch Prügeleien, wenn die KPD auf sie traf. So eskalierte die Gewalt bei zentralen Aufmärschen im ganzen Land. Der „Stahlhelm" konnte mobiler auftreten, weil viele der Zerbster Großbürger bereits über Autos verfügten. Das alles verhieß nichts Gutes, sammelten sich doch besonders in Mitteldeutschland die rechten Kreise der „Harzburger Front", eines Zusammenschlusses gegen die Demokratie in Deutschland. „Stahlhelm" und Nazipartei unterschieden sich in ihrem nationalistischen Pathos zunächst nicht groß voneinander. Es war abzusehen, daß sie eines Tages zusammengehen würden.

Aber die meisten Zerbster verdrängten die Geschehnisse. Es gab auch Friedliches zu berichten. Regelmäßig bildete die Pferdemarkt-Lotterie im Schloßgarten einen Höhepunkt des Jahres. Wie in einer ländlichen Umgebung üblich, wurden Sachpreise aus der Landwirtschaft ausgesetzt. Einmal konnte man mit dem Glückslos sogar ein Gespann, also zwei Pferde und einen Ackerwagen, gewinnen. In späteren Jahren glänzte ein Auto als erster Preis. Als kleinere Gewinne gab es z.B. einen Stamm Hühner, ein Schwein oder landwirtschaftliche Geräte. Alles konnte vorher in der ehemaligen Reitbahn besichtigt werden. Zerbst traf sich im Schloßgarten eine ganze Woche lang. Auf der Schloßterrasse erwartete ein Café die Gäste. Auch ein Bierlokal im ehemaligen kleinen Teehaus der Fürsten sorgte für Stimmung. Den Höhepunkt der Woche bildete das Reit- und Fahrtturnier. Zwischen dem Schloß und der Orangerie war ein Parcours aus Hindernissen für das Jagdspringen eingerichtet worden. Einige prominente Springreiter waren immer dabei, meistens in Uniform. Als Sensation wurden die ersten Reiterinnen empfunden. Natürlich durfte das nationale Element nicht fehlen. Hauptmann Encke mit einer Kompanie Infanteristen von der Zerbster Garnison zeigte einen perfekten Infanterieangriff mit viel Platzpatronengeschieße als Einlage. Es knallte und knatterte aus Maschinengewehren und zeigte, daß jeder Feind besiegt werden konnte. Preußens Gloria strahlte im besten Glanz. Das Zerbster Publikum applaudierte begeistert. Einmal trat sogar eine Gruppe Kuban-Kosaken auf, die aus der Sowjetunion geflüchtet waren. Sie krochen im Galopp den Gäulen unter den Bäuchen durch und hoben bunte Tücher vom Boden auf. Ein großes Feuerwerk schloß die Veranstaltungswoche ab. Ein anderer Höhepunkt vor allem für die jungen Menschen war das abendliche Flanieren auf der Alten Brücke. Stolz zeigten dort die Primaner ihre weißen Schülermützen. Indem sie auf und ab spazierten, flirteten sie mit den Schönen der Stadt. Es ging lebhaft zu wie auf einem spanischen Paseo, nur daß die Zerbster „Bummel" dazu sagten. Auch die Bauschüler trugen besondere Schirmmützen und buhlten um die Zerbster Damenwelt. Die Bauschule befand sich neben dem alten Augustinerkloster, und die Studenten verließen sie nach dem Examen als Bauingenieur. Wie alle jungen Leute steckten sie voller Streiche, z.B. pflegten sie nach gelungenen Examensfeiern dem Roland „die Stiefel zu putzen", indem sie seine Füße mit schwarzer Schuhcreme einschmierten. Aber zurück zu den Schülermützen. Die blauen der Grundschüler wetteiferten mit den verschiedenfarbigen der Gymnasiasten. In jeder neuen Klasse gab es eine andersfarbige Mütze. Stolz wurden sie dann den Zerbstern gezeigt. Welche Schande, wenn einer auch im nächsten Schuljahr dieselbe Schülermütze tragen mußte!

Die Bewohner der Sozialbauten in der Langen Straße hatten andere Sorgen. Es waren oft Witwen, die früh den Ernährer der Familie verloren hatten und mit den Kindern von einer kleinen Rente oder gar der Armenunterstützung leben mußten. Sie durften, mit einer besonderen Bescheinigung ausgestattet, im Frühjahr im Friedrichsholz Maiglöckchen pflücken. Die Sträuße konnten sie dann zum Verkauf anbieten und ein paar Pfennige dazuverdienen. Auch Kienspäne wurden gesammelt und verkauft. Auch dafür gab es eine Erlaubnis als Sozialmaßnahme der Stadt. Zum Geldausgeben war besonders auf dem Jahrmarkt der jetzigen Kreishauptstadt Zerbst zweimal im Jahr reichlich Gelegenheit geboten. Er lockte die Bevölkerung des gesamten Umlandes an. Auf dem Markt waren mehrere Reihen Buden aufgebaut. Zu günstigen Preisen wurden Stoffe, dazu Schuhe, Gürtel und Spitzen feilgeboten. Ein Erlebnis für die Kinder war auch der „Wegschmeißer", der lautstark Bananen anbot. Es schien ihnen immer, als ob er gleich seinen Bankrott anmelden müsse. Für die Kinder gab es auch viele Karussells und Schaubuden. Dort konnte man durch ein vergrößerndes Fenster blicken und sah mit Erschauern gemalte Bilder der großen Katastrophen aus aller Welt. Der Untergang der „Titanic" fehlte ebensowenig wie Bilder vom verheerenden Erdbeben in San Francisco, eine Fortsetzung der Moritaten- und Guckkastenbilder, die schon im 18. Jahrhundert auf den Jahrmärkten gezeigt wurden. Besonders beliebt waren auch die Pferdewürstchen einer Roßschlächterei. Sie kosteten mit Brötchen zehn Pfennige.

Gegenüber der Kaserne war eine neue Turnhalle für den Zerbster Turnverein entstanden. Zum Turnfest gab es einen großen Umzug durch die Stadt. Aber auch hierbei waren nationalistische Töne nicht zu überhören. Die Turner sangen beispielsweise: „Und kommt der Feind ins Land hinein, und sollt's der Franzmann selber sein, wir lassen unsre Stutzen nicht, bis daß das Auge bricht!" Bei einem Turnfest anfangs der 30er Jahre hatte man in der Halle eine Festung aus Packpapier gebaut. Sie sollte von Kindern und Jugendlichen gestürmt werden. Die jüngsten Turner saßen dabei auf den Schultern der größeren und warfen wie bei einem schneidigen Kavallerieangriff im Laufen Medizinbälle gegen die Papierfestung. Als genug Löcher klafften, mußte ein kleiner Steppke rufen: „Die Festung wackelt schon!" Mit dem Lied von der Wacht am Rhein wurde dann die Festung erobert. Kriegsspiel also schon im Turnverein. Letztlich waren diese Jungen die zukünftigen Soldaten Deutschlands, nur ahnte davon noch keiner etwas.

So dämmerte die kleine Stadt mit ihren Bewohnern dahin. Man merkte nicht, daß überall am Horizont schon düstere Wolken heraufzogen, die das ganze Land verdunkeln sollten.

Dem Krieg entgegen

Dann war es soweit – mit der bürgerlichen Ruhe sollte es zu Ende sein. Zunächst begann alles relativ harmlos. An einem Abend nach dem 30. Januar 1933 wurden vor der aufmarschierten Zerbster SA und der SS, die mit ihrem Totenkopf an der Mütze unheimlich wirkte, die schwarz-rot-goldenen Fahnen der Republik und die anhaltische, die auf den Fahnenmasten des Rathauses flatterten, eingeholt. Feierlich hißte die neue Nazi-Stadtregierung die Hakenkreuzfahnen. Nur ein paar wenige der vielen hundert Zuschauer vor dem Rathaus protestierten lautstark dagegen. Aber immerhin gab es Proteste. Damit begann die Gleichschaltung der Stadtverwaltung. Ein neuer brauner Bürgermeister hatte jetzt die Macht übernommen – ein aus dem Schuldienst entlassener Lehrer. Er handelte sofort, besser er ließ handeln. Mißliebige Kommunisten und Sozialdemokraten in städtischen Diensten wurden zunächst entlassen, Funktionäre dieser Parteien verhaftet, oder wie man damals zu sagen pflegte, in „Schutzhaft" genommen. SS-Leute, die jetzt als Hilfspolizisten dienten, schleppten ihre Opfer in das ehemalige fürstliche Vorratshaus, die „Zeize". Dort schlug man sie zusammen. Viele mußten ins Krankenhaus gebracht werden, wie der Stadtoberinspektor Nikolaus Reinstädler, ein SPD-Mitglied. Er hatte in Zerbst die erste Volkshochschule aufgebaut. Schwerpunkt seiner war Arbeit war das Bildungswesen der Stadt. Viele wurden aus der „Zeize" in die sofort im ganzen Lande errichteten Konzentrationslager verschleppt. Viele Bürger sahen diesem Treiben gleichgültig zu. Andere begrüßten es und meinten, daß jetzt endlich Ordnung geschaffen würde. Wenige zeigten Betroffenheit.

Am 1. Mai 1933 bewies eine große Veranstaltung auf dem Markt, daß die Gleichschaltung perfekt klappte. Die neuen Machthaber hatten die freien Gewerkschaften verboten und den 1. Mai zum Tag der „Nationalen Arbeit" erklärt. Es existierte nur noch die "Deutsche Arbeitsfront", ein Zusammenschluß von Unternehmern und Arbeitnehmern. Gemeinsam fand man sich in dieser Nazigliederung wieder. Mit großen Transparenten wie „Frontkameraden 14/18" wollte man Erinnerungen an die Frontkameradschaft des Ersten Weltkrieges wecken. Auf dem Markt trugen jetzt die Zünfte und Gilden als neue Vereinigungen ihre Zunftzeichen aus Pappmaché voraus; z.B. hatten die Schneider eine große Schere, die Schlosser einen Schlüssel. Markige Reden wurden auf dem Marktplatz gehalten. Es hieß, Robert Ley wäre jetzt der Führer der Deutschen Arbeitsfront. Danach wurde mit zum Hitlergruß erhobener Hand die Nationalhymne gesungen: Das Deutschlandlied war durch das sogenannte Horst-Wessel-Lied erweitert worden. Die Gleichschaltung auch der Arbeitswelt hatte begonnen. Wer nachdachte, merkte nun schon, wohin der Karren lief. Kurz darauf wurde der „Stahlhelm" planmäßig in die SA überführt.

Zerbst brauchte ein neues Freibad, da das alte an der Nuthe morsch geworden und den Anforderungen nicht mehr gewachsen war. Der neue Bürgermeister Hase plante jedoch gleich ein Sportstadion mit ein, das für die in Berlin projektierte Olympiade eine

Art Ausweichcharakter haben sollte. Für den Bau wurden Arbeitslose eingesetzt. Wer nicht mitmachen wollte, bekam kein Arbeitslosengeld mehr. Täglich gab es ein Eintopfessen aus der Gulaschkanone, aber diese Maßnahme war selbst der Arbeitslosenversicherung zuviel: Sie protestierte, aber ohne Erfolg. Schließlich ging das Treiben dieses Bürgermeisters sogar der eigenen Nazipartei zu weit. Er wurde abgesetzt, und ein gemäßigter Jurist und Verwaltungsfachmann, Helmut Abendroth, wurde kommissarisch Oberbürgermeister der Stadt Zerbst. Der Nazigauleiter Loeper in Dessau war todkrank, 1934 starb er. Sein Begräbnis wurde von den Zerbstern als wichtiges Ereignis gesehen. Viele fuhren deshalb nach Dessau, nicht um Loeper die letzte Ehre zu erweisen, sondern um Hitler zu sehen, der sich angesagt hatte. So bestaunten sie denn die hinter dem Sarg durch die Straßen einherschreitende Naziführung, die vollständig erschienen war. Viele Zerbster sahen hierbei zum ersten Mal Hitler, den hinkenden Goebbels und den dicken Göring. Das Bad wurde 1935 eingeweiht und jetzt „Loeper-Bad" genannt. Der angrenzende Stadionplatz war noch nicht ganz eingeebnet. Die Arbeitslosen, die mehrheitlich den Bau ausgeführt hatten, entschädigte man und bewirtete sie mit einem Abschiedsessen. Schon von weitem stach jetzt der riesige Betonbau des „Eisernen Kreuzes" mit dem Hakenkreuz in der Mitte hervor. Er diente zugleich als überdimensionales Kriegerehrenmal für die Toten von 1870/71 und die des Ersten Weltkrieges. Ein mächtiger Aufmarsch mit militärischem Tschingderassa weihte 1935 das Denkmal ein. Besonders gefeiert wurden einige zittrige Greise, die 1870/71 mit dabei gewesen waren. Sie trugen noch die blaurote kaiserliche Mütze des Infanterieregiments 93. Jedes Jahr wiederholte sich nun an einem Sonntag im März, wie in ganz Deutschland, das Ritual des Heldengedenktages.

Mit der Verkündung der allgemeinen Wehrpflicht, ein klarer Bruch des Versailler Vertrages, erwiesen sich die alten Zerbster Kasernen aus der Jahrhundertwende als zu klein. Deshalb wurde das Areal um das Doppelte vergrößert, so daß ein Bataillon Infanterie einziehen konnte. Dazu kam noch ein Musikzug, den ein dicklicher Dirigent anführte. Er hatte den illustren Namen Bismarck. Und damit die Bevölkerung auch ja in die nötige Wehrlaune eingestimmt wurde, fanden an besonderen Feiertagen, da gab es im Nazikalender keinen Mangel, auf dem Markt große Militärparaden statt. Eine neue Vorschrift verfügte, daß alle Hausbesitzer zu diesen Anlässen ihr Haus mit Hakenkreuzfahnen zu schmücken hatten. Nach den Kasernenerweiterungen bekam Zerbst jetzt auch noch einen Fliegerhorst für die neu geschaffene Luftwaffe. Nordöstlich vom „Stiefelknecht", einem Gasthaus an der Straßenkreuzung nach Lindau und zum Fläming, wurde jetzt fieberhaft gebaut. Kasernen und Flugzeughallen entstanden, dazu betonierte man eine für damalige Verhältnisse lange Rollbahn. In Rekordzeit errichtet, war die Anlage bald betriebsbereit und ein Geschwader der jungen Luftwaffe zog ein. Die neuen Heinkel-Doppeldecker, die als Jagdflugzeuge dienten, und Ju 52, die man anfangs als Bombenflugzeuge verwendete, drehten jetzt über Zerbst ihre Runden. Ein schwerer Unfall auf dem Flugplatz sprach sich schnell herum. Beim Beladen mit Übungsbomben war eine davon explodiert und hatte das Flugzeug zerstört. Mehrere Soldaten des Wartungspersonals fanden dabei den Tod. Erster Kommandeur des neuen Fliegerhorstes wurde Oberst Freiherr von Richthofen, ein Verwandter des aus dem ersten Weltkrieg bekannten Jagdfliegers. Mit seinen Offizieren war er zu Treibjagden der Zerbster Jägerschaft stets willkommen. Hinterher traf man sich zu geselligem Beisammensein. Andererseits wurden die Zerbster Jäger regelmäßig zum Tontaubenschießen auf den Fliegerhorst eingeladen. Die Bevölkerung nahm regen Anteil an den Veranstaltungen auf dem neu geschaffenen Flugplatz. Zu besonderen Flugtagen strömte sie in Scharen herbei, um die neue „Wehr und Waffen am Deutschen Himmel" zu bewundern. Eine besondere Faszination übten diese Tage natürlich auf die Jugend aus. Die Jungen kletterten begeistert auf den Jagdflugzeugen und den Ju 52 herum.

Inzwischen vermißte man einige Zerbster, die vorher bei demokratischen Parteien aktiv gewesen waren. Seit dem Ermächtigungsgesetz gab es ein Verbot für alle Parteien außer der Nazipartei. Es hatte sich herumgesprochen, daß gleich nach Hitlers Machtübernahme Leute verhaftet oder, wie man sagte, „in Schutzhaft genommen waren". Ebenfalls allgemein bekannt war, daß es Konzentrationslager gab. Dafür stand der Begriff „Dachau". Die Bürger meinten jedoch, es wäre ein Arbeitslager, wo die dahin Verbrachten eben arbeiten müßten. Verharmlosend sprach man in Zerbst auch von „Konzertlagern". Es war alles so weit weg!

Bei der Feuersäule, die zur Erinnerung an die Freiheitskriege des Jahres 1813 im Norden der Stadt errichtet worden war, entstanden zusätzlich neue Kasernenanlagen aus einfachen Baracken. Hierher berief man die Reservisten, die immer wieder zu achtwöchigen Übungen einrücken mußten. Diese Kasernenanlage hieß deshalb bald das "E-Lager". Daß Zerbst eine große Garnisonstadt geworden war, freute besonders die Zerbster Mädchen bei den sonntäglichen Tanzvergnügen. Auch das trug nur mit dazu bei, die allgemeine Aufrüstung, die im ganzen Lande betrieben wurde, zu kaschieren. Die Ausbreitung des nationalsozialistischen Gedankengutes fiel besonders bei der Jugend auf fruchtbaren Boden. In Zerbst war dies nicht anders als im übrigen Land. Ab dem zehnten Lebensjahr wurde jeder Junge und jedes Mädchen gezwungen, am Mittwoch- und Samstagnachmittag zum „Dienst" zu erscheinen. Die Hitlerjugend hatte amtlichen Charakter. Wer dreimal unentschuldigt vom Dienst verblieb, der mußte damit rechnen, daß die Polizei bei ihm erschien. Die Eltern wiederum bekamen eine empfindliche Geldstrafe. Zudem erfolgte damit auch die Registrierung als Feind der „Bewegung". Die Jungen wurden mit zehn Jahren „Pimpfenanwärter" und legten nach einigen Wochen die Pimpfenprobe ab, eine Anleihe von den Pfadfindern. Dabei mußten die Knirpse schwören, daß sie flink wie die Windhunde, zäh wie Leder und hart wie Kruppstahl sein wollten. Die Pimpfe waren in Fähnlein aufgeteilt, das entsprach etwa einer Kompanie bei der Wehrmacht. Das Fähnlein gliederte sich wieder in drei bis vier Jungzüge und diese wieder in Jungenschaften. Führer waren meistens Schüler der Oberschule. Die Fähnlein waren in Zerbst zu einem Jungstamm zusammengefaßt; der Führer trug stolz eine weiße

Schnur an der linken Schulter. Für die kleinen Pimpfe war er der Herrgott. Natürlich mußten alle Führer auf der Straße auch außerhalb des Dienstes mit dem Nazigruß gegrüßt werden. Bei den Mädchen war es ähnlich. Auch sie folgten dieser Einteilung und mußten exerzieren und marschieren. In Heimnachmittagen wurden sie auf die Rolle als zukünftige Heldenmütter vorbereitet. Die Jungen erhielten schon als Pimpfe vormilitärische Ausbildung. Das Exerzieren stand obenan. Daneben konnten sie sich bei Geländespielen austoben. Das machte natürlich Spaß. Wie bei den Mädchen wurden Heimnachmittage abgehalten, besonders im Winter. Dabei wurden Nazilieder gelernt, von deutschen Heldentaten der Soldaten im Krieg berichtet und auch die Helden der „Bewegung" gefeiert. Auch Literaturhinweise gab es. Jeder deutsche Junge sollte z.B. Hans Zöberleins Werke gelesen oder "Hitlerjunge Quex" im Film gesehen haben. Erziehung total – auch die Zerbster Jugend bildete da keine Ausnahme. Widerstand gab es praktisch nicht, wie sollte er denn auch beschaffen sein? Das deutsche Radioprogramm und die Printmedien waren ebenfalls voll auf nationalsozialistischem Kurs, Auslandssender durften nicht gehört werden. Sickerte doch einmal eine Nachricht aus dem fernen Äther durch, wurde sie von den dressierten Jugendlichen nicht geglaubt.

Die Zerbster Pimpfe traten mittwochs und samstags auf der Rohrteichwiese oder auf dem Schützenplatz an. An manchen Tagen mußten sie wie auf einem preußischen Kasernenhof exerzieren. Wehrsportliche Übungen lösten sich ab mit Märschen durch die Stadt, nur manchmal wurde Fußball gespielt. An der Feuersäule war ein Jugendheim gebaut worden, in dem das Musik-Fähnlein antrat. Im Vordergrund stand die Ausbildung zum richtigen Trommeln und Fanfarenblasen. Oft wurden auch die Führer aus Zerbst nach Dienstschluß hierher zusammengeholt und geschliffen. Es entbrannte ein regelrechter Wettstreit, wer am zackigsten auftreten konnte. Dabei galt immer noch das Hitlersche Prinzip: „Jugend soll durch Jugend geführt werden!" Doch damit nicht genug. Mindestens einmal im Jahr wurde entweder ein Zeltlager oder eine Wochenendfahrt veranstaltet. Dieser „Dienst", machte oftmals Spaß, besonders bei Geländespielen. Hier durfte, nein mußte man sich prügeln. Weiterhin gab es für bastelbegabte Jungen die Möglichkeit, im Modellbaujungzug Segelflugmodelle zu bauen. Jungen und Mädchen trichterte man ständig ein, sie lebten in einer großen Zeit und am „Deutschen Wesen" würde die Welt genesen. Die Fahne wurde zu einem Fetisch: „Die Fahne ist mehr als der Tod!" sangen sie. Natürlich mußte sie von allen Leuten gegrüßt werden, wenn sie den marschierenden Jugendlichen vorangetragen wurde. An einem Samstag schaute ein älterer Herr auf der Alten Brücke wohlgefällig auf ein marschierendes Fähnlein, das mit der Fahne voran vorbeizog. Einer der Führer sprang aus der Reihe und schlug dem alten Mann den Hut vom Kopf. „Können se unsre Fähnleinfahne nich jrüßen?" schrie der Junge. Verdattert stand der Alte da und sagte nur noch: „Ich war doch Kriegsteilnehmer 14/18!"

Diese Weltanschauung faßte bei der Jugend schnell Fuß. Die Kirchen hielten sich erstaunlich zurück. Pikanterweise diente ein Pfarrsaal in Zerbst gleichzeitig als Pimpfenheim. Die Heimabende, die hier veranstaltet wurden, waren alles andere als fromm. An besonderen Feiertagen des Nazikalenders bestand für alle Jugendlichen Uniformzwang. Die Uniformen des Jungvolks und der HJ mußten auch in der Schule getragen werden. Das hatte aber auch große Vorteile: Die Lehrer durften einen Uniformträger nicht schlagen, ansonsten wurde nämlich in den Schulen noch munter geprügelt. Die Schule war zudem der Ort, wo nationalsozialistische Ideologie pur vermittelt wurde. Ein Lehrer des Francisceums begann seinen Unterricht immer, indem er zunächst kontrollierte, ob auch alle Schüler und Schülerinnen stramm in ihren Bänken standen und die Arme vorschriftsmäßig angewinkelt hatten. Dann kam der Spruch des Tages wie: „Deutsch sein, heißt recht haben!" (Adolf Hitler) oder „Die Treue ist das Mark der Ehre!" Es gab auch andersdenkende Pädagogen – doch sie schwiegen. Durch diese Art von totaler Erziehung und Indoktrination wuchs eine fanatische Jugend heran. Eine Jugend, wie Hitler sie brauchte.

Grandiose Aufmärsche des Jungvolks und der Hitlerjugend auf dem Zerbster Markt waren die Regel. Die Hitlerjugendzeit begann bei den heranwachsenden Jugendlichen mit 14 Jahren und reichte bis zum 18. Lebensjahr. Hierbei waren nicht nur Schüler, sondern auch Lehrlinge und junge Berufstätige erfaßt worden. Sie hatten nach der Arbeitszeit am frühen Abend „Dienst". Die Mädchen nannten sich BDM (Bund Deutscher Mädel). Die über 18 Jahre jungen Frauen faßte man unter dem Namen „Glaube und Schönheit" zusammen. Sie betrieben meistens Sport, hatten aber auch Vortragsabende wie „Deutsche Mutter", „Rasseneinheit" und ähnliche Themen. Die Einheiten der Jungen, also der HJ, waren geschickt differenziert worden. So gab es z.B. eine Flieger-HJ. Auf dem Programm stand natürlich Segelfliegen, wobei die Jugendlichen die A-, B- und die C-Prüfungen ablegen konnten. Pflicht waren ferner Werkstattstunden, in denen sogar Segelflugzeuge unter Anleitung der Fluglehrer gebaut wurden. Eine andere HJ-Gruppe übte in der Motor-HJ. Die Jungen durften mit Motorrädern durchs Gelände kurven, hatten aber auch Werkstattstunden zu absolvieren. Andere machten ihren Dienst in der Marine-HJ. Hierbei stand für die Zerbster Kutterrudern auf der Elbe, Segeln sowie eine nautische Grundausbildung auf dem Programm. Später mußten die Jugendlichen wenigstens einmal in ein Wehrertüchtigungslager, wo sie rund um die Uhr geschliffen wurden. Es war eine regelrechte Rekrutenausbildung – natürlich mit der nötigen Indoktrination. Manches wurde in Kauf genommen, weil vieles einen Riesenspaß machte. Wo konnte man mit 15 Jahren schon Segelfliegen lernen oder mit einer 250er BMW durchs Gelände kurven? Zerbst machte da keine Ausnahme. Mangels aufklärerischer Gegenpropaganda stand die überwältigende Mehrzahl der Jugendlichen hinter dem „Führer".

Für eine kleine Gruppe Jugendlicher gab es keinen Dienst in der Hitlerjugend: die „rassisch" Verdächtigen. Sobald ein Elternteil Jude war, galten sie als „Halbjuden". War unter den Großeltern ein Jude, wurden sie als „Vierteljuden" bezeichnet. 1935 verkündeten die braunen Machthaber die sogenannten „Nürnberger Gesetze". Dabei wurde jeder, der jüdisch war, in Acht und Bann getan. Die Juden schloß man damit praktisch von der

Öffentlichkeit aus. Auch gegen die Zerbster Juden ging man jetzt schärfer vor. Sie wurden ständigen Beschimpfungen ausgesetzt oder anders beleidigt. In der jetzigen Fritz-Brandt-Straße gab es beispielsweise ein kleines, von einem jüdischen Besitzer geführtes Textilgeschäft, das sich „Der schlichte Laden" nannte. SA-Rabauken überpinselten das Wort „schlicht" und veränderten es in „schlechte". Ein Textilhändler auf dem Markt wurde öffentlich als „Itzig" beschimpft. Bei einer SA-Feier im Saal des „Erbprinzen" in der Breiten Straße hörte man unter anderem Sprüche wie „Juda verrecke!" Vor dem Kaufhaus Schocken auf der Alten Brücke standen SA-Posten. Sie brüllten: „Wer vom Juden frißt, der stirbt daran!" Ein jüdischer Schuhhändler auf dem Markt wurde auf der Straße öffentlich als „Saujude" angepöbelt.

In der Nacht vom 8. zum 9. November 1938 klirrten auch in Zerbst die Scheiben jüdischer Geschäfte. Die Synagoge in der Brüderstraße/Ecke Wolfsbrücke war gewaltsam geöffnet worden. SA- und SS-Leute drangen in den jüdischen Betsaal ein. Dort zerschlugen sie das Mobiliar, das Pult des Kantors, den Altar und die Sitzbänke. Die Kultgegenstände wurden auf die Straße geschleppt und zerschlagen. Menoraleuchter für das Chanukkafest und die den Juden heiligen Thorarollen landeten in der Gosse und wurden anschließend verbrannt. Ein angetrunkener SA-Mann hatte einen Gebetsschal umgelegt und predigte den „Untergang der jüdischen Rasse"! Talmuds flogen ins Feuer. Nur die Synagoge brannte nicht, denn sie stand zu dicht an den Wohnhäusern. Die jüdischen Geschäfte wurden geplündert, nachdem SA-Leute die Schaufensterscheiben eingeschlagen hatten. Auf dem Markt waren es das Schuhgeschäft der Firma Tack und das Textilgeschäft Michels. Zitternd saß die Familie Michels in den oberen Räumen des Hauses und betete. Der alte Herr Michels wurde abgeführt und geschlagen. Auch bei anderen Juden splitterten in dieser Nacht die Fenster, so z.B. bei der Familie Wachtel. Aber nicht genug damit – der SA-Mob drang in ihre Wohnung ein und verwüstete sie völlig. Die Wachtels flüchteten in den Garten.[12] Die SA und SS hielten vor den zerstörten Geschäften Wache. Als am Morgen des 9. November die Schüler des Francisceums über den Markt zur Schule gingen und an dem zerstörten Tack-Geschäft vorbeikamen, machte sie ein patrouillierender SA-Mann darauf aufmerksam, daß da noch zwei Schaukästen ganz wären. Er reichte ihnen Pflastersteine. Die Sextaner taten, wie ihnen geheißen wurde, und die Schaukästen klirrten. Nur wenige Zerbster waren jetzt nachdenklich geworden. Es gab die ersten kritischen Stimmen: „Das ist ja schrecklich! Die armen Menschen, was können die dafür, daß sie Juden sind?" Ebenfalls hörte man verhalten, daß hier viele materielle Werte vernichtet worden seien. Diese Äußerungen geschahen jedoch hauptsächlich im Verborgenen. Die Kirchen schwiegen in Zerbst genau wie anderswo. Fanatisierte Nazis fanden, das Ganze sei zu Recht geschehen. Alle Juden gehörten bestraft. In der Hitlerjugend wurde der Pogrom als großer Sieg der nationalen Sache gefeiert. Das Menetekel stand jetzt unübersehbar auch über Zerbst. Die Synagoge wurde schnell in ein Rot-Kreuz-Heim umgewandelt.

Die Weichen standen auf totalem Nazikurs. Der Kreisleiter, der oberste Zerbster "Goldfasan", wie er heimlich genannt wurde, war der eigentliche Herr über die Stadt. Der Oberbürgermeister war nur noch der gehorsame Vollzugsbeamte. Der Kreisleiter hatte Ortsgruppenleiter der Partei unter sich, diese verfügten über Blockleiter. Alle hatten prächtige braune Uniformen mit goldenen Kragenspiegeln. Es gab Sammlungen für die NS-Volkswohlfahrt, besonders für die sogenannte Winterhilfe. Angeblich waren es Maßnahmen gegen die Armut im Lande. Aber dahinter versteckten sich Beiträge für die Aufrüstung. Man warb mit allerhand bunten Abzeichen; auch die HJ mußte sammeln gehen. Rechenschaft über die eingesammelten Gelder wurde nicht abgelegt. Warum auch? Ein Zerbster, der öffentlich darüber seine Witze machte und feststellte, daß hier Rüstungsgüter finanziert würden, verschwand über Nacht. Später flüsterte man, daß er wohl im KZ-Lager wäre.[13] Für die Winterhilfe wurde auch mit einer Pfundspende gesammelt. Es waren Spenden mit haltbaren Lebensmitteln wie Mehl und Zucker. Sie wurden ebenfalls nur zu einem geringen Teil an die Armen und Bedürftigen ausgegeben, ein gigantischer Betrug. Auch hier ahnten nur wenige, welche Zusammenhänge das Ganze hatte.

Als Österreich im März 1938 angeschlossen wurde, prangte die ganze Stadt Zerbst im Flaggenschmuck der Hakenkreuzfahnen. Lautsprecherwagen forderten die Bürger zur Volksabstimmung über den Anschluß Österreichs auf. Das Ergebnis von über 99 % Ja-Stimmen stand sicherlich schon im vorhinein fest.

Ende 1938 wurden die Zerbster Garnison und der Fliegerhorst alarmiert. Es handelte sich um eine vorsorgliche und geheime Mobilmachung wegen der Krise um das Sudetenland. Allgemeine Urlaubssperre und Ausgangsverbot wurden angeordnet. Deutsche Truppen marschierten in das Sudetenland ein; es schien noch einmal gut gegangen zu sein. Aber in der Stadt war insgeheim eine gewisse Unruhe und Sorge vor einem neuen Krieg zu spüren. Ein Milchgeschäft auf dem Markt verkaufte nur noch ein Stück Butter pro Kunden. Die Eingeweihten und die Nachdenklichen wußten diese Anzeichen zu deuten. Es galt, Reserven für zukünftige Auseinandersetzungen anzulegen. Hitler brach das Münchner Abkommen und besetzte die Rest-Tschechei. Auf dem Rückmarsch von diesem Unternehmen wurde für zwei Tage ein SS-Regiment in Zerbst einquartiert. Die SS-Soldaten berichteten übereinstimmend ihren Quartierwirten, daß sie in Böhmen und Mähren nicht freundlich aufgenommen worden waren. Auf dem Markt gab es eine große Waffenschau von Infanteriegeschützen und Kübelwagen. Die SS-Leute forderten besonders die Kinder auf, sich alles genau anzusehen.

Noch wurde gefeiert. Am 20. April 1939, der 50. Geburtstag des „Führers", versammelten sich viele Menschen zur zentralen Veranstaltung auf dem Zerbster Markt. Aus allen Häusern hingen Hakenkreuzfahnen. Die Pimpfe, Hitlerjungen und die BDM-Mädchen mußten in Uniform in die Schule kommen. Dort fanden kurze Feiern statt, danach ging es zum Markt. Markige Reden über die Größe dieses von der Vorsehung gesandten Führers und Wundertäters des Deutschen Reichs wurden gehalten. Die Veranstaltung schloß mit dem Absingen der Nationalhymne, der ersten Strophe des Deutschlandliedes und der ersten Strophe des Horst-Wessel-Liedes. Dabei mußten alle Leute die Hand zum Hitlergruß erheben. Beim Horst-Wessel-Lied zitterte sie bei manchen Leuten schon beträchtlich. Danach folgte die übliche Militärparade der Zerbster Garnison. Im knallenden Stechschritt marschierten die Soldaten über den Markt, begleitet von der Militärmusik. Alles wirkte feierlich und unheimlich. Keiner ahnte, daß ein halbes Jahr später Krieg sein würde.

Noch im März 1939 wurde Heldengedenktag gefeiert. Viele Zerbster kamen zur Feier vor das Denkmal des „Eisernen Kreuzes" am Loeper-Bad. Wieder großes militärisches Tschingderassa, wieder markige Reden. Zum Andenken an die Kriegstoten 1914–18. Ein paar Monate später sollten sie den nächsten Verwandten und Freunden gelten.

Hitler stellte neue Forderungen. Diesmal ging es um Polen und den Korridor nach Ostpreußen. Die Zerbster Presse druckte das Gegeifer aus dem Propagandaministerium gehorsam nach. Bedeutete das jetzt Krieg?

Krieg

Der Sommer 1939 brachte viele heiße Tage. Wer schon ein Auto besaß, nutzte es, um damit in den Urlaub zu fahren. Aber im August hieß es dann schon, daß Benzin rationiert würde. Die Ausgabe an Tankstellen erfolgte nur noch begrenzt.

Die politische Lage war angespannt, die Nachrichtensendungen meldeten Bedrohliches. Die deutsche Presse überschlug sich auf Befehl von Goebbels mit Meldungen über Provokationen der Polen gegenüber der deutschsprachigen Bevölkerung im polnischen Westpreußen. In der Schweizer Presse berichtete man objektiver, vor allem las man dort auch von offensichtlichen deutschen Provokationen. Einigen Zerbstern war es vergönnt, die große Schweizerische Landesausstellung in Zürich zu erleben. Sie fand alle 25 Jahre statt. Nach entwürdigenden Zollformalitäten von deutscher Seite, 10 RM durfte jeder nur in der Tasche haben, kaufte man in Zürich natürlich Zeitungen. Selbstverständlich konnten sie nicht nach Deutschland eingeführt werden. Jedoch die Besucher der Landesausstellung kehrten nachdenklich aus Zürich heim nach Zerbst.

Der 1. September 1939 war ein schöner Sommertag. Als Hitlers Reichstagsrede im Radio übertragen wurde, waren die Straßen auch in Zerbst menschenleer. Für die Schulkinder war schulfrei angeordnet worden. Die Spannung spürten die Zerbster auch unmittelbar. Die Nacht hatte große Unruhe gebracht. Auf dem Flugplatz in Zerbst herrschte ein reges Landen und Starten. Trotz der emphatischen Hitlerrede lag Bedrückung über der Stadt. Die ersten Sondermeldungen berichteten, daß Danzig wieder deutsch sei. Am Nachmittag spielten Kinder wie immer hinter dem Schießstand auf dem Übungsgelände der Zerbster Garnison. Als sie sich dort lagernden Soldaten näherten, sagte einer von ihnen: „Ihr spielt hier noch fröhlich, wir liegen vielleicht schon morgen mit kaltem Arsch in Polen!". Nachdenklich fuhren die Kinder mit ihren Rädern nach Hause. Es lag eine merkwürdige Stille über dem Ganzen. Keine Hurra-Stimmung wie beim Ausbruch des Ersten Weltkrieges. Viele Menschen schienen Schlimmes zu ahnen.

Ab sofort gab es einschneidende Erlasse. Lebensmittelkarten wurden ausgegeben. Die Rationen waren von Anfang an sparsam bemessen. Wer verreiste, erhielt sogenannte Reisemarken mit denen er überall in Deutschland einkaufen konnte. Wer ein Auto besaß, mußte es sofort stillegen. Gefahren werden durfte nur mit einem roten Winkel auf dem Nummernschild. Ihn gab es ausschließlich für kriegswichtige Fahrzeuge. Selbst Ärzte bekamen keine Ausnahmegenehmigung. Ein Arzt in Zerbst schaffte sich Pferd und Wagen für Patientenbesuche an. Weiterhin wurde nachts sofortige und totale Verdunklung angeordnet. Kein Lichtschein durfte von den Fenstern nach draußen dringen. Die Straßenlaternen brannten nicht mehr. Autos und Fahrräder mußten eine Kappe über die Scheinwerfer ziehen. Nur aus einem kleinen Schlitz fiel noch Licht auf die Straße. Kurze Zeit später wurden die stillgelegten Kraftfahrzeuge aufgebockt, und die Räder mußten an die Wehrmacht abgeliefert werden. Die teureren Autos wurden eingezogen, oft sogar mit dem Besitzer. Wenn er Glück hatte, durfte er jetzt als Soldat seinen eigenen Wagen fahren. Selbst Schäferhunde, die ausgebildet waren, erhielten den Einberufungsbefehl. Er besagte, daß sie einer Meldehundestaffel in Magdeburg zugeteilt waren. Über Nacht verschwanden die Männer aus Zerbst. Später, beim ersten Urlaub, sah man sie in Uniform. Andere wurden bei den Junkerswerken in Dessau zum kriegswichtigen Dienst verpflichtet. Die zur Wehrmacht eingezogenen Männer konnten nur noch über die portofreie Feldpost mit einer bestimmten Feldpostnummer erreicht werden. Auch durften die Angehörigen begrenzt kleine Feldpostpäckchen verschicken. Vergriff sich jemand an einem dieser Päckchen, hatte er die Todesstrafe zu erwarten. Überhaupt waren die Strafandrohungen jetzt drakonisch. Wer beim Abhören von sogenannten Feindsendern erwischt wurde oder Nachrichten weiterverbreitete, mußte mit der Todesstrafe rechnen. Wer schwarz schlachtete oder unter Ausnutzung der Verdunklung eine Straftat beging, wurde ebenfalls mit dem Tod bestraft. Aus den Schaufenstern verschwanden die meisten Waren. Textilien gab es nur noch gegen Bezugsschein, der auf einem Amt der Stadt unter dem Nachweis der Bedürftigkeit extra beantragt werden mußte. Hatten die SA und SS nicht ein knappes Jahr vorher in jüdische Konfektionshäuser Brandsätze geworfen oder mutwillig Schuhläden zerstört? Die Schuhe und Textilien landeten damals im Abfall – jetzt waren sie bewirtschaftet.

Den Juden ging es immer schlechter. Sie bekamen auf Lebensmittelkarten nur noch die halbe Ration. Viele Geschäfte durften sie nicht betreten. Oft konnten sie nur nach Ladenschluß in bestimmten Länden einkaufen. Andererseits gab es auch in Zerbst Beispiele der Menschlichkeit: Manchen Juden wurden heimlich Lebensmittel zugesteckt. Dann kam der unselige Erlaß, daß sie auf der Straße am Mantel oder am Anzug einen gelben Davidstern mit der Aufschrift „Jude" zu tragen hatten. Eines Tages, als die Schüler des Franciscceums auf dem Heimweg waren, fuhr ein Lehrer auf dem Fahrrad an ihnen vorbei. Er deutete auf einen angesehenen jüdischen Bürger, der sich scheu auf der anderen Straßenseite vorbeizudrücken versuchte. Und er rief den Schülern zu: „Seht mal, der trägt den 'Pour le Sémite'." Schlimmer konnte es eigentlich nicht mehr kommen. Als ein Jude aus Dessau mit dem Zug nach Zerbst fuhr und von einem Haufen uniformierter Pimpfe, die von einem Fußballspiel kamen, im Abteil entdeckt wurde, schrien sie ihn an und befahlen ihm, sofort aufzustehen und in den Vorraum zu gehen. Der Ärmste stand ängstlich auf. Als er durch den Mittelgang ging, spuckten ihn einige Jungen an. Einer der Pimpfe, der schon vorausgegangen war, und den freundlichen alten Herrn als Bekannten seiner Eltern höflich gegrüßt hatte, wurde später vom Pimpfenführer vor versammelter Einheit als Judenfreund beschimpft. Im Wiederholungsfall drohe ihm Degradierung zum Pimpfenanwärter.

In den beiden Zerbster Zeitungen standen nach dem Polenfeldzug die ersten Todesanzeigen mit dem Eisernen Kreuz in der rechten Ecke. Meist mit dem makaberen Satz darüber: „Für Führer und Volk fiel …" Außer den vielen Uniformen war vom Krieg in den Straßen nicht viel zu merken. Viele Leute fuhren mit dem Fahrrad aufs Land zum Hamstern. Gemüse gab es im Ankuhn, dem Zerbster Vorort im Norden, noch reichlich. Auch an Kartoffeln mangelte es nicht. Die Schulkinder des Francisceums packten eifrig Feldpostpäckchen für die Soldaten, die jetzt am Westwall standen. Auch wurden sie zum Knochen-Sammeln angehalten. Das war eine kriegswichtige Angelegenheit.

Dänemark und Norwegen wurden besetzt und im Westen stießen die Deutschen weit nach Frankreich hinein vor. Die Sondermeldungen im Radio jagten einander. Die Engländer hatten sich bei Dünkirchen über den Kanal retten können. In Zerbst meinte man, der Krieg sei gewonnen. Was jetzt noch käme, wäre reine Formsache. Auch die Pessimisten verloren die Skepsis.

Da heulten in der Nacht vom 6. auf den 7. Juni 1940 zum ersten Mal in der Stadt die Sirenen. Die Leute standen auf und gingen in die Luftschutzkeller. Auf dem Markt starrten und horchten, trotz Aufforderung in den Keller zu gehen, einige Menschen angestrengt in den Nachthimmel, ob ein Motorengeräusch zu hören sei. Aber es blieb alles ruhig. Nach kurzer Zeit wurde Entwarnung gegeben. Später verlautete, daß ein englisches Flugzeug bis Salzwedel vorgedrungen war. Es hatte dort einige Bomben abgeworfen.[14] 16 Tage später gab es nachts um 1.17 Uhr wieder Fliegeralarm. Er dauerte über eine Stunde. Doch auch diesmal blieb alles ruhig. Immerhin hatten einige englische Bomber über Potsdam gekreist und bei Babelsberg Spreng- und Brandbomben abgeworfen.[15] War der Krieg doch noch nicht entschieden? Deutschland beherrschte Frankreich; es hatte kapituliert – die Engländer jedoch wehrten sich mit aller Kraft. Am 16. Juli gab es nachts erneut Fliegeralarm. Die Menschen, die auf dem Markt in Grüppchen zusammenstanden und nicht den Keller aufgesucht hatten, hörten plötzlich Motorengeräusch. Das erste Mal, daß ein Engländer über Zerbst war. Das Flugzeug drang bis Dessau vor, kreiste dort und drehte Richtung Zerbst ab, ohne eine Bombe zu werfen. Die kamen einen Monat später. Ein Bombenabwurf über Dessau zerstörte einige Häuser. Ausgerechnet in Coswig, wo sich das berüchtigte Zuchthaus im Schloß befand, fielen 10 Spreng- und 24 Brandbomben. Wahrscheinlich hatte ein englisches Flugzeug die Kleinstadt mit dem in der Nähe liegenden Kraftwerk Zschornewitz verwechselt. Die Explosionen waren in Zerbst von fern zu hören; die Leute hielten sie aber für Abschüsse der Flak.

Tagsüber merkte man nichts vom Krieg. Es lief alles wie gewohnt. Die Schüler und Schülerinnen wurden einmal in der Woche während des Unterrichts in eines der Zerbster Kinos geführt. Sie sahen in der Wochenschau, wie die deutschen Soldaten von Sieg zu Sieg schritten. Die Jugend war natürlich leicht zu begeistern, zumal der Endsieg den besseren Waffen der Deutschen Wehrmacht nicht zu nehmen sein würde. Diese Vorstellung beherrschte den HJ-Dienst. Soldatische Tugend bestimmte die Heimatabende, dem Vaterland sollten alle Opfer gebracht werden. So feierte man auch hier die deutschen Siege.

Da die Bauern meistens eingezogen waren, mußte die Bäuerin mit Hilfe polnischer und französischer Kriegsgefangener den Hof allein bewirtschaften. Später kamen noch Zivilarbeiter hinzu, die aus ihren Ländern nach Deutschland verschleppt worden waren. Für die dringenden Arbeiten wurden jetzt auch Schulklassen angeboten. Die Jugendlichen mußten Rüben verziehen, Unkraut hacken oder an den Landstraßen bei der Apfelernte helfen. Auch auf den Gemüsefeldern in Ankuhn halfen Schüler aus. Solche Ernteeinsätze gehörten bald zum schulischen Alltag. In den Herbstferien ging es zum Kartoffellangen. Zusammen mit französischen Kriegsgefangenen mußten Kartoffeln hinter dem Pflug aufgesammelt werden. Solche Einsätze waren Pflicht. Die Eltern wiederum sahen es nicht ungern, daß ihr Sprößlinge zeitweise bei Bauern arbeiten mußten; wurden sie doch hier auch verpflegt und entlasteten dadurch die Lebensmittelrationierung zu Hause.

Erneuter Fliegeralarm in der Nacht vom 25. zum 26. August 1940 – der erste große Angriff auf Berlin. Das auf- und abschwellende Motorengeräusch des anfliegenden Verbandes war in Zerbst deutlich zu hören. Die englischen Maschinen hatten sich im Raum Hannover-Braunschweig gesammelt und von dort flogen sie nördlich von Zerbst auf Berlin zu. Das erste Mal spürte man in der Stadt, daß dieser Krieg mitnichten gewonnen war. England schlug zurück, und jetzt war nicht nur die Front betroffen sondern das ganze Land![16] Trotz allem zog der Krieg an der Stadt vorbei. Sicherlich, Lebensmittel gab es nur auf Karten, und es mangelte auch an Kohlen im Winter, da die Transportmittel anderweitig gebraucht wurden. Kriegsgefangene, die in den Fabriken arbeiten mußten, sollten die zur Wehrmacht eingezogenen Arbeiter ersetzen. Am Abend und in der Nacht trugen die Leute am Mantel oder Anzug Leuchtplaketten, damit sie sich in der Dunkelheit nicht umrannten.* Da die Verdunkelung streng überwacht wurde, blieb es finster in der Stadt.

Ein neuer Angriff auf Berlin am 29. August gegen 2 Uhr nachts riß die Menschen in Zerbst aus den Betten. Während der Motorenlärm der an- und abfliegenden Maschinen deutlich zu hören war, trieben vier gewaltige Detonationen in der Ferne die neugierig auf der Straße herumstehenden Leute in die Schutzräume. Vier Bomben waren bei Tornau, südlich von Zerbst, wahrscheinlich im Notwurf abgeworfen worden.[17] Sie hatten gewaltige Trichter hinterlassen und die elektrische Überleitung der Eisenbahnlinie beschädigt. Viele Zerbster, besonders die Jugendlichen, fuhren mit den Fahrrädern hin und bestaunten die tiefen Einschläge. Der Krieg fand noch aus der Schlachtenbummler-Perspektive statt. Fast in jeder dritten Nacht gab es jetzt Fliegeralarm. Trotz Strafandrohun-

---

* Die Leuchtplaketten wurden von der in der Zerbster Maschinenfabrik Franz Braun entwickelten Isoma-Spritzmaschine hergestellt. Auf diese Erfindung, die erstmalig Kunststoff zu Abzeichen, Kämmen und anderen nützlichen Gegenständen verarbeitete, waren die Zerbster besonders stolz.

gen der Polizei, blieben jedoch die meisten in ihren Betten, im festen Glauben, daß die Engländer in Berlin lohnendere Ziele als in Zerbst hätten.

Doch am 11. Oktober 1940 krachte es während eines Fliegeralarms ganz gehörig. Ein englischer Bomber hatte sich wahrscheinlich im Notwurf seiner Bomben entledigt. Sie fielen auf einen Acker im Süden des Zerbster Industriegeländes. Der Krieg war jetzt an den Stadtrand vorgerückt. Viele Einwohner ließen sich die Sensation nicht entgehen und inspizierten die drei Trichter von ungefähr 4–5 m Durchmesser. Mit Schaudern dachte man daran, daß die Bomben auch in Wohnviertel hätten fallen können, wenn der Auslöser ein paar Sekunden später gedrückt worden wäre. Zerbst blieb von weiteren Bomben noch verschont. Im Kreis wurden verschiedentlich Notwürfe gezählt, so bei Aken, Barby, Bornum und Klein-Leitzkau. Aber auch hier fielen alle Bomben auf freies Feld und richteten keinen Schaden an. Die Engländer waren aus der Luftschlacht um England gestärkt hervorgegangen und schlugen jetzt massiv zurück. Das ganze Jahr 1941 wurden in Zerbst nur Überflüge gezählt. Sicher, die Leute wurden durch die Fliegeralarme oft in ihrer Nachtruhe gestört. Schulkinder kamen unausgeschlafen in die Schule und auch den hart arbeitenden Menschen fehlte der Schlaf.

Immer mehr Männer wurden eingezogen. Dann begann im Juni 1941 der Rußlandfeldzug mit vielen Sondermeldungen. Bald häuften sich die Traueranzeigen mit dem Eisernen Kreuz in den Zeitungen. Junge Leute, eben noch auf der Schulbank, sowie Familienväter – sie sollten alle nicht mehr heimkehren!

Für die Hitlerjungen ging der Dienst weiter, mittwochs und sonnabends hieß es antreten. Die Flieger-HJ schulte mit ihren Segelflugzeugen neben dem Zerbster Flugplatz, auch an Sonntagen wurde geflogen. Gestartet werden konnte nur mit Hilfe einer Autowinde, denn das Land war flach. Weiterhin zogen die Schüler meistens in den Ferien zu Ernteeinsätzen aus, aber zunehmend wurde auch die Schulzeit dazu in Anspruch genommen. Auf Lebensmittelkarten gab es immer weniger, doch konnte das Zerbster Umland mit Gemüse und Kartoffeln aushelfen. Hungern brauchte keiner. Das Bier in den Gaststätten wurde ebenfalls dünner. Aber das war zu ertragen, der Krieg war noch weit weg. Es gab ja auch kaum militärische Ziele in der Stadt. Am Rande standen zwar die Kasernen, und auf dem Fliegerhorst bildete die Luftwaffe jetzt Jagdflieger aus – die damaligen Lufthelden Mölders und Galland sollen hier häufig zu Besuch gewesen sein –, doch nach wie vor kreisten nur deutsche Flugzeuge tagsüber am Himmel. In die Kasernen zogen jetzt Pioniere ein, eigentlich mehr oder weniger ältere Leute, die aus einem ehemaligen Baubataillon kamen, das in eine Pioniereinheit umbenannt worden war. Der Kommandeur hieß König, bald hießen sie in der Stadt die „Königspioniere". Ihr Übungsgelände befand sich hinter der Feuersäule neben dem Schießstand. Die Zerbster hörten es täglich knallen, wenn dort wieder Sprengladungen detonierten.

Allmählich wurde der Krieg sichtbar, man mußte nur genauer hinschauen. Denn immer mehr Soldaten mit Krücken und Verbänden tauchten im Stadtbild auf. Im „Von Rephuns Garten" war jetzt ein Lazarett für leichtere Fälle untergebracht. Der Krieg in Rußland sorgte für komplette Belegung.

Im kalten Winter 1941/42 gab es oft keine Kohlen. Sie konnten schon lange nicht mehr angeliefert werden. Mit Schlitten oder Handwagen mußten sich die Leute das Brennmaterial herbeischaffen. In den Kohlehandlungen wurden nur höchstens zwei Zentner Briketts für eine Fuhre ausgegeben. Transportraum brauchte die Wehrmacht für den Kriegseinsatz. Auch das Jahr 1942 verlief in Zerbst relativ ruhig. Immer häufiger heulten die Sirenen Fliegeralarm, meistens vor englischen Flugzeugen auf dem Nachtflug nach Berlin. Hitler hatte inzwischen auch den Amerikanern den Krieg erklärt, doch noch bewegte sich die gewaltige Übermacht der Alliierten nicht auf Deutschland zu. Es sprach sich jedoch in der Stadt herum, daß größere Bomberpulks zu Flächenbombardements auf deutsche Städte übergingen, wie es die Deutschen über England bereits praktiziert hatten. Aber dies betraf nur den Westen Deutschlands und Berlin. Viele Geschichten aus den bedrohten Gebieten machten in Zerbst die Runde. Die Katastrophe von Stalingrad ließ viele Zerbster nachdenklich werden. Viele merkten jetzt, daß die Siegesmeldungen der Vergangenheit angehörten. Eine ganze Klasse des Francisceums des 1924er Jahrgangs war geschlossen eingezogen worden. Als Infanteristen kamen sie gemeinsam nach Stalingrad. Nur einer von ihnen kehrte zurück. Viele hoffnungsfrohe junge Menschen waren sinnlos zur Schlachtbank geführt worden. Innerlich hatten viele Menschen den Glauben an den Endsieg längst verloren – äußerlich durften sie es nicht zeigen. Das Leben ging weiter, man ging abends in der Dunkelheit ins Kino und versuchte sich bei leichter Muse zu entspannen. Doch oft wurden jetzt die Vorstellungen unterbrochen und das Dia „Fliegeralarm, suchen Sie sofort die Schutzräume auf" erschien auf der Leinwand. 52mal mußten die Zerbster in diesem Jahr abends und nachts in die Keller. Aus dem Rheinland kamen schreckliche Berichte. Dort hatten Lancaster-Bomber der Briten im Rahmen der Flächenbombardements die ersten 4 000 1b „blockbuster" abgeworfen. Das waren Bomben von immerhin dreieinhalb Tonnen Sprengstoff! Diese Luftminen löschten auf mehrere hundert Meter alles Leben aus. Ein groß angelegtes Evakuierungsprogramm brachte jetzt viele Menschen, vor allem Frauen und Kinder, in die ruhigeren Gebiete. Die ersten Evakuierten aus Köln und Essen tauchten in Zerbst auf. Viele Schulkinder waren darunter, die in KLV-Lagern* untergebracht waren. Manche von ihnen konnten furchtbare Geschichten über Luftangriffe und Brandstürme, die durch die getroffenen Städte tobten, erzählen. Die deutsche Luftabwehr war offensichtlich zu schwach, um das alles zu ver-

---

*   Die Kinderlandverschickungslager (KLV) wurden für Kinder und Jugendliche aus den durch den Bombenkrieg gefährdeten Städten eingerichtet. Mit ihren Lehrern wurden ganze Schulklassen geschlossen untergebracht. Die übrige 'Betreuung' erfolgte durch die Hitlerjugend.

hindern. Sicherlich gab es vereinzelte Erfolge, aber das waren Nadelstiche im Fell eines Elefanten.

Ein solcher „Erfolg" stürzte in der Nähe von Bias südlich von Zerbst auf einen Acker. Ein deutscher Nachtjäger hatte eine Lancaster abgeschossen. Am nächsten Morgen qualmten noch die Trümmer. Schaulustige, besonders Jugendliche suchten in dem Wrack nach Beutestücken. Am frühen Nachmittag wurde einer der gefangenen Flieger, der mit dem Fallschirm abgesprungen war, zu den Resten der abgeschossenen Maschine geführt. Ein deutscher Luftwaffenoffizier frage ihn: „What's about Churchill?" Da antwortete der Sergeant der RAF: „Oh, you mean Mr. Churchill?" Die Leute ringsherum staunten nicht schlecht – so sah kein geschlagener Gegner aus.

Auf dem Kirchturm der Nikolaikirche hatte die Polizei bei jedem Angriff einen oder mehre Turmbeobachter. Es waren meistens Hilfspolizisten, von denen es mehrere in der Stadt gab. Einige davon kannte man als ältere Zerbster Geschäftsleute. Sie mußten Dienst bei der Polizei leisten und besonders bei außergewöhnlichen Ereignissen zur Verfügung stehen. Auch Hitlerjungen wurden zum Polizeidienst herangezogen. Sie mußten sich bei Fliegeralarm im Keller des Neuen Hauses einfinden. Dort befand sich die polizeiliche Leitstelle. Sie sollten als Melder bei Katastrophenfällen eingesetzt werden. Jedem von ihnen wurde ein Luftschutzstahlhelm verpaßt. Diesen Dienst faßten die meisten noch als Spaß auf, sie bekamen schließlich alle aktuellen Meldungen über Feindeinflüge mit und waren bestens informiert. Benzin für Zivilfahrzeuge gab es jetzt kaum noch. Jeder Tropfen wurde für die Wehrmacht gebraucht. Eine neue Erfindung umging diese Klippe: das Fahrzeug mit Holzvergaser. Es handelte sich um einen kleinen Ofen, in dem kleine Holzstückchen verkohlt wurden. Die freiwerdenden Gase verbrannten im Motor wie Benzin. Lastwagen und Pkw´s fuhren mit diesen unheimlichen und qualmenden Dingern am Heck durch die Stadt.

Ende 1942 verschwanden die Juden aus Zerbst. Nur einige Bürger, die mutig und heimlich den Kontakt mit ihnen aufrechterhalten hatten, erfuhren davon. Unter Tränen verabschiedete sich am späten Abend die Familie Freudenberg bei ihren Zerbster Freunden. Sicherlich ahnten sie nichts Gutes. Offiziell mußten sie sich am nächsten Morgen zum Arbeitseinsatz im Osten melden. Auch die Michels, Borinskis, Wachtels und alle anderen hatten diese Aufforderung bekommen. Nie wieder hörte man etwas von ihnen. Wahrscheinlich kamen sie nach Auschwitz und zählen dort zu den ersten Opfern.

Im Sommer 1943 hatten die alliierten Bombenangriffe auf Deutschland zugenommen. Deshalb wurden jetzt die Schüler vom Jahrgang 1927 des 9. und 10. Schuljahres der Gymnasien und Mittelschulen zu den Luftwaffenhelfern eingezogen. Es handelte sich um 15- und 16jährige Jungen. Sie sollten durch ihren Einsatz Soldaten ersetzen, die dringend an der Front gebraucht wurden. Ausnahmen gab es nur, wenn gesundheitliche Schäden vorlagen. Die Jungen aus Zerbst mußten sich in Dessau im Schloßhof melden. Ihre erste Ausbildung erhielten sie an leichten 20 mm-Flak. Die Stellungen lagen auf den Dächern schützenswerter Dessauer Betriebe: der Waggonfabrik und dem Theater. Doch schon bald wurden sie in andere Stellungen verlegt. Die Flächenbombardements auf Hamburg und die rheinischen Städte hatten gezeigt, daß Flak-Hochstände auf Dächern über der Stadt absolut sinnlos waren, weil sie durch den Luftdruck der Bomben in die Tiefe gewirbelt wurden. Deshalb landeten die Zerbster Luftwaffenhelfer des Francisceums bei einer 8,8 cm-Flak-Batterie in Dessau-Törten. Die Ausbildung am Geschütz, am Kommandogerät und am neuen FuMG* erfolgte nach rein militärischen Vorschriften. Nach innen waren die Jungen Soldaten, nach außen mußten sie als Hitlerjungen auftreten. Das Jugendschutzgesetz galt für sie selbstverständlich weiter, so z.B. blieben Filme, die erst für Jugendliche ab 18 Jahren freigegeben waren, für Luftwaffenhelfer tabu. Sie erhielten Jugendverpflegung, d.h. auf Befehl der Reichs-Jugendführung einen halben Liter Milch täglich. Weiterhin bekamen sie Schulunterricht in der Stellung. Oft wurden die Unterrichtsstunden jedoch durch Fliegeralarme unterbrochen. Die Lehrer mußten die Splittergraben aufsuchen und die Jungen hatten ihren Mann an den Geschützen zu stehen. Und auch hier galt das Jugendschutzgesetz: Die Luftwaffenhelfer durften keine Granate anfassen! Als Munitionskanoniere dienten kriegsgefangene Russen, die als Hilfswillige etwas mehr Verpflegung bekamen. Der einzige Stammsoldat an der Kanone war der K 3, der Ladekanonier. Er hatte die Granaten ins Rohr zu schieben und den Schuß auszulösen, wenn die Feuerglocke ertönte. K 1 (Höhe), K 2 (Seite), K 6 und K 7 an der Zünderstellmaschine wurden ebenfalls von Luftwaffenhelfern ausgeübt. Sie hatten mit ihren Handrädern jeweils den Zeiger mit den Werten abzudecken, die vom Kommandogerät** durchgegeben wurden. Aber auch dort waren Luftwaffenhelfer eingesetzt.

Dessau und Zerbst gehörten zum Luftgau IV, und in Kochstedt bei Dessau lag das Hauptquartier der 2. Flak-Brigade. Insgesamt standen in diesem Raum 13 Batterien mit 81 Geschützen. Die für Zerbst nächste lag 9 km südlich in Neeken. Die Feuertaufe erhielten die Zerbster Luftwaffenhelfer am 31. August 1943. Zum ersten Mal schossen sie nachts auf englische Bomberverbände, die Berlin angegriffen hatten und über Dessau abflogen. Es fielen zum Glück keine Bomben. Im Spätherbst 1943 kam der Befehl, daß die 4. Batterie mit den Zerbster und Dessauer Luftwaffenhelfern von Törten nach

---

* Das FuMG 40 (Funkmeßgerät) war eines der ersten Radargeräte und wurde in den deutschen Flakbatterien eingesetzt. Durch einen Umrechner, einem Vorläufer des Computers, war es sogar möglich, daß mehrere Batterien mit einem einzigen FuMG schießen konnten.

** Das Kommandogerät war ein ca. vier Meter breites Fernrohr mit vierzigfacher Vergrößerung. Der bedienende Soldat, der E 1, mußte räumlich sehen können und dabei die Meßmarken mit dem anvisierten Ziel in Übereinstimmung bringen. Das Gerät rechnete dann die Feuerwerte für die Geschütze der Batterie aus.

Kleutsch umziehen mußte. Die Stellung in Dessau-Törten gleich hinter dem Krematorium wurde aufgegeben – sie lag zu dicht an der Stadt und wäre deshalb akut gefährdet gewesen. Im November eröffneten die Briten die „Battle of Berlin". Dabei überflogen ihre Bomberverbände häufig den Raum Dessau-Zerbst. Jetzt wurden die Menschen regelmäßig bei Fliegeralarm aus den Betten geholt. Aber noch handelte es sich um reine Überflüge. Am 3. Dezember mußte wahrscheinlich eine Lancaster ihre Bombenladung über der Gemarkung Luko-Mühlstedt im Kreis Zerbst im Notwurf loswerden. 2 Luftminen, 25 Stabbrandbomben und 45 Phosphorkanister fielen auf freies Feld. Lediglich die Starkstromleitung Luko–Thießen wurde unterbrochen, sonst passierte nichts.

Im Jahr 1944 verging dann kaum ein Tag ohne Fliegeralarm oder Vorwarnung. Bei der Flak hieß das: A I = Fliegeralarm, A II = Vorwarnung. Jetzt machte sich das Riesenpotential der alliierten Luftrüstung bemerkbar. Bomberverbände der 8. US Air Force mit ihren Fortress I und Fortress II flogen am Tage ihre Angriffe. Sie starteten auf Flugbasen in Südengland und konzentrierten sich anfangs auf rein taktische Ziele, besonders die der deutschen Luftrüstung. So war es nur eine Frage der Zeit, wann Dessau mit seinen Junkers-Flugzeugwerken und anderen Rüstungsindustrien bombardiert werden würde. Nachts galten die Angriffe des englischen Bomber Comand meistens Berlin. Die Maschinen flogen oft über den Raum Zerbst-Dessau ab. Amerikanische Verbände am Tage wurden von Langstreckenjägern als Jagdschutz begleitet. Die Pulks erreichten über Holland die Küste und flogen meist über Hannover-Braunschweig Mitteldeutschland an. Anfang Januar 1944 erlitten die Amerikaner bei einem Tagesangriff auf die Flugzeugwerke bei Oschersleben und Halberstadt schwere Verluste; die Deutschen behaupteten, 123 amerikanische Flugzeuge abgeschossen zu haben, die Amerikaner gestanden den Verlust von 42 Flugzeugen ein. Am 20. Januar kam es bei einem Nachtangriff der Briten gegen Berlin zu Bombenabwürfen über Waldersee. In der nächsten Nacht war Magdeburg das Angriffsziel. Ein versprengter englischer Verband lud seine Bombenlast über Dessau-Süd ab. Ständig beleuchteten die Markierungskaskaden den Nachthimmel. Sie wurden auch in Zerbst wahrgenommen. Die Zerbster Luftwaffenhelfer schossen mit ihren 6 Geschützen 27 Gruppen (Salven) und erzielten gemeinsam mit anderen Batterien insgesamt 3 Abschüsse. Doch leider gab es auch zahlreiche Tote unter der Zivilbevölkerung in Dessau. Am 27. Januar waren am Abend wieder britische Bomberverbände im Anflug. Die 4. Batterie in Kleutsch mit den Zerbster und Dessauer Luftwaffenhelfern schoß wiederum 20 Gruppen – und traf einen deutschen Nachtjäger. Er hatte kein ES (Erkennungssignal) geschossen und stürzte brennend ab. Die Besatzung konnte sich mit dem Fallschirm retten. Am nächsten Morgen wurde der Sachverhalt ermittelt.

Störflugzeuge, entweder schnelle Mosquitos oder sehr hoch fliegende Aufklärungsflugzeuge sorgten jetzt fast täglich für Alarm. Im Februar und März erwiesen sich die Angriffe auf Ziele in Mitteldeutschland für die 8. US Air Force als besonders verlustreich. Allein die Batterie mit den Zerbster Luftwaffenhelfern verzeichnete in diesem Zeitraum drei Abschüsse von feindlichen Bombern. Am 29. April wurde eine amerikanische Fortress, die auf dem Rückflug von einem Tagesangriff auf Berlin war, von den Zerbster-Jungen abgeschossen. Täglich kreisten die hochfliegenden Aufklärungsflugzeuge über dem Raum Dessau-Zerbst.

Mitteldeutschland, und hier besonders Dessau, geriet immer mehr in das Fadenkreuz der Alliierten. Ausgerechnet am Pfingstsonntag starteten 164 Fortress auf ihren ostenglischen Basen zum Angriff auf die Junkerswerke. Sie flogen über Nordholland, Osnabrück, Braunschweig, Stendal an. Die Pulks hatte unterwegs schwere Verluste durch deutsche Jagdflieger erlitten. Die von Süden heranfliegenden Verbände konnten in Zerbst gut beobachtet werden. Sie näherten sich Dessau in einer Angriffshöhe von ca. 8 000 m. Ihre Kondensstreifen zeichneten den blauen Himmel weiß. Durch starkes Flakfeuer behindert, lösten viele Maschinen ihre Bomben verspätet aus. Die Junkers-Werke wurden kaum getroffen, dafür aber der Stadtkern. Den aufliegenden Maschinen wurde durch Vernebelung und Rauchentwicklung in der Stadt die Sicht genommen. Nur ein Drittel der eingesetzten Flugzeuge konnte seine Bomben über Dessau ausklinken.[18] Die Zerbster Jungen schossen mit ihrer 4. Batterie 52 Gruppen und beobachteten im Umfeld allein 3 Abschüsse. Der Angriff verursachte besonders in der Dessauer Innenstadt große Schäden. Viele historisch wertvolle Bauten wurden getroffen. Eine alte Apotheke erhielt einen Volltreffer, der alle Menschen in diesem Haus tötete. Die Junkerswerke meldeten keinen beträchtlichen Schaden. Doch in der Stadt waren 92 Häuser vernichtet worden, fast 200 wurden schwer beschädigt. Zwei Tage später erfolgte ein zweiter schwerer Luftangriff über Dessau. 83 Bomber, zu 5 Pulks in Pfeilrichtung formiert, griffen über Zerbst anfliegend an. Dieses Mal trafen 80 % der insgesamt 185 t Bomben die Junkerswerke und hinterließen dort Zerstörungen und, was noch schlimmer war – Produktionsausfälle. Wieder wurden 9 Wohnhäuser zerstört.[19] Ein neuer Jahrgang von Luftwaffenhelfern rückte ein. Die 1928 Geborenen mußten jetzt die zur Wehrmacht Eingezogenen ersetzen, die ein Jahr älter waren.

Im Juni 1944 blieb es relativ ruhig. Zerbst wurde nur von einigen Störflugzeugen und Aufklärern überflogen. Die Alliierten brauchten ihre Flugzeuge, um ihre am 6. Juni in der Normandie gelandeten Truppen zu unterstützen. Die schweren Kämpfe dort erforderten den pausenlosen Einsatz der Air Force. Erst am 29. Juni um 8 Uhr klingelten wieder die Alarmglocken bei den Dessauer Flakbatterien. Die 8. US Air Force flog einen erneuten Großangriff, diesmal mit über 1 100 Bombern gegen Mitteldeutschland. Erneut fielen dabei Bomben auf Dessau, aber gleichzeitig erfolgten Angriffe auf Magdeburg, die ausgelagerte Flugzeugproduktion in Oschersleben, Bernburg und Aschersleben. Fast 800 US-Langstreckenjagdflugzeuge begleiteten dabei die Bomber. Die deutsche Luftwaffe hatte ihnen kaum etwas entgegenzusetzen. Damit besaßen die Amerikaner die Luftherrschaft über Deutschland. Einige Bomber in dem gewaltigen Strom hatten ihre Ziele nicht präzise ausmachen können. Deshalb fielen jetzt zum ersten Mal auch auf dem Zerbster Flugplatz Bomben. Acht B-24 hatten ihn als Ausweichziel gewählt und luden ihre Last über dem Rollfeld ab. Die Hangars und Kasernen des Fliegerhorstes blieben unbeschädigt. Außer tiefen Trichtern war kein größerer Schaden entstanden. Die III. Gruppe des Jagdgeschwaders 301 konnte weiter unbehindert starten und landen. Bei diesem Geschwader tauchten auch die ersten deutschen Düsenjäger auf – die Me 262. Sie wurde von der US Air Force wegen ihrer Schnelligkeit besonders gefürchtet.

Am 20. Juli griffen erneut 107 B-17 Dessau an. Doch dieses Mal trafen sie die Junkers-Werke und dort die Flugzellenfabrikation, das Tanklager und die Werkstatt. Aber auch 10 Wohngebäude wurden in Mitleidenschaft gezogen und zerstört. Nach dem Angriff verbreitete sich die Nachricht, daß Oberst Graf von Stauffenberg in der Wolfsschanze, dem Führerhauptquartier bei Rastenburg, ein Attentat auf Hitler versucht hatte. An die Flakeinheiten wurde nach dem Fliegeralarm die Weisung ausgegeben, daß die Stammsoldaten bewaffnet Posten zu beziehen hätten.

Am 16. August gab es um 9.35 Uhr erneut Fliegeralarm. Wiederum richtete sich der Angriff von über 1 000 Bombern auf Ziele in Mitteldeutschland. Von Südwesten her flogen 98 B-24 Dessau an, drehten eine Schleife und klinkten über der Stadt mehr als 1 000 Spreng- und Brandbomben aus. Die Junkerswerke wurden diesmal präzise getroffen, aber auch in Wohnvierteln detonierten Bomben.[20] Die Batterie der Zerbster Luftwaffenhelfer verschoß 378 Granaten. Die viermotorigen US-Maschinen flogen in 8 000 m Höhe nördlich an ihrer Stellung vorbei. Sie hinterließen breite Wolken von Kondensstreifen. Aber die an der Spitze fliegenden Pfadfinder warfen auch ganze Bündel von Staniolstreifen ab, die langsam zur Erde flatterten. Dadurch wurde die Radarortung unmöglich gemacht – die Batterie schoß ins Leere. Keines der anfliegenden Flugzeuge wurde getroffen. Die Bomber wurden von starkem Jagdschutz begleitet. Davon überflog eine doppelrumpfige Lightning im Tiefflug die Kleutscher Stellung und schoß aus sämtlichen Maschinengewehren auf die hinter Schutzwällen stehenden Kanonen. Es ging glimpflich aus, niemand wurde verletzt. Auf dem Zerbster Flugplatz hatte es an diesem Tag ebenfalls ein schauriges Ereignis gegeben. Eine schwer angeschlagene amerikanische B-24 hatte das Fahrwerk ausgefahren und wollte offenbar auf dem Rollfeld notlanden. Am Ende der Piste stand eine 20 mm-Flak. Die Kanoniere eröffneten ungeachtet des ausgefahrenen Fahrwerks, das eine Notlandung signalisieren sollte, das Feuer. Die langsam anfliegende Maschine schlug getroffen vor der Landebahn auf einem Acker auf und brannte sofort lichterloh. Das Heck blieb unbeschädigt, die beiden schweren Maschinengewehre in der Heckkanzel zielten noch schußbereit in den Himmel. Von der Besatzung überlebte keiner. Die toten amerikanischen Flieger lagen teils in der verglühenden Maschine, teils verkohlt auf dem Acker. Die Flaksoldaten rechtfertigten den Abschuß damit, daß sie annahmen, die Maschine hätte nur zum Schein das Fahrwerk ausgefahren und würde im Tiefflug den Flugplatz angreifen. Aber aus späteren Berichten ging hervor, daß die Besatzung schwere Treffer gemeldet hatte und notlanden wollte. Auch bei Töppel nördlich von Zerbst war bei einem Überflug eine Fortress vom Himmel gefallen. Ein deutscher Jäger hatte sie abgeschossen. Die abstürzende Maschine brach noch in der Luft auseinander. Die Besatzung konnte sich mit Fallschirmen retten. Die Beobachter auf dem Turm der Zerbster Nikolaikirche sahen die Fallschirme wie Pilze vom Himmel schweben. Die amerikanischen Flieger wurden gefangen genommen.

Die Front rückt näher

So verging das Jahr 1944. Das Leben in Zerbst verlief noch in seinem gewohnten Gang. Nur mittelbar spürten die Leute etwas vom Krieg. Sehr oft gab es Fliegeralarm, wenn englische oder amerikanische Bomber die Stadt auf ihrem Weg nach Berlin überflogen. Die Nachrichten von der Front klangen bedrohlich. Die Sowjets hatten Ostpreußen und die Amerikaner im Westen Aachen erreicht. So erging auch in Zerbst der Befehl, Volkssturmeinheiten aufzustellen. Ältere Männer über 60 und 15jährige wurden im Gebrauch von Panzerfäusten unterwiesen. Zum 9. November hielt die Nazi-Kreisleitung noch eine der üblichen Durchhalte-Veranstaltungen ab. „Nun Volk steh auf und Sturm brich los", war auch hier die Parole. Von großen Sprüchen und Zitaten aus „der heldischen deutschen Vergangenheit" begleitet, wurde dieses wohl letzte Nazispektakel vor heranbefohlenen Bürgern abgehalten. Dennoch hatte die Bevölkerung ein wachsendes Unbehagen erfaßt. Die Bombenflüchtlinge aus dem Westen erzählten von furchtbaren Erlebnissen in den brennenden Städten. Aus Ostpreußen gelangten die ersten Flüchtlinge ins Zerbster Land. Schreckliches hatten sie zu berichten vom Terror der Roten Armee, die grausame Rache nahm für die Untaten der deutschen Eindringlinge in Rußland. Die Flüchtlinge erzählten von Vergewaltigungen, Brandstiftungen und Willkürakten sowjetischer Soldaten. Das Pendel des Krieges schlug zurück – doch in Zerbst wähnte man sich noch in Sicherheit.

Die Bevölkerung spürte den Krieg am Hunger, der jetzt ein ständiger Gast in jeder Familie war. Die Zuteilung auf Lebensmittelkarte betrug für 10 Tage 1 700 g Brot, 250 g Fleisch und 125 g Fett. Manchmal gab es statt Fett nur Zucker. Aber die Zerbster hatten die Vorstadt Ankuhn, da ließ sich ab und an ein bißchen Gemüse hamstern. Auch bei den Bauern in den umliegenden Ortschaften konnte man gegen Wertsachen Lebensmittel eintauschen.

Das schwerste Bombardement auf Berlin durch die 8. US Air Force am 3. Februar 1945 brachte neue Flüchtlinge. Aber auch aus Pommern, Schlesien und den östlichen Gebieten jenseits der Oder gelangten die Trecks jetzt in den Kreis Zerbst. In Notquartieren konnten sich die erschöpften und geplagten Menschen auf schnell ausgebreitetem Stroh etwas ausruhen. Die Katastrophe zeichnete sich ab.

Der Krieg trat in die Endphase ein. Dessau erlebte am 7. März 1945 den bisher furchtbarsten Luftangriff. 520 Lancaster und 6 Mosquitos luden über der leidgeprüften Stadt ihre todbringende Last ab. Die Bomber waren über Zerbst angeflogen und warfen in einer Höhe von 4 000–7 000 m 744 t Spreng- und 949 t Brandbomben ab. Etwa 80 % der Wohngebäude Dessaus wurden zerstört oder schwer beschädigt. Fast 700 Bewohner fanden den Tod. Neue Flüchtlinge strömten nach Zerbst – diesmal aus Dessau. Menschen, die alles verloren hatten und nur das nackte Leben retten konnten. Der Angriffsplan der

1. US-Luftdivision sah vor, daß am 8. April die Öllager bei Staßfurt und der Flugplatz Zerbst bombardiert werden sollten. Trotz des neu eingeführten Funkstrahl-Leitgerätes LORAN, das in den vorausfliegenden Pfadfindermaschinen für Langstreckenflüge installiert war, fanden die amerikanischen Verbände ihre vorgesehenen Ziele, den Flugplatz von Zerbst und die Stadt Staßfurt, nicht. Die Besatzungen von 218 B-17 „Flying Fortress" waren mit den neuen Ortungsgeräten noch nicht vertraut. Dazu kam eine schwierige Wetterlage, die eine genaue Zielidentifikation zusätzlich erschwerte. Deshalb flogen die Verbände das leichter zu findende Ersatzziel Halberstadt an. Sie legten die historische Altstadt in Schutt und Asche und töteten fast 1 400 Menschen. Der Flugplatz Zerbst war noch einmal davongekommen, dafür blieb das altehrwürdige Halberstadt über lange Jahre eine Trümmerwüste.[21]

Schon zwei Tage später, am 10. April, flogen 75 B-17 der 8. US Air Force unter großem Jagdschutz einen gezielten Angriff auf den Flugplatz Zerbst. Die Besatzungen führten Angriffskarten mit, die aus vorher aufgenommenen Luftbildern bestanden. Weiterhin besaßen sie eine genaue Beschreibung der Belegung des Flugplatzes. Ein paar der neuen Me 262-Düsenjäger waren hier stationiert, aber der Spritmangel hielt sie meistens am Boden fest. Bei diesem Angriff hagelten über 220 t Bomben auf das Rollfeld herunter. Die 'Flying Fortress' waren von Norden um 14.49 Uhr angeflogen – also fast gegen die Sonne, so daß die Bombenschützen kaum etwas sehen konnten. Der Nordostteil der Rollbahn wurde regelrecht umgepflügt und ringsherum auf der Wiese reihte sich Trichter an Trichter. Die Flugzeughangars und auch die Fliegerkasernen blieben unversehrt! Zwei Unterstände an der Straße von Zerbst nach Dobritz erhielten Volltreffer. Ein Baumaschinenfahrer aus Reutlingen war als einziges Opfer zu beklagen.* Das Unternehmen blieb ein Fehlschlag. Bis auf den Nordteil war die Startbahn noch zu gebrauchen! Und das bei absoluter Lufthoheit der Alliierten. Der Angriff hatte nur fünf Minuten gedauert, dann kehrten die Verbände ohne Verluste zu ihren Flugplätzen in Südengland zurück. Es sollte der letzte Angriff der 8. US Air Force in diesem Raum sein. Die deutschen Me 262-Jagdflugzeuge starteten nur noch sporadisch. Der Mangel an Treibstoff hielt sie am Boden fest. Manchmal flogen sie nur, um mit ihrem röhrenden Gedröhn die Bevölkerung zu beruhigen.

Inzwischen zeigten sich am Himmel fast ausschließlich die Thunderbolts und Mustangs sowie ganze Staffeln der B-26 Martin-Marauder-Bomber. Sie gehörten zur 9. Tactical Air Force, die jetzt für die vorwärtsdrängenden amerikanischen Truppen der 9. und 1. Armee zuständig war. Sie umfaßte die stattliche Zahl von fast 1 100 Jagdbombern, 370 Aufklärern und fast 700 einsatzfähigen zweimotorigen Bombern.[22] Beim geringsten deutschen Widerstand griffen sie sofort ein. Ihre absolute Luftüberlegenheit war bedrük-

---

* Nach anderen Berichten soll die Zahl der Todesopfer höher gewesen sein.

kend geworden. Die Alliierten hatten die Westfront durchbrochen. Bei Remagen und Wesel überschritten sie den Rhein. Durch den Hitlerbefehl, diese Front zu halten, war die gesamte deutsche Heeresgruppe B im Ruhrgebiet eingeschlossen worden, nachdem die Amerikaner die letzte Verbindungslinie Soest–Lippstadt–Paderborn mit starken Verbänden besetzt hatten. Ein Führerbefehl verbot den Ausbruch.

Im Raum Dessau-Roßlau-Fläming wurde deshalb eine neue Armee aufgestellt, um den amerikanischen Vorstoß auf den Harz abzufangen. Durch den Ruhrkessel war im Norden der Westfront eine riesige Lücke entstanden; die rasch vordringenden amerikanischen Truppen machten jedoch alle deutschen Planungen zunichte. Die Aufstellung dieser neuen 12. Armee erfolgte am 8. April 1945. Kommandeur wurde General der Panzertruppen Walter Wenck. Er richtete sein Armeeoberkommando wegen der noch funktionierenden Fernsprechverbindungen in der Pionierschule Roßlau ein, 15 km südlich von Zerbst. Die zu dieser Armee gehörende ebenfalls neu aufgestellte Division Scharnhorst bestand aus einem Pionierbataillon der Pionierschule Roßlau, dem Volksartillerie-Korps 412, einer Abteilung Magdeburger Panzerjäger, Teilen des Nachrichten-Lehrregiments Halle und 3 Grenadierregimentern, die zu 80 % aus Unteroffiziersschülern und Fahnenjunkern bestanden. Eines davon stellten Luftwaffensoldaten ohne jede Erfahrung im Infanteriekampf. Dazu gab es sieben Jagdpanzer. In Köthen kam noch ein Füsilierbataillon hinzu, das über 12 Infanteriegeschütze verfügte. Hitler selbst hatte der Division den Namen Scharnhorst verliehen. Vorgesehener Divisonskommandeur war der ehemalige Wehrmachtsadjutant Hitlers Oberst i.G. Borgmann. Doch dieser fiel bei einem Tieffliegerangriff in der Nacht vom 5. zum 6. April. Neuer Befehlshaber, und damit auch verantwortlich für Zerbst, wurde Generalleutnant Götz.[23] Schicksalhaft für Zerbst sollte jedoch das 329. amerikanische Infanterieregiment „Buckshot" werden.

Das 329. US Infantry Regiment „Buckshot" – Von Liverpool nach Zerbst

Den langen und opferreichen Weg dieses Regiments wollen wir bis nach Zerbst verfolgen, räumt er doch mit der Legende auf, es hätte sich bei den Amerikanern nur um "Lackschuhsoldaten" gehandelt, die einen Spaziergang nach Europa machten. Ihr Einsatz für die Befreiung Europas vom Hitlerjoch, verbunden mit zähen, verlustreichen Kämpfen und übermenschlichen Strapazen, beweist etwas anderes.*

Bis August 1942 waren die meisten von ihnen noch Zivilisten, dann flatterten Tausende von Einberufungsbescheiden mit der Unterschrift Präsident Roosevelts in ihre Briefkästen. Jetzt, am 6. April 1944, ging es im Hafen von New York an Bord des großen englischen Passagierschiffes HMS „Samaria". Wehmütig blickten die GI´s während des Auslaufens auf die Freiheitsstatue. An Bord des Schiffes waren 5 000 Soldaten, für die meisten war es die erste Seereise. Sie hatten harte Ausbildungswochen hinter sich. Zunächst begann das Grundtraining in Camp Atterbury/Indiana. Und das schlimmste – sie waren Infanteristen in der 83. US Division – die „Füße der Armee". Es folgten einige Wochen harter Drill, Exerzieren, Waffenausbildung, bei Schnee und Wetter im Gelände. Nach 13 Wochen sollten sie schon qualifizierte Soldaten sein. Dann folgten nochmals zehn Wochen Spezialtraining: immer wieder Angriffsübungen, Tarnen und das übliche „wie bewege ich mich richtig im Krieg". Sie robbten durch den Schlamm und schliefen bei Kälte in nassen Klamotten im Freien. Mehrmals am Tage hatten sie ihre Gewehre zu reinigen. Nach der Grundausbildung ging es nach Tennessee ins Manöver. Bei glühender Sonne und langen Märschen lernten sie am Cumberland River, einen Brückenkopf zu verteidigen. Es folgte nochmals ein 150 km-Marsch von Springfield nach Breckinridge in Kentucky. Dann endlich 14 Tage Urlaub, danach nochmals Spezialtraining in Camp Van Dorn/Mississippi. Doch dann kam die Anweisung vom US Kriegsministerium: die Männer seien jetzt einsatzbereit. In Camp Shanks bei New York nochmals Gesundheitskontrolle. Im Hafen von Hudson River wartete schließlich das britische Schiff, um sie auf die bedrohte Insel zu bringen. Nach langsamer Fahrt im Geleitzug erreichten sie unbehelligt Liverpool in England. Hier wurden sie ausgeschifft, und ein Bummelzug brachte sie nach Wrexham in Wales. Nochmals härtester Drill in den Waliser Hügeln. Die Nächte in England waren kalt, und die GI´s schlotterten unter ihren dünnen Wolldecken.

Kurz nach der alliierten Invasion an der Küste der Normandie am 6. Juni 1944 wurden sie nach Südengland verlegt. Der Ernstfall war da. Am 19. Juni bestiegen sie das Lan-

---

* Das Kapitel folgt weitgehend O'Connors Regimentsgeschichte „329 'Buckshot' Infantry Regiment A History".

dungsschiff, das sie bei stürmischer See zum Festland bringen sollte. Der größte Teil des Regiments schipperte mit dem britischen Passagierschiff „Cheshire" und der Rest mit Liberty-Schiffen durch den stürmischen Kanal. Sie wußten, daß ihnen harte Zeiten bevorstanden. Am nächsten Morgen jedoch stellten sie fest, daß ihr Konvoi wieder nach England zurücklief. Der Grund war ein schwerer Sturm, und deshalb verzögerte sich das Entladen an der Küste der Normandie. Sie begegneten Lazarettschiffen, die nach England zurückfuhren. Ein Vorgeschmack dessen, was sie erwartete. In Frankreich sahen sie Tausende von Schiffen, die Truppen und Versorgungsgüter entluden und durch Hunderte von Fesselballons, die über „Omaha-Beach" schwebten, gesichert wurden. Zahlreiche Wracks von Panzern und Fahrzeugen lagen am Strand. Die Küste war durch Granattrichter umgepflügt. Die alliierten Armeen hatten sich den Eintritt nach Europa mit einem ungeheuren Blutzoll erkaufen müssen. Am Nachmittag des 23. Juni 1944 hangelten sie sich über die Strickleitern der Landungsboote. Dann standen sie auf französischem Boden. Aber das einstmals so lebenslustige und liebenswerte Frankreich hielt nur Gefahren und Trauer für sie bereit. Als die GI's an den frisch ausgehobenen Gräbern vorbeimarschierten, betete so manch einer still vor sich hin, daß es ihn nicht treffen möge. Weiter ging es landeinwärts auf Bricqueville zu. Dort gruben sie erstmals ihre Schützenlöcher. Sie waren froh, die Nacht eingegraben erlebt zu haben, denn deutsche Flugzeuge hatten in der Dunkelheit die Landungsplätze bombardiert. Am 28. Juni rückten sie durch die vor kurzem eingenommene Stadt Carentan vor, um die hart angeschlagene 101. US-Luftlandedivision abzulösen. Die Division zu ihrer Linken war ebenfalls bei einem deutschen Gegenangriff fürchterlich dezimiert worden.

Der 4. Juli 1944 blieb vielen Regimentsangehörigen unvergeßlich. An jenem Tag griff die 83. US-Infantry Division als Teil des VII. Korps südlich der Stadt Carentan an, wobei das 330. Regiment an der linken Seite, das 331. Regiment in der Mitte und leider nur das 2. Bataillon des 329. Regiments eingesetzt wurden. Es war sicherlich ein Fehler der Führung, nur ein Bataillon nach vorn zu schicken. Das Gelände, dem sich die Männer gegenübersahen, bestand aus den für die Normandie typischen Hecken. Nach langer Artillerievorbereitung griffen sie um 4.45 Uhr an. Ein Sumpfgelände mußte durchquert werden. Die deutschen Verteidiger waren klar im Vorteil, denn sie konnten alles übersehen. Die Angreifer wurden von wütendem deutschen Artilleriefeuer empfangen. Dann setzte ein konzentriertes Abwehrfeuer aus Granatwerfern und Maschinengewehren ein. Jene GI's, die versuchten, das Sumpfgelände zu durchqueren, wurden entweder sofort getötet, oder verbluteten im hüfthohen Sumpf. Nur wenige von ihnen konnten zurückkriechen. Das Bataillon mußte sich in ein tiefer gelegenes Gelände zwischen zwei Heckenreihen zurückziehen.

Dem 329. wurde am 5. Juli ein neuer Einsatzraum entlang der linken Seite an der Straße von Carentan nach Periers zugewiesen. Es sollte mit dem 3. Bataillon an der Spitze in südlicher Richtung angreifen. Um 11 Uhr meldete das 2. Bataillon, daß die F- und E-Kompanien * die Hälfte der Männer verloren hatten. Heftigstes deutsches Artillerie- und Granatwerferfeuer schlug ihnen entgegen. Den ganzen Tag über lagen sie unter Beschuß. Die Verluste waren hoch, und per Funk wurden immer wieder Krankenträger und Sanitäter angefordert. Dann schoß auch noch die eigene Artillerie in ihre Reihen. Das 3. Bataillon kam 2 500 m durch Verteidigungsstellungen in den dichten Hecken voran und erreichte den Stadtrand von Culot. Trotz schwerster Gegenangriffe der SS-Truppen während der ganzen Nacht konnte es unter heftigem deutschen Feuer seine Stellungen behaupten. Am sechsten Tag war das 1. Bataillon in schwere Kämpfe gegen deutsche Panzer und Infanterieeinheiten verwickelt, die verzweifelt versuchten, seinen Vormarsch aufzuhalten. Auch das 3. Bataillon griff ein. Die Stellungen konnten nicht nur gehalten werden, sondern der Angriff kam auch weiter voran. Am nächsten Morgen gewannen die Amerikaner gegen fanatischen Widerstand vier oder fünf Heckenreihen. Das 3. Bataillon schlug einen Panzer- und Infanterieangriff zurück und konnte schließlich noch weiter vorrücken. Die Verluste nahmen zu. Beim Anblick der toten Kameraden, die zwischen den Hecken lagen, mußten viele ihre Tränen verstecken. Sanitäter trugen hilflose Bündel von Menschen zu den Verbandsplätzen. Lange schlaflose Nächte waren das in den Schützenlöchern, während Granaten den Boden daneben umpflügten. War es möglich, daß ein Mensch dieses Grauen überleben konnte? Sie schworen sich, daß Hitler und seine Bande für diese unmenschlichen Leiden bezahlen sollten.

Am 8. Juli wurde das 329. vom 4. Regiment der 22. US Infantry-Division abgelöst und der Divisionsreserve zugewiesen. An Ruhe war jedoch nicht zu denken, denn die Deutschen belegten auch die Reserveräume mit fortgesetztem Artilleriefeuer. 365 Mann und 20 Offiziere wurden dem Regiment als Ersatz zugewiesen, um die Verluste auszugleichen! Das deutsche Trommelfeuer steigerte sich; jedes Feld und jede Hecke war vorher offensichtlich vermessen worden. Wiederum gab es entsetzliche Verluste, viele GI´s waren in Schützenlöchern bis zur Unkenntlichkeit zerfetzt worden.

Aber die Hölle fand noch eine Steigerung. Vom 9. bis 13. Juli hatte das Regiment die schwersten Kämpfe des ganzen Krieges zu bestehen. Die Angriffe der drei Bataillone wurden gegen die teuflischen Heckenreihen geführt. Darunter lagen gut getarnt die deutschen Maschinengewehrstellungen, die jeden Zentimeter unter Feuer nehmen konnten. Trotz allem kämpften sie sich jeden Tag um ein bis zwei Hecken voran, und zwar ohne Unterstützung von Panzern, die hier keine Manövriermöglichkeit hatten. Durch ihren Dauerangriff wurde schließlich die 17. SS-Panzerdivision aufgerieben. Sie drangen noch mehrere hundert Meter bis zum kleinen Ort Sainteny vor und eroberten den berühmten „Obstgarten 15". Die Kriegsberichter sorgten dafür, daß dieser Einsatz bei den Alliierten bekannt wurde. Langsam kamen sie mit Unterstützung des 322. Feldartillerie-Bataillons

---

* Die Kompanien eines US Regiments wurden mit Buchstaben bezeichnet, beginnend mit A.

voran. Es hatte durch sein permanentes Feuer auf die deutschen Stellungen eine gewisse Entlastung gebracht. Am 18. Juli bezog das Regiment Verteidigungsstellungen und hielt diese bis zum großen Durchbruch der alliierten Armeen am 25. Juli. An den folgenden Tagen jagten sie den sich zurückziehenden Gegner über das Flüßchen Taute bis nach Fougeres. Hier wurden ihnen endlich ein paar Tage Ruhe gegönnt. Nachdem sie hörten, daß die amerikanischen Panzer vorankamen, stieg auch die Hoffnung wieder. Die erste Schlacht des Buckshot-Regiments war zugleich die schwerste. Aber sie half mit, den Kampf in der Normandie zu entscheiden. Sie kostete einen hohen Preis an amerikanischen Leben und war deshalb alles andere als ein glänzender Sieg.

Als sie die blutigen Heckenreihen der Normandie verließen, wurde das Regiment am 3. August in die Gegend von Pontorson in der Bretagne verlegt, etwa 120 km entfernt. Solche langen Märsche waren sie überhaupt nicht mehr gewohnt. In Avranches und Sartilly standen hübsche Französinnen am Straßenrand und winkten ihnen zu. Es war, als ob sie aus der Dunkelheit ans Licht treten würden. Immer, wenn ihre Fahrzeugkolonne kurz stoppte, schwärmten Kinder um die Fahrzeuge herum und bettelten um Schokolade und Kaugummi. Die Bevölkerung begrüßte sie mit Blumen, und die Männer spürten die Genugtuung, daß sie hier als Befreier empfangen wurden.

Die 83. US-Infantry-Division erhielt den Auftrag, die Halbinsel von St. Malo einzunehmen. 15 000 deutsche Soldaten waren dort eingeschlossen. Am 4. August um 8 Uhr startete das Buckshot-Regiment. Zu Fuß und auf Fahrzeugen erreichten sie die Umgebung von Epiniac. Hier wartete auf alle drei Bataillone der Angriffsbefehl. Um 19.30 Uhr ging das 2. Bataillon langsam vor. Schon um 22 Uhr hatten sie Dolet eingenommen, unterstützt durch Franzosen, die über die deutschen Stellungen genau Bescheid wußten, da sie zu Schanzarbeiten herangezogen worden waren. Am nächsten Morgen griffen das 1. und 2. Bataillon an. Langsam arbeiteten sich die GI's vor und trafen anfangs nur auf mäßigen deutschen Widerstand. Auch das 3. Bataillon schloß sich an. Sperrfeuer der eigenen Artillerie bahnte ihnen den Weg nach Châteauneuf; Panzereinheiten unterstützen sie. Zwei Kommandeure des 2. Bataillons fielen bei diesem Angriff. Captain Sharp, der sich gerade vom Lazarett zurückmeldete, erhielt das Kommando über das Bataillon. Nach hartem Kampf erreichten sie Châteauneuf trotz des schweren deutschen Artilleriefeuers, das jetzt aus der Festung auf sie herabprasselte und trotz des direkten Beschusses von den Höhen nördlich der Stadt. Major Speedies Männer vom 3. schwenkten zum 2. Bataillon ein, das auf dem Weg nach St. Servan, dem Angriffsziel des Regiments war. Auch das 1. Bataillon hatte den Widerstand brechen können und besetzte die Höhe 51. Die Stützpunkte nördlich von Châteauneuf konnten ebenfalls genommen werden. Dabei brachte das 2. Bataillon erstmals eine große Menge deutscher Soldaten als Kriegsgefangene ein.

Gegen 9 Uhr am 6. August nahmen das 1. und das 3. Bataillon den Angriff wieder auf. Sie gingen weiter auf St. Servan vor und kamen gut voran. Doch gegen 15 Uhr erhielten sie heftiges Feuer aus Richtung La Bouralais. Die Männer vom 1. unter Lt. Colonel Cook und vom 3. unter Major Speedie kämpften sich jedoch gut gegen den stark befestigten St. Josephs-Hügel vor. Durch eine unglückliche Umgruppierung mußte das 3. Bataillon südlich des Hügels in Stellung gehen, ohne ihn nehmen zu können. Heftiges Abwehrfeuer schlug ihnen entgegen und hielt sie in ihren Stellungen fest. Am nächsten Morgen sollte der Angriff gegen die deutschen Verteidiger weitergeführt werden. Spähtrupps in der Nacht erkundeten die Stellungen der Deutschen. Doch dieser Angriff fand nie statt, da das 3. Bataillon den ganzen Tag durch schwerstes Feuer aus allen Kalibern vom St. Josephs-Hügel an Ort und Stelle festgenagelt war. Ein deutscher Gegenstoß traf sie in der Flanke. Erst der todesmutige Einsatz der C-Kompanie vom 1. konnte die bedrohliche Lage verändern. Endlich konnte auch der Ort La Bouralais erobert werden.

Nachdem am 9. August der Angriff wieder aufgenommen wurde, erreichte das 3. Bataillon nach erbitterten Kämpfen St. Servan. Lt. Colonel Cook ließ die B-Kompanie in La Balue, um dort einen verbliebenen deutschen Stützpunkt auszuheben. Dieser wurde mit Panzerabwehrgeschützen stundenlang bekämpft. Endlich ergab sich dessen Besatzung. Der einzige Widerstand war jetzt noch von der Zitadelle zu erwarten. Sie erhob sich auf einer kleinen Halbinsel ungefähr 800 m von St. Servan entfernt. Verschiedene Versuche, die Besatzung zur Aufgabe zu überreden, schlugen fehl. Der deutsche Kommandant weigerte sich hartnäckig zu kapitulieren. Der Angriff auf die Zitadelle war für den 11. August geplant. Vorausgehen sollte ein konzentrierter Bombereinsatz, dem dann ein ebensolcher Artillerieschlag folgen sollte. Die Bomber kamen pünktlich, und ihre tödliche Last sauste auf die Festung herunter. Die Artillerie feuerte danach aus allen Rohren. Teile des 1. und 3. Bataillons griffen um 20.40 Uhr an. Speedies 3. war auf der rechten Seite. Die Männer erreichten die Festung, konnten aber die Wälle nicht überwinden, obwohl Stangen-Sprengsätze und Flammenwerfer eingesetzt wurden. Darüber hinaus gerieten jetzt die Angreifer in schweres Feuer vor der Insel Cezembre, die 4,5 km im Nordwesten lag und von den Deutschen noch gehalten wurde. Es gab kein Stück Land und Wasser rings um die Zitadelle, das nicht vom heftigen Abwehrfeuer der Verteidiger abgedeckt war. Die Angreifer wurden gezwungen, sich in die Ausgangsstellungen in St. Servan zurückzuziehen, da sie nicht in die Festung eindringen konnten.

Am folgenden Tag wurden die Ergebnisse des vergeblichen Angriffs besprochen. Französische Bewohner und deutsche Kriegsgefangene gaben den Amerikanern wertvolle Informationen über die Zitadelle. Das alles konnte Colonel Crabill mit seinem Stab für einen zweiten Angriff des Regiments auswerten. Zwei Angriffskeile von je 96 Mann, unterstützt von Sprengtrupps sollten auf die Festung vorgehen. Dieser Plan wurde sorgfältig ausgearbeitet, um hohe Verluste zu vermeiden. Währenddessen wurden Geschütze eines US-Panzerabwehrbataillons zur Unterstützung der eigenen Artillerieeinheiten in Stellung gebracht.

Am 13. August erhielten Captain Sharpes Männer vom 2. Bataillon den Auftrag, das Fort de la Varde anzugreifen, eine schwer befestigte Verteidigungsstellung auf einer kleinen Halbinsel ca. 5 km von St. Malo entfernt. Der Angriff wurde brillant geführt und innerhalb von wenigen Stunden abgeschlossen. Mit Hilfe eines Lautsprecherwagens gab Captain Sharp während des gesamten Angriffs mündliche Befehle an seine Leute aus, und wenn nichts zu befehlen war, wurden Schallplatten mit Siegesmärschen gespielt. Als sie das Fort erreichten, stürmten Sharps Männer nach Indianermanier vorwärts, indem sie „Haba, Haba, Haba" riefen. De la Varde kapitulierte und 197 Gefangene, riesige Vorratsmengen an Gerät und Lebensmitteln fielen in ihre Hände.

In den folgenden Tagen ließen Bombergeschwader der US Air Force tonnenweise Bomben auf die Zitadelle niederregnen. Die US-Artillerie hämmerte aus jedem vorstellbaren Winkel pausenlos auf die deutschen Stellungen ein. Selbst die riesigen 20,3 cm-Geschütze, die bis auf einen Kilometer an die Festung herangebracht worden waren, beteiligten sich im direkten Beschuß an dem Feuerhagel auf die Festung. Die 7,62 cm-Panzerabwehrgeschütze verfeuerten Hunderte von Geschossen panzerbrechender Munition, ohne sichtbare Wirkung zu erzielen. Indessen griff das 2. Bataillon während der Ebbe-Zeit die Insel La Grande Bey an. Es konnten über 150 Gefangene gemacht werden, ohne daß ein Schuß gefallen war. Die deutschen Verteidiger hier hatten die Sinnlosigkeit des Widerstandes eingesehen. Auch große Mengen an Gerät wurden erbeutet.

Endlich am 17. August gegen 14.20 Uhr meldete jemand, daß über der Zitadelle die weiße Flagge wehe und einige deutsche Soldaten sich anschickten, die Festung zu verlassen. Währenddessen flogen P 38-Jagdbomber, mit Napalmbomben beladen, die Zitadelle an. Das Regiment versuchte sofort, den vorgesehenen Bombenangriff zu stoppen und die Piloten anzuweisen, ihre tödliche Last auf die Isle de Cecembre zu werfen. Diese Anweisungen erreichten die Flugzeuge jedoch nicht mehr rechtzeitig, und eine Maschine näherte sich im Tiefflug, warf die Bombe und schoß wild mit allen Bordwaffen. Zwei US-Offiziere des Regiments, einer davon war Lieutenant Mac Farlane, die in der Festung die Kapitulationsbedingungen aushandeln wollten, schafften es gerade noch, ein orangefarbenes Fliegersichtzeichen auszulegen, als eine zweite Maschine im Anflug war. Der Pilot sah das Zeichen, flog vorbei und drehte mit seiner Staffel ab. Der deutsche Oberst von Aulock, der verrückte Mann aus der Zitadelle, wie er von den französischen Zivilisten genannt wurde, und 595 Mann der Festungsbesatzung marschierten ins Kriegsgefangenenlager.

Zwei Tage später verließ das Regiment die Halbinsel von St. Malo immer noch unter dem Feuer der deutschen Artillerie, die auf der Insel Cecembre lag. Lastwagen transportierten die Männer des Regiments nach Angers im lieblichen Loiretal. Ihre neue Aufgabe bestand darin, die Stadt und das Nordufer der Loire zu halten und die Südflanke für den alliierten Vorstoß nach Westen zu sichern.

Am 20. August griffen die Deutschen erstmals an. Ein Stoßtrupp von ihnen hatte die Loire überquert und das Wasserwerk von Angers besetzt, das vier Kilometer südlich der Stadt lag. Die E-Kompanie des 2. Bataillons konnte die deutschen Soldaten nach einem lebhaften Gefecht vertreiben. Ansonsten blieb es ziemlich ruhig, abgesehen von einzelnen Patrouillen, die sich aber schnell zurückzogen, sobald die Buckshooter auftauchten. Jetzt genossen sie die Ruhe, übernachteten als Einquartierung bei netten französischen Familien; manchmal sogar in Schlössern. Das Gewehr konnte in die Ecke gestellt werden, einige badeten sogar und die meisten rasierten sich täglich. Die süßesten Düfte von französischem Parfüm stiegen vom Boden ihrer „duffle bags" (Tornister) auf. Dafür wechselte der gesamte Vorrat an Kaugummi und Schokolade in die zarten Hände so mancher französischen Schönen. Seit der Zeit in England war es das erste Mal, daß die GI's über Nacht Urlaub hatten. Mit „Vin Blanc" versuchten sie, sich die Sorgen über künftige Einsätze zu vertreiben.

Vom 27. August an hatte das Regiment die rechte Flanke des Panzervorstoßes von General Pattons 3. Armee auf Paris zu decken. Ihr Einsatzraum erstreckte sich über 210 km von der Gegend von Angers bis fast nach Orleans. Der Aufklärungszug meldete, daß die deutschen Armeen südlich der Loire auf dem Rückzug wären. Aber durch Pattons schnellen Vorstoß waren die Streitkräfte des deutschen Generals Elster eingeschlossen worden. Der deutsche General hatte die Amerikaner verständigt, daß er sich mit 20 000 Mann ergeben wollte. Der 83. US Infantry-Division unter General Robert C. Macon fiel jetzt die Aufgabe zu, die Deutschen zu entwaffnen. Die Gefangenen sollten mit ihren eigenen Lastwagen abtransportiert werden. Das verursachte größte Schwierigkeiten, da diese Fahrzeuge nur mit Alkohol und Holzvergasern betrieben wurden. Für amerikanische Soldaten völlig unverständliche und ungewohnte Hindernisse. Mit der Übergabe wurde das 329. beauftragt. First Lieutenant Schommer, später vor Zerbst Captain, vom 3. Bataillon führte die Verhandlungen, da er Deutsch sprach. Seine Vorfahren kamen aus Trier. Er war bei den Kämpfen in der Normandie verwundet worden und wieder genesen. Jetzt fand sich Schommer in der ungewohnten Rolle eines Dolmetschers. Von deutscher Seite erschien bei ihm Oberst von Humain. Schommer begleitete ihn in seinem Jeep zu den Übergabeverhandlungen, die im Stab General Macons stattfanden. Der deutsche Oberst, ein westfälischer Baron und Großgrundbesitzer, erregte bei den Amerikanern als „Edelmann-Offizier" und Prototyp eines preußischen Kavalleristen allgemeines Erstaunen und sogar versteckte Bewunderung. Der Oberst beklagte, daß die eingekesselten deutschen Truppenteile sich nicht bis zur letzten Patrone verteidigt hätten. „Lieber den Tod fürs Vaterland, als Entehrung durch Gefangenschaft", so drückte er sich gegenüber den amerikanischen Offizieren aus. Fand hierbei das amerikanische Vorurteil über den starren deutschen Ehrbegriff seine Bestätigung? Fühlten sich die Deutschen auch noch in der Gefangenschaft als die Herrenrasse? Zumindest war es für die amerikanischen Soldaten die erste Erfahrung mit einem in Traditionen erstarrten, indoktrinierten Gegner. Trotz großer bisheriger Erfolge ahnten die GI's, daß sie den Sieg über Nazideutschland noch lange nicht in der Tasche hatten, und daß ihnen noch manch schwierige Situation bevorstand.

Am nächsten Morgen marschierte Oberst von Humain an der Spitze seiner Soldaten an dem still und nachdenklich salutierenden First Lieutenant Schommer vorbei in die Gefangenschaft. Schommer sollte im Kampf um Zerbst später nochmals eine wichtige Rolle spielen.

Es ging weiter vorwärts. In der Nacht auf den 23. September wurde das Regiment in das gerade vorher eroberte Luxemburg verlegt. Jetzt waren sie der 3. Armee zugeordnet worden. General Patton gab ihnen den Auftrag, seine linke Flanke zu decken. Das Regiment bezog Stellung entlang der oberen Mosel und der Sauer von Ahn bis Echternach. Ihre linke Grenze war die Nahtstelle zur 1. US Army unter General Hodges. Die Front hatte sich konsolidiert, und außer Geplänkel von ein paar Patrouillen blieb es relativ ruhig. Ihnen direkt gegenüber erstreckte sich das Vorfeld des von den Deutschen eilig besetzten Westwalls. Das 331. US Infantry Regiment schirmte ihr rechte Flanke ab. Bei kleinen Aufklärungsvorstößen konnte sie die zugeordnete Artillerie wirkungsvoll unterstützen. In deren Wirkungsbereich lagen jetzt auch die deutschen Westwallstellungen. So verging der September.

Am 1. Oktober eroberte die A-Kompanie den kleinen Ort Grevenmacher. Die Deutschen antworteten mit heftigem Artilleriefeuer. Danach hatte sich die Kompanie mit vermintem Gelände und heftig verteidigten Straßensperren auseinanderzusetzen. Aber der Ort war relativ unwichtig, so daß keine unnötigen Verluste heraufbeschworen werden sollten. Deshalb bekam die Kompanie den Befehl, sich bei Anbruch der Nacht auf einen Hügel über der Stadt zurückzuziehen. Am selben Tag bewegte sich ein Zug der I-Kompanie von ungefähr 80 Mann aus einem Wald direkt auf Echternach zu. Sie vernichteten einige gut getarnte Unterstände und gruben sich kurz vor dem Ort ein. Am späten Abend wurde der Zug noch durch die L-Kompanie verstärkt, denn am nächsten Morgen sollte ein Angriff beginnen. Dabei entdeckte die I-Kompanie einen 20 Mann starken deutschen Vorposten. Die Landser wurden völlig überrascht. Einige von ihnen landeten in Gefangenschaft. Die GI´s besetzten Echternach nicht, sondern verhielten auf einem Hügel vor der Stadt. Schließlich entdeckten die Männer des 1. Bataillons von einer Höhe westlich von Grevenmacher einen Transportzug mit deutschen Soldaten. Per Funk wurden einige P 47 „Thunderbolt"-Jabos heranmanövriert. Gleichzeitig war auch das 322. Feldartillerie-Bataillon alarmiert worden. Dann brach der Feuerzauber los. Die P 47 luden ihre Bomben auf den Zug ab, die Artillerie schoß, und die deutschen Einheiten nebelten sich sofort ein. Sicherlich hatten sie schwere Verluste hinnehmen müssen.

Endlich am 7. Oktober erfolgte der Angriff des Regiments auf Echternach. Vorausgegangen war ein Bombardement durch die 9. US Air Force. Ihm folgte ein präziser Artilleriefeuerschlag. Danach drang die K-Kompanie, begleitet von Panzern und heftig aus allen Waffen feuernd, in Echternach ein. Kurze Zeit später erreichten die Männer das Zentrum des Ortes. Alles, was auf deutscher Seite jenseits der Sauer an Artillerie und Granatwerfern vorhanden war, feuerte jetzt in den Ort hinein. In einigen Stützpunkten leisteten zwei deutsche Kompanien und ein Maschinengewehrzug noch Widerstand. Jedoch Speedies Männer vom 3. Bataillon schalteten schnell die Hindernisse aus – der Rest der Verteidiger zog sich auf das östliche Flußufer zurück. Währenddessen hatte die C-Kompanie Grevenmacher erobert. Außer geringer Patrouillentätigkeit und gelegentlichen Artillerieduellen während der nächsten Tage, blieb es ziemlich ruhig an Mosel und Sauer. Das Oberkommando nutzte die Zeit zu erneuter Umgruppierung. Das 329. wurde wieder der 9. Armee unter General Simpson zugeteilt. Da die Lage an der Front ziemlich ruhig war, gab es – typisch Kommiß auch bei den Amerikanern – permanente Übungen. Die Erfahrung hatte gezeigt, daß sie sich auf neue Kampftechniken umzustellen hatten. Hinter den deutschen Stellungen beobachteten sie die V 1- und V 2-Abschüsse in der Nähe. Sie sahen mit Ferngläsern, wie die V 2 als roter Feuerball im Himmel verschwand und hörten die V 1 mit dem typischen Zischen vorbeisausen. Dabei hatte Lieutenant Paul Mac Farlane ein eigenartiges Erlebnis. Er frug einen GI, warum er denn nicht auf die vorbeifliegende V 1 feuere. Naiv antwortete der Soldier: „Mensch, wenn ich eine treffe, dann sind wir alle hin! Laß sie weiterfliegen!" Jetzt wurden an der Front auch Lautsprecher eingesetzt, die deutsche Soldaten zum Überlaufen aufforderten. Auch die Artillerie schoß verschiedentlich Flugblattbehälter statt Granaten in Richtung der deutschen Stellungen.

Die GI´s genossen die ruhige Zeit. So vergingen Oktober und November. Erstmals erlebten sie auch Truppenbetreuung und freuten sich über den Auftritt amerikanischer Filmstars. Auch erhielten sie Kurzurlaub, amüsierten sich in der Stadt Luxemburg und vertilgten große Mengen von köstlichem Speiseeis. Am Thanksgiving-day (Erntedankfest am vierten Donnerstag im November) wurde ihnen sogar Truthahn serviert. Sie dankten Gott, daß sie alles heil überstanden hatten und hofften inständig, auch das nächste Jahr gesund zu erleben. Dann war es mit der Ruhe vorbei. Sie wurden durch das 12. US Infantry-Regiment abgelöst. Diese GI´s kamen aus der Hölle des Hürtgenwaldes. Und es sickerte schnell durch, daß auch sie bald in diesem mörderischen Waldgebiet eingesetzt würden.

Der berüchtigte Einsatz begann am 10. Dezember 1944. Sie überquerten erstmals die deutsche Reichsgrenze bei Aachen und bezogen Stellungen zwischen Gressinich und Düren, das sieben Kilometer nordöstlich von ihnen lag. Seit Anfang November versuchten die 1. und die 4. US Infantry-Division, beides Eliteeinheiten, die Deutschen aus dem Hürtgenwald zu drängen. Aber das Kampfgebiet wurde zum Verdun des Zweiten Weltkrieges an der Westfront. Manche bis dahin unbekannte deutsche Dörfer wechselten mehrmals den Besitzer. Tod und Zerstörung suchten jetzt die Nordeifel heim. Dem 329. gegenüber lagen sowohl fanatische SS-Truppen, die keinen Fußbreit Boden aufgaben, als auch das Infanterieregiment 984 unter Oberst Heinz. Die Minengürtel, die mit Sprengfallen versehenen Bäume und die geballte Artilleriekonzentration machten den GI´s schwer zu schaffen. Dazu kamen die Tücken der Witterung. Der ständige, den Boden aufweichende kalte Regen, hatte allmählich eine Schlammschicht gebildet. Immer wieder jaulten Granaten heran und fuhren krachend in die Bäume. Das Pfeifen der Querschläger aus Infanteriewaffen verstärkte diese grausame Sinfonie des Todes. Das alles brachte ihnen schwere Verluste. In düsterer Stimmung trugen sie alle diese Schrecken – die Grausamkeit des Krieges hatte sie wieder gepackt. Einzigen Schutz boten ihnen aus Baumstämmen gebaute Unterstände. Die engen Fahrwege mit knietiefem Schlamm ließen die Versorgungsfahrzeuge nur schwer vorankommen. Panzer konnten kaum eingesetzt werden. Das 329. hatte die linke Flanke seiner 83. Division zu decken. Rechts von ihnen lagen die Bataillone des 331. US Infantry-Regiments. In diesem verdammten Krieg sollte ihnen noch eine bittere Zeit bevorstehen.

Am 12. Dezember erfolgte der Befehl, den Rand des Hürtgenwaldes zu gewinnen. Tagesziel war eine Nord–Süd-Linie, die mitten durch den Hof Hardt westlich von Düren verlief. Der Gutshof bestand nur noch aus drei völlig zerschossenen Häusern. Die amerikanische Artillerie hatte dem Regiment durch massive Feuerschläge eine gewisse Unterstützung geben können. Aber die gut getarnten deutschen Verteidiger unterhielten aus ihren verschanzten Deckungen ein mörderisches Abwehrfeuer. Trotzdem gelang es der B-Kompanie, langsam voranzukommen, die C-Kompanie hing vor diesen Bunkerstellungen fest. Als die Nacht gegen 17 Uhr hereingebrochen war, hatte das 1. Bataillon das Tagesziel erreicht. Das 2. Bataillon kämpfte sich ebenfalls unter großen Verlusten voran und schaltete fünf Maschinengewehrnester aus, die sie heftigst unter Feuer genommen hatten. Die F-Kompanie stürmte weitere deutsche Stellungen und die G-Kompanie schaltete ebenfalls einige deutsche Kampfstände aus. Sie folgten dem sich langsam vorwärtsbewegenden Sperrfeuer der geballten US-Artillerie sowie der Granatwerfereinheiten und konnten schließlich die Trümmer von Hof Hardt besetzen. Hier gruben sie sich sofort ein. Die ganze Nacht hindurch mußten sie unter schrecklichem deutschen Artilleriefeuer ausharren.

Der graue Morgen des nächsten Tages brach an. Noch in der Morgendämmerung arbeiteten sich alle drei Bataillone gegen das Rur-Tal vor. Das Gelände war nur noch leicht bewaldet, besonders in dem Abschnitt der G-Kompanie ergaben sich gute Deckungsmöglichkeiten. Daher kamen sie schnell voran und konnten in das Örtchen Gürzenich eindringen. Das übrige 2. Bataillon folgte. Gegen 17 Uhr setzten sie sich im Kern dieses Vorortes von Düren fest. Auch das 1. Bataillon erreichte den Ortsrand. Sie hatten sich durch dicht bewaldetes Gebiet durchgekämpft. Am schwersten traf es das 3. Bataillon. Vor sich erbittert verteidigenden deutschen Einheiten mußte sich die L-Kompanie eingraben, während die I-Kompanie die Widerstandsnester schließlich von der Seite aufrollte. Das 308. US-Pionierbataillon räumte während der Nacht die deutschen Minen von der einzigen Versorgungsstraße. Diese Teufelsdinger waren im Straßenschlamm nur schwer zu finden. Einige Fahrzeuge, die versuchten, von Hof Hardt aus durchzukommen, wurden durch Minenexplosionen vernichtet und lagen brennend an der Straße. Aber die tüchtigen Pioniere schafften es. Am frühen Morgen war die Straße frei, so daß jetzt Panzer nach Gürzenich hineinfahren konnten.

Am Morgen des 14. Dezember erhielt das 3. Bataillon den Befehl, das Dörfchen Birgel, knapp zwei Kilometer südlich zu nehmen. Durch den Wald ging es gut voran. 500 m mußten vom Wald bis zum Ortsrand über freies Feld überwunden werden. Die Divsionsartillerie half. Eine Feuerwalze rollte auf das Dorf zu. Dann wurden Nebelgranaten geschossen. Speedies Männer stürmten vorwärts und konnten durch diese Unterstützung in Birgel eindringen. Sie hatten den mörderischen Hürtgenwald hinter sich gelassen. In der Rekordzeit von 20 Minuten säuberten sie das Dorf. Captain Schommer gab einem Panzerabwehrgeschütz den Befehl, auf den Kirchturm zu schießen, da dort noch einige Scharfschützen auf die vorrückenden GI´s feuerten. Die L-Kompanie, die im Wald in Reserve lag, hatte dieselben Verluste wie die Angreifer, da sie im ständigen Granatwerferbeschuß inmitten zerberstender Bäume ausharren mußten. Da der blitzschnelle Vorstoß aus dem Wald den Gegner überrascht hatte, waren die Gesamtverluste glücklicherweise geringer als erwartet. Das 2. Bataillon hatte den ganzen Tag zu tun, um die Ruinen von Gürzenich zu durchkämmen. Viele versprengte deutsche Soldaten wurden aus den Kellern des Ortes in die Gefangenschaft abgeführt. Nur im Nordosten hielten sich in einigen Straßen noch vereinzelte Widerstandsnester. Gegen 17 Uhr hatten sich beide Bataillone eines starken deutschen Gegenangriffs, der von Tigerpanzern unterstützt wurde, zu erwehren. Unter schweren deutschen Verlusten brach er im konzentrischen Abwehrfeuer zusammen. Sie konnten sich in Birgel und Gürzenich behaupten.

Der 16. Dezember 1944 wird für jeden Soldaten, der an der Westfront kämpfte, in Erinnerung bleiben. An diesem Tag begann Generalfeldmarschall von Rundstedts Ardennenoffensive. Obgleich der Hauptstoß der deutschen Armeen südlicher lag, wurden die Gegenangriffe auf Gürzenich und Birgel mit unverminderter Härte weitergeführt. Jeden Morgen griffen die Deutschen unter starkem Artilleriefeuer mit Panzern und Infanterie an. Sie drangen zeitweise in die Orte ein; aus kürzester Entfernung schossen die Tigerpanzer in die Ruinen, aus denen heraus sich die GI´s des 329. verteidigten. Mit "bazookas", Panzerabwehrgeschützen und Maschinengewehren schlugen sie alle Angriffe zurück. Die Front des 329. hielt. Zwischen Gürzenich und Birgel klaffte eine fast zwei Kilometer breite Lücke zwischen den amerikanischen Bataillonen. Die Deutschen erwarteten einen frontalen Gegenangriff der Amerikaner in der Mitte zwischen beiden Orten. Dort lag Rolsdorf, ebenfalls ein Vorort von Düren und quasi die Spitze eines Dreiecks. Es war ein wichtiger strategischer Punkt. Durch einen klugen Plan des Regimentskommandeurs Colonel Crabill wurde eine klassische Zangenbewegung eingeleitet. Sowohl von der rechten als auch von der linken Seite griffen die Bataillone an, umgingen die deutsche

Hauptkampflinie und schlossen die Verteidiger von Rolsdorf ein. Hierbei wurden auch Panzer eingesetzt. Um schneller voranzukommen, waren die GI´s aufgesessen und nutzten sie als Transportmittel. In Rolsdorf vereinigten sich die beiden Bataillone – die HKL* an diesem Abschnitt war eingeschlossen. Verwirrt gaben die deutschen Soldaten auf und hoben die Hände. Manche dieser Landser mögen sicherlich froh gewesen sein, daß der Krieg jetzt für sie zu Ende war – und daß sie ihn überlebt hatten! Immerhin brachte das 329. über 200 Gefangene ein. Natürlich war man im Buckshot-Regiment stolz auf die bisherigen Erfolge. Sie waren der tödlichen Falle Hürtgenwald entronnen und standen jetzt an der Rur.

Am 18. Dezember sandte die A-Kompanie die erste Patrouille in die durch Luftangriffe völlig zerstörte Stadt Düren. Später sollten sie erfahren, daß der Einbruch nach Gürzenich-Düren vom 329. US Infantery-Regiment der tiefste war, den die amerikanische Armee 1944 in Deutschland erzielen konnte. Berichte und Gerüchte über die Rundstedt-Offensive drangen auch zu den Männern des 329. vor. Meldungen über hohe amerikanische Verluste machten die Runde. Dagegen war es an der Rur ziemlich ruhig geworden, nur vereinzelt peitschten Schüsse auf. Parolen jagten sich, und es war offenbar, daß auf das Regiment eine neue Aufgabe wartete.

Am 23. Dezember wurden sie abgelöst. In der Nähe von Aachen bezogen sie Reservequartiere. General Simpson hatte sie vorläufig als Armeereserve der 9. Armee eingeteilt. Aber ihre ruhige Zeit sollte nur von kurzer Dauer sein. Am Heiligen Abend freuten sie sich noch über ein opulentes Truthahnessen. Weihnachtslieder wurden gesungen und die Gedanken der Männer drehten sich um ihre Lieben in den weit entfernten USA. Dann war es soweit: Am Mittag des 25. Dezember bestiegen sie die Army-Trucks. Sie verließen den Aachener Raum in Richtung Belgien. Es war kein Geheimnis, daß ihr neuer Einsatz mit dem deutschen Einbruch in den Ardennen zu tun hatte. Bei der amerikanischen Führung muß es an diesem Tag ziemlich konfus zugegangen sein, einige Befehle widersprachen sich. Trotzdem erreichten sie nach einem Weg von rund 100 km Havelange in Südbelgien. Jetzt packte sie der harte Winter mit aller Kraft. Ihre Zähne klapperten, ihre Füße erstarrten. Alle Straßen glänzten von einem dicken Eispanzer. Es schneite unaufhörlich, und der Schnee deckte die Landschaft mit einer weißen Decke zu, die nur ab und an durch schwarze Granattrichter unterbrochen wurde. Auf deutscher Seite drang die 2. Deutsche Panzerdivision der 5. Armee unter General Manteuffel in Richtung Maas vor. Jedoch am ersten Weihnachtsfeiertag hatte die 2. US-Panzerdivision die Deutschen, deren Vorstoß wegen Spritmangel zum Stehen gekommen war, eingekesselt. Mit gewaltiger Luftunterstützung wurde der amerikanische Gegenangriff vorgetragen. Eine andere deutsche Division war gegen Norden geschwenkt, um den Eingekesselten zu Hilfe zu

---

* HKL war die deutsche Bezeichnung für Hauptkampflinie.

kommen. Es war die 9. Panzerdivision, die jetzt auch dem in den Kampf geworfenen 329. Buckshot-Regiment und anderen US-Truppen gegenüberstand.

Am frühen Morgen des 27. Dezember startete der amerikanische Gegenangriff. Das 1. Bataillon des 329. stieß zur Rechten auf Buissonville vor, das 2. Bataillon in der Mitte auf Serinchamps, und an der linken Flanke arbeitete sich das 3. Bataillon auf Hogne vor. Alle Orte konnten genommen werden. Die 322. Feldartillerie und die Granatwerferkompanie folgten und legten eine schützende Feuerwalze vor die vorgehenden Bataillone. Besonders um Humain wurde erbittert gekämpft. Teile der 2. US-Panzerdivision lagen unter schwerem deutschem Feuer. Speedies GI's vom 3. arbeiteten sich hinter den Panzern an den Ort heran und nahmen ihn ein. Weiter ging es in Richtung Rochefort. Doch das Städtchen konnte nicht erobert werden. Es war ein Prinzip der amerikanischen Führung, die Angriffe bei Tagesanbruch zu beginnen, damit die Luftwaffe zur Unterstützung eingesetzt werden konnte. Am nächsten Morgen löste das Regiment die ziemlich angeschlagene 2. Panzerdivision ca. drei Kilometer vor Rochefort ab.

Gegen 15.30 Uhr sprangen das 1. und 3. Bataillon aus ihren notdürftig in den harten Boden gegrabenen Löchern. Nebelschwaden, die sich am späten Nachmittag gebildet hatten, begünstigten den Angriff. Die B-Kompanie drang als erste in den Ort ein. Die deutschen Verteidiger wurden völlig überrascht, denn sie hatten nicht erwartet, daß die „Amis" noch kurz vor Sonnenuntergang angriffen. Ein kleines Flüßchen, die L'Homme, fließt im Halbbogen um den Ort. Da der Gegner die Brücke sicherlich besonders im Auge hatte, wateten sie durch das eiskalte Wasser des schnell fließenden Flüßchens und suchten Deckung in den ersten Häusern von Rochefort. Die deutsche Einheit wehrte sich erbittert und griff die B-Kompanie mit Panzern und Infanterie an. Die schweren Kämpfe hielten die ganze Nacht über an und setzten sich auch am folgenden Tag fort. Wieder brach die Nacht herein. Die GI's hielten jetzt 42 Stunden die neun besetzten Häuser. Ihre Kleidung war durchnäßt, dazu kam die lausige Kälte. Zu Eisklumpen erstarrt, verteidigten sie sich mit ihren Bazookas und schossen einige deutsche Panzer in Brand. Es gab keine Sprechfunkverbindungen mehr, sie saßen in der Falle. Die A-, C- und E-Kompanien konnten wegen des heftigen Feuers nicht zu ihnen vordringen. Auch über 300 Salven der 322. Feldartillerie auf die vermuteten deutschen Stellungen, vermischt mit Nebelgranaten, brachten keine Änderung der Lage.

Die GI's der B-Kompanie hatten sich schon damit abgefunden, in deutsche Kriegsgefangenschaft zu ziehen. Da sahen sie am Morgen des 30. Dezember plötzlich belgische Zivilisten auf der Straße. Ein Wunder war geschehen – die Deutschen hatten sich in der Nacht zurückgezogen. Die B-Kompanie wurde abgelöst und brachte sogar noch einige Gefangene mit. Dank ihrer vernünftigen Verteidigungstechnik hielten sich die Verluste geringer als erwartet. Der Einsatz des 329. US Infantry-Regiments war erfolgreich verlaufen und eine britische Brigade löste sie ab. Immerhin hatten sie mitgeholfen, Feldmarschall von Rundstedts Ziel, die Maas in einer gewagten und verzweifelten deutschen Winteroffensive zu erreichen, wirkungsvoll zu vereiteln.

Endlich hatten sie ein paar Tage Ruhe in der Umgebung von Tohogne als Divisionsreserve. Aber die Ruhe reichte gerade aus, einen ungestörten Neujahrsabend zu verbringen. Welche Überraschungen würde ihnen das Jahr 1945 bereiten? Würde es ebenso blutig verlaufen wie das vergangene? Würde es neue Erfolge bringen? Es sollte ein Jahr werden, in dem das 329. US Infantry-Regiment in die US-Militärgeschichte einging.

Aber noch war es nicht so weit. Sie folgten in den nächsten Tagen dem erfolgreichen Vordringen der 3. US-Panzerdivision und dem 330. Infanterieregiment in Richtung auf das eingeschlossene Bastogne. Die GI´s mußten sich Schritt für Schritt durch dichtes Schneetreiben voranquälen. Selbst Panzer und Halbkettenfahrzeuge fanden auf den spiegelglatten Straßen keinen Halt. Alles kroch im Schneckentempo dahin. Am 3. Januar 1945 lösten sie Teile der berühmten 82. Airborne-Division* ab. Die drei Bataillone des Regiments waren im Einsatz. Sie hatten jetzt einen weiteren zähen Gegner: die entsetzliche und ungewöhnliche Kälte. Die meisten Gebäude waren von Granaten zerstört worden. Wie durch Siebe pfiff der Wintersturm zwischen den Ruinen entlang. Die Männer froren um die Wette. Bei jedem Halt versuchten sie kleine Feuer zu entzünden, an denen sie sich notdürftig wärmen konnten.

Am 8. Januar ging es sieben Kilometer vorwärts in einen neuen Bereitstellungsraum. Die 3. US-Panzerdivision sicherte die Ausgangsstellung. Rechts von ihnen kamen das 331. Regiment und Teile dieser Panzerdivision mühsam voran. Mit Hilfe von zahlreichen Panzern und Sturmgeschützen sowie beweglichen Panzerabwehrkanonen nahmen sie das Dorf Ottre. Durch waldreiches Gelände drangen sie weiter auf Petite Langlir vor. Als das 3. und 2. Bataillon versuchten, über die offenen und schneebedeckten Felder vorzugehen, schlug ihnen heftiges Abwehrfeuer von deutschen Panzern und gut postierten Maschinengewehr-Nestern entgegen. Es blieb ihnen nichts weiter übrig, als sich unter Verlusten wieder in den Wald zurückzuziehen. Dort verbrachten sie eine bitterkalte und äußerst ungemütliche Nacht.

Der Ort Petite Langlir sollte direkt vom 3. Bataillon angegriffen werden, während das 2. von der rechten Flanke her vorrückte. Am Morgen des 10. Januar war es soweit: Das 2. Bataillon stürmte mit seinen drei Kompanien über die steilen Hügel voran. Die verschneiten und tief herabhängenden Kiefernzweige machten den Männern schwer zu

---

* Die 82. US Airborn-Division war eine Fallschirmjäger-Division. Sie war vom ersten Tag der Invasion am 6. Juni 1944 dabei. Ihre Bataillone waren im Hinterland der zu bildenden Landeköpfe abgesprungen, u.a. auch über Ste. Mère Eglise. Dabei hatten sie schwere Verluste erlitten.

schaffen. Aber trotz dieser widrigen Umstände plagten sie sich in starkem deutschen Feuer vorwärts und machten sogar 40 Gefangene. Ebenso viele deutsche Soldaten bezahlten die aussichtslose Verteidigung mit ihrem Leben. Das 3. Bataillon kam wegen des starken deutschen Abwehrfeuers durch gut getarnte Panzer nicht aus dem Wald heraus. Diese Kämpfe entwickelten sich zum härtesten Einsatz des Regiments seit den blutigen Schlachten in der Normandie. Die Zahl der Toten und Verwundeten stieg stetig an, dazu kamen jede Menge erfrorener Füße der GI´s. Die Kampfstärke der Kompanien schmolz dahin, tiefe Lücken klafften in ihren Reihen. Das konzentrierte Feuer aus den deutschen Panzerkanonen hatte seine Wirkung hinterlassen. Obwohl allein das 329. von zehn Artilleriebataillonen unterstützt wurde, waren die deutschen Panzer einfallsreich genug, ihre Positionen ständig zu verändern und das Geschehen zu kontrollieren. Fieberhaft bemühten sich die Sherman-Panzer, einen Punkt im Gelände zu erreichen, der ihnen bessere Ausgangspositionen bringen sollte. Die Deutschen schossen binnen kurzem drei Panzer und ein Sturmgeschütz ab. Die Lage schien zu erstarren. Auch die entsetzliche Kälte hielt an.

Einen Tag lagen sie fest. Dann, am 11. Januar, starteten sie einen koordinierten Nachtangriff zusammen mit dem 331. Regiment. Weiträumig umgingen sie die deutschen Stellungen und besetzten die Straße zwischen den beiden Dörfern Langlir und Petite Langlir. Die wichtige Brücke über die Rance fiel ihnen unversehrt in die Hände, und damit drohten die hartnäckigen deutschen Verteidiger abgeschnitten zu werden. Deren Panzer setzten sich ab. Beide Orte Langlir wurden besetzt, und die Männer gruben sich sofort ein. So sehr sie am Tage geschwitzt hatten – in der Nacht gefror ihr Schweiß zu Eis. Sie hockten zu zweit in den Schützenlöchern und versuchten sich gegenseitig zu wärmen. Wärmende Decken oder gar Zelte waren irgendwo hinten hängen geblieben. An Ablösung war nicht zu denken.

Am nächsten Morgen kam der Befehl, den Brückenkopf über die kleine Rance so zu erweitern, daß die 3. US-Panzerdivision ungehindert durchstoßen konnte. Sie sollte die letzte Versorgungsroute der Deutschen abschneiden. Steif und durchgefroren sprangen sie aus ihren Schützenlöchern, und der E-Kompanie gelang es sogar, 50 deutsche Gefangene zu machen und einen liegengebliebenen Tiger-Panzer zu erbeuten. Die Befehlslage der US-Führung war oft verwirrend. Nicht immer hatten die Stäbe volle Übersicht. Mal erhielten die Männer Angriffsbefehle in Richtung Südwest, mal nach Süden und plötzlich sollten sie dann gegen Osten angreifen. Die Männer meinten sarkastisch, sie steckten mitten im Kreisverkehr. Ihr neue Aufgabe war es, die Wälder von deutschen Widerstandsnestern zu säubern, auch eine Reihe von kleinen Ortschaften gehörte dazu.

Am 14. Januar hatte das 1. und 2. Bataillon die Aufgabe erfüllt. Unter dem Schutz der Dunkelheit überquerten die G-, B- und C-Kompanien den offenen Grund vor den Wäldern. Das ging mit großer Geschwindigkeit vor sich, denn die GI´s, die durch die Hölle der Ardennenschlacht gegangen waren, hofften jetzt in einem der kleinen Dörfchen einen Unterschlupf vor der lausigen Kälte zu finden. Blitzartig drangen sie unter dem Schutz von Jagdpanzern in Honyelez ein. Die Überraschung gelang – zahlreiche deutsche Landser traten den Marsch in amerikanische Gefangenschaft an. Noch einige andere kleine Örtchen wurden genommen. Die 3. US-Panzerdivision vereinigte sich kurz darauf mit einer anderen Division, die nach Norden vordringen konnte. Stolz setzten sie einen Funkspruch ab: „The German Bulge had been cut and reduced." Die deutschen Einbruchskräfte waren zerschlagen, und die wichtige Verbindungsstraße von St. Vith nach Houffalize befand sich jetzt in ihrer Hand. Die letzte große deutsche Offensive war damit gescheitert, den übrig gebliebenen deutschen Panzern blieb nur der Rückzug in Richtung Reich – gejagt von einer übermächtigen alliierten Luftwaffe. Wiederum hatte das 329. Buckshot-Regiment eine wichtige Rolle, diesmal in der Ardennenschlacht gespielt – es hatte die deutschen Angriffskeile bei ihrem Vordringen von Rochefort aus zum Stehen gebracht und hatte so einen großen Anteil daran, die angreifenden Panzerarmee zum Rückzug gezwungen zu haben. Doch in all den durchkämpften und schlaflosen Nächten mußten sich die GI´s zusätzlich mit dem Wetter herumzuschlagen – und viele verloren diesen Kampf gegen die heimtückische Kälte.

Endlich dann die Ablösung! Sie kam spät und erst, als alles vorbei war. Am 22. Januar wurde das Regiment nach Tohogne zurückverlegt. Die GI´s gingen zu freundlichen belgischen Familien ins Quartier. Ihre Gastgeber waren mächtig stolz auf die Buckshooter und sorgten dafür, daß sie es schön warm hatten. Nach ihren Erlebnissen in den bitterkalten Nächten fühlten sie sich jetzt wie im Paradies. Die Ausfälle hatten große Lücken in die Reihen gerissen, deshalb bekam das Regiment 570 Mann Verstärkung. Damit konnte die Kriegsstärke wiederhergestellt werden. Die Männer genossen die verdiente Ruhe, ja einige von ihnen durften sogar zu einem Kurzurlaub nach Paris fahren. Eine andere Welt umfing sie dort: fröhliche Menschen, für die der Krieg in weiter Ferne lag. Alles, was an Amüsement in den paar Stunden mitgenommen und konsumiert werden konnte, stand ihnen hier offen. Die Zivilisation hatte sie, wenn auch nur kurz, dem rauhen und bedrohlichen Kriegsalltag entrissen. Auch die amerikanische Frontbetreuung sorgte mit Unterhaltungsshows für verdiente Abwechslung. Bekannte Filmstars aus Hollywood versuchten ihnen ein paar Stunden Freude zu bereiten. Aber das beste für die GI´s war ein warmer Platz in gut geheizten Häusern freundlicher Belgier.

Doch bald war es wie sooft mit der Ruhe vorbei. Es ging in Richtung Osten – nach vorn! Gegen Abend des 6. Februar erreichten sie Maastricht in Holland. Bald würden sie wieder voll im Job sein, wie sie zu sagen pflegten. Aber sie wußten auch, daß die Endphase des Nazireichs angebrochen war. Alle waren bereit mitzuhelfen, die letzten Schläge zu führen. Die Buckshooter hatten bewiesen, daß man sich auf sie verlassen konnte, wenn es ernst wurde.

Drei Wochen verbrachten sie mit Vorbereitungen auf den letzten großen Schlag. Dann verließen sie Holland wieder und bezogen Stellungen in der Nähe von Alsdorf bei Aachen. Inzwischen schrieb man den 25. Februar 1945. Zwei Tage vorher hatte die 9. US-Armee den Vorstoß über das fallende Hochwasser der Rur geführt. Die Dämme der Rurtalsperren konnten von den abziehenden deutschen Truppen noch gesprengt werden, so daß der kleine Fluß tagelang einen reißenden und unüberwindlichen Strom bildete. Jetzt konnte der Brückenkopf erweitert werden, und langsam gewannen die amerikanischen Divisionen einen Bereitstellungsraum zum Angriff in Richtung Rhein. Das 329. bildete zunächst die Reserve der 83. US Infantry-Division und diese wiederum die Reserve des XIX. US-Corps.

Am 1. März erhielt das Regiment den Angriffsbefehl. Der Brückenkopf war erfolgreich erweitert worden, und die Ausgangsstellungen der drei Bataillone lagen jetzt fünf Kilometer südlich von Neuss. Verheerende Spuren des Krieges hatten sie auf der Fahrt an Mönchengladbach vorbei begleitet. Als das 1. Bataillon in Bedburdyck die Trucks verließ und ausschwärmte, sahen die Männer in der Ferne schon die Türme von Düsseldorf. Vor ihnen lag der Rhein. Die anderen beiden Bataillone stießen nördlich von Bergheim und Titz an Grevenbroich vorbei auf der Landstraße vor. Aber deutsche Panzer, heftiges Artilleriefeuer und gut ausgebaute Infanteriestellungen zwangen sie, die Straße zu verlassen. Weiter ging es vorwärts durch den schweren Lehmboden und zahlreiche Schlammpfützen. Die Bachläufe waren angeschwollen, wie sollte es auch anders sein: Es regnete in Strömen. Oder wie der Regimentskommandeur treffend bemerkte: „Wenn es regnet, seid sicher, dann ist das 329. im Angriff!" Dort, wo heute die Autobahnabfahrt Neuss-Holzheim verläuft, schlug ihnen heftiges Abwehrfeuer, der sich tapfer verteidigenden deutschen Einheiten entgegen. Zahlreiche deutsche Panzer, Sturmgeschütze und „Ack-Ack-Guns" – so nannten die GI's die 20 mm-Flak – zwangen sie in Deckung. Den ganzen Nachmittag über dauerten die Kämpfe an. Dann erst war der Widerstand gebrochen. Zahlreiche tote Deutsche aber auch Amerikaner säumten das weitere Vordringen der Buckshooter. Um 18.20 Uhr hatte das 1. Bataillon die Vororte von Neuss erreicht. Das 2. und 3. Bataillon schirmte es gegen etwaige deutsche Gegenangriffe ab. Vom Hauptquartier kam der Befehl, daß das Regiment auch während der Nacht weiter angreifen sollte. Wohnblock um Wohnblock wurde durchkämmt, und oft mußte die Artillerie helfen. Aus Fenstern und Türen der einzelnen Häuser prasselte ihnen gezieltes Feuer entgegen. Die deutschen Soldaten kämpften verbissen und gaben nicht auf. So mußte Keller für Keller, Haus für Haus erstürmt werden. Handgranaten detonierten, verschiedentlich kam es zum Nahkampf mit Bajonetten. Gut getarnte deutsche Maschinengewehrnester, automatische Waffen und Panzerfäuste in den Fenstern der ersten Stockwerke – all dies ließ diese Stadt für die eindringenden GI's in dieser blutigen Nacht zur Hölle werden.

Gegen 6.30 Uhr am Morgen des 2. März war der Hauptteil von Neuss in ihrer Hand. Viele Soldaten und Volkssturmmänner hatten sich ergeben und wurden entwaffnet. Das

3., an der Spitze Lt. Colonel Speedie, schwenkte direkt nach Osten und griff entlang der Straße in Richtung Rheinbrücke nach Düsseldorf an. Das übrige Regiment versuchte, ihnen Feuerschutz zu geben. Die I- und K-Kompanie rannten durch einen Feuervorhang aus Infanteriewaffen auf den Rhein zu. Doch dort lagen die Stellungen von 250 Landsern und Volkssturmmännern, die mit allen verfügbaren Waffen ein wahres Scheibenschießen auf sie zu veranstalten schienen. Von der anderen Rheinseite empfing sie zusätzlich Feuer aus Panzergeschützen, Granatwerfern und 20 mm-„Ack-Acks". Es wurde Mittag – noch 1000 m zum Rhein. Die beiden Kompanien waren völlig erschöpft. Ein Frontalangriff auf die noch intakte Brücke wäre Selbstmord gewesen. Jetzt umging die L-Kompanie, aus allen Rohren feuernd, die linke Flanke. So konnte der Gegner niedergehalten werden. Noch 500 m! Noch 300 m! Die Männer keuchten. Ein neuer Sprung – die ersten Verteidiger hoben die Hände – und dann waren sie am Rheinufer. Das erste amerikanische Infanterieregiment, das den Rhein erreicht hatte! Stolz schauten die GI's hinüber – auch diese letzte Verteidigungslinie Hitlerdeutschlands würden sie überwinden. In diesem Moment detonierten die Sprengladungen unter der Brücke. Als erster stürzte der östliche Bogen in den Fluß. Mit lautem Getöse folgten die Mitte und die westlichen Teile. Sie hatten es nicht geschafft, die Brücke unversehrt zu erobern. Den Deutschen war noch eine kleine Atempause vergönnt. Sofort gruben sich die Kompanien ein, um einen Gegenangriff abwehren zu können. Außerdem war das 2. Bataillon noch nicht heran, es hatte die rechte Flanke zu sichern gehabt.

Die Buckshooter waren allen anderen Einheiten der US Army weit voraus. Das VII. Korps stieß erst langsam an der Südseite des Erftkanals vor. Doch bald darauf erreichte auch die 99. US Infantery-Division den Rhein. So konnte das 2. Bataillon in Neuss als Reserve bleiben. Leichte Feuergeplänkel über den Rhein hinweg gaben ihnen etwas Luft. Und doch reizte es den Regimentskommandeur zu erkunden, was sie am anderen Ufer zu erwarten hätten. Am 6. März gegen 22 Uhr wurden sechs Mann vom Aufklärungszug mit zwei Pionieren und einem Sturmboot südöstlich von Neuss über den Rhein geschickt. Bald kehrten sie unbeschadet zurück. Nur acht Minuten hatten sie zur Überquerung des Flusses gebraucht. Die Patrouille brachte wertvolle Aufklärungsergebnisse mit: Das Ufer auf der anderen Seite war befestigt, so daß Panzer und schwere Ausrüstung hinübergebracht werden konnte. Deutsche Einheiten hatten sich 130 m dahinter verschanzt. In die Frontlinie am Rhein ging ein anderes US-Regiment in Stellung. Das 329. blieb jedoch in Neuss. Ein paar Kilometer vom Rheinufer entfernt übten sie auf einem Teich im Stadtpark an Sturmbooten das Übersetzen über einen Fluß. Weiter trainierten sie an einigen zerschossenen Häusern den Straßenkampf. Alles das waren wichtige Übungen für die Aufgaben, die noch vor ihnen lagen.

Dazu gab es ein neues Problem: der Umgang mit der deutschen Zivilbevölkerung. Waren die Leute, die sich jetzt wieder auf die Straßen trauten, alles fanatische Nazis? Nun, das CIC überprüfte alle Zivilisten und versuchte, Untergetauchte ausfindig zu machen. Tatsächlich fanden sie über 200 deutsche Soldaten, die sich Zivilsachen beschafft hatten, sie wurden ohne große Umstände in die Gefangenenlager abtransportiert. Die Amerikaner forderten alle Zivilisten auf, sofort die Arbeit wieder aufzunehmen, vorausgesetzt, sie behinderten nicht die militärischen Operationen. Langsam normalisierte sich in Neuss wieder das Leben. Für die deutsche Bevölkerung gab es allerdings während der Nacht Sperrstunde. Die GI´s wunderten sich, denn viele Deutsche schienen sie zu ignorieren oder zeigten ihnen die kalte Schulter. Hier wurden sie nicht als Befreier angesehen! Die amerikanischen Soldaten wiederum hielten sich an den Eisenhower-Befehl, nicht zu fraternisieren. Eine Ausnahme bildete jedoch ihr Umgang mit deutschen Kindern. Manche Tafel Schokolade wechselte den Besitzer: ein unbekannter Schatz für die Jungen und Mädchen.

Gegen Ende des Monats wurden sie aus Neuss abgezogen. Wieder hieß es, die Trucks zu besteigen. Die Fahrt ging nach Holland in die Nähe von Sittard. Der Grund war eine erneute Übung für Flußübergänge auf der Maas. Keiner von ihnen ließ es sich träumen, daß dieser harte Drill beim Überqueren von Weser und Elbe blutiger Ernst werden sollte. Dann war es soweit: Die 9. US-Armee setzte bei Weser über den Rhein. Es war genau wie beim Rur-Übergang. Sie bildeten zunächst die Reserve der Reserve. Oder wie sie es nannten: sie würden zurückgehalten für den sprichwörtlichen Sunday-Punch – den Sonntagsschlag, den sie sicherlich zu führen hätten.

Am 29. März, es war ein Donnerstag, waren sie an der Reihe und überquerten den Rhein im Gefolge einer Panzereinheit. Schnell stießen sie nach Osten vor: Seppenrade, dann über den Dortmund-Ems-Kanal, weiter über Ascheberg südlich von Münster. Sie waren dabei, als der Ruhrkessel an der Lippe geschlossen wurde, und weiter ging es mit den Panzern bis Beckum/West – jetzt schon 110 km vom Rhein entfernt. Hier bezogen sie Stellungen an der Lippe.

Der Angriffsbefehl ereilte sie am 3. April. Die mit ihnen vorrückende Panzereinheit war den ganzen Tag in der Umgebung von Neuhaus aufgehalten worden. Einige Kompanien von SS-Männern mit ungefähr 20 Panzern, über mehre Stützpunkte verteilt, leisteten starken Widerstand. Das 1. Bataillon arbeitete sich gegen die Stellungen der SS vor. Wie es im Regimentsbericht heißt: „they did the job". Die „dough boys" hatten innerhalb einer Stunde den Widerstand ausgeschaltet, 180 Gefangene gemacht und einige der Panzer zerstört. Während dieser taktisch brillanten Operation hatten sie keinerlei Verluste erlitten. Auch das 3. Bataillon war erfolgreich vorgestoßen, es hatte inzwischen Sennelager nördlich von Paderborn erobert. In den Regimentsanalen blieb es lange im Gedächtnis haften, denn hier hatten sie ein Vorratslager mit einer großen Menge Cognac „befreit".

Bald erreichte sie der Befehl zum Vorstoß an die Weser. Das war immerhin ein Angriffsziel von 89 km. Auf ging's! Am nächsten Morgen stürmten sie an Bad Lippspringe,

Schlangen und Kohlstädt vorbei. Mittags breiteten sich vor ihnen bereits die bewaldeten Hänge des südlichen Teutoburger Waldes aus. Nur einige wenige Durchgänge, die natürlich stark verteidigt waren, mußten überwunden werden. Die Deutschen hatten Panzer und Infanterie aufgeboten. Besonders Horn und Veldrom wurden hart umkämpft, aber am 5. April um 4 Uhr morgens waren beide Orte durch das 2. und 3. Bataillon besetzt. Sie hatten 16 km geschafft!

Die Heeresgruppe B der Deutschen Wehrmacht unter Generalfeldmarschall Model war im Ruhrkessel eingeschlossen worden. Eisenhowers Befehl lautete: Der Ring sollte verengt und dadurch die Eingeschlossenen durch Aushungern zur Kapitulation gezwungen werden. Ein Sturm auf das Ruhrgebiet hätte den Alliierten zu viele Verluste gebracht. Durch diese Strategie hatte das alliierte Oberkommando seinen wichtigsten Grundsatz beachtet, das Leben der ihm anvertrauten Soldaten zu schonen. Mit der Einschließung dieser mächtigsten deutschen Heeresgruppe zeichnete sich der endgültige Zusammenbruch der Verteidigung im Westen ab. Durch die hierbei entstandenen Lücken konnten die Amerikaner mit ihrer 1. Hodges, 3. Patton und 9. Armee unter General Simpson schnell nach Osten vorstoßen. Im Wechsel stürmten Tag für Tag zwei Bataillone des 329. Buckshot-Regiments vorwärts während das 3. in Reserve gehalten wurde. Aber auch dort gab es keine Ruhe – unaufhörlich ging es voran. Ein neues Problem tauchte jetzt auf: der Mangel an Transportmöglichkeiten. Die Trucks wurden für den Nachschub gebraucht. Schnell lernten die GI´s zu improvisieren. Sie entdeckten sehr bald, daß beim vehementen Vorwärtsstürmen ein Sherman-Panzer 34 aufgesessene GI´s transportieren konnte. Ein Sturmgeschütz beförderte die gleiche Anzahl und auf Jeeps mit Anhängern wurden 10–15 Männer regelrecht gestapelt fortbewegt. Den Rest der Bataillone nahmen die Küchenwagen auf. Die Männer lernten zu ihrem Kummer, daß dies nur auf Kosten der regulären Truppenverpflegung möglich war. Denn wenn Kampftruppen auf Küchenwagen transportiert werden mußten, gab es eben nur entsprechende "Mitternacht-Soupers". Aber die Buckshooter lösten das Transportproblem sehr schnell. Alle verfügbaren deutschen Fahrzeuge, die sie sahen, wurden von Feldern, Straßenecken und Garagen requiriert. So hatten sie bald ein buntes Gemisch von Lastwagen, Bussen, Feuerwehrautos, Ambulancen, Motorrädern und Traktoren zusammen. Damit war die Beförderungsfrage geregelt, auch für den Nachschub. Ein amerikanischer Kriegskorrespondent, der den wilden Haufen von Fahrzeugen erblickte, gab ihm spontan den Namen „Rag Tag Circus", was soviel wie „Lumpenzirkus" bedeutete. „Die Männer sehen aus, als ob sie auf die Panzer gesprayt wären", kommentierte ein General die Szene, als der mit Buckshooters überladene Fahrzeugpark an ihm vorbeirauschte.

Schieder, Schwalenberg und Steinheim wurden im schnellen Vordringen besetzt. Vor ihnen lag jetzt die Hügelkette des Weserberglandes und dahinter – die Weser, ihr operatives Ziel. Mit allen ihren abenteuerlichen Fahrzeugen holten sie schnell die berühmte 5. US-Panzerdivision ein, die an ihrer linken Flanke kämpfte. Jetzt waren sie ebenfalls motorisiert – und fuhren auf allen Vehikeln von zwei bis zehn Rädern. Das 3. Bataillon schlich sich südlich von Hameln bei Grohnde heimlich im Gefolge der Panzerdivision über die Weser. Die Panzerleute hatten großes Glück gehabt, den Übergang schnell zu schaffen und damit den Brückenkopf über den Fluß bilden zu können. Sofort stießen sie weiter vor und erreichten Halle in Niedersachsen. Dort konnten die deutschen Verteidiger überrascht werden, so daß es nur geringe Gegenwehr gab. Das 1. Bataillon hatte nicht so viel Glück. Es wurde bei Rischenau durch Tiger-Panzer und heftiges Feuer aus automatischen Waffen aufgehalten. Dieser fanatische Widerstand verzögerte das weitere Vordringen erheblich. Doch die drei Kompanien umgingen die deutschen Stellungen und erreichten Vahlbruch unweit des Flusses. Währenddessen konnte das 2. den Brückenkopf weiter ausdehnen.

Der Rest des Regiments überquerte dann am 7. April die Weser. Das 3. Bataillon ging, begleitet vom Divisions- und Regimentsaufklärungszug, von Halle aus gegen Osten vor. Sie säuberten den Abschnitt zwischen der Weser und dem Ith-Gebirge und besetzten Eschershausen sowie die beiden wichtigen Durchgangsstraßen. Der Aufklärungszug entdeckte dabei eine unterirdische Fabrik bei Grünenplan. Sie war mit einem KZ-Außenlager verbunden gewesen. Das 2. Bataillon nahm inzwischen Alfeld, und bei Anbruch der Nacht war Delligsen in ihrer Hand. Sie hatten 20 km Vormarsch an diesem Tag geschafft! Den beiden Bataillonen wurde jedoch keine Nachtruhe gegönnt – es war bereits die vierte Nacht, in der es vorwärts ging. Das 3. erreichte die Leine bei Wispenstein, und in einem kühnen Manöver konnte es über eine noch unzerstörte Brücke weiter nach Westen vordringen, während das 1. das eroberte Gelände säuberte.

Während der nächsten beiden Tage konnten bei Alfeld und Große Freden noch weitere Flußübergänge gesichert werden. Auch hier waren die Brücken noch intakt. Das XIX. US-Corps hatte als Operationsziel eine Linie 10 km westlich der Leine festgesetzt. Hier konnte sich das Regiment zunächst zu einer wohlverdienten Ruhe eingraben. Das 329. hatte nicht nur mit der schnellen 5. US-Panzerdivision Schritt halten können, sondern lag mit ihr gleichauf! Mit seinem Blitzvorstoß wurde ein neues Kapitel amerikanischer Infanteriegeschichte geschrieben. Die Buckshooter haben erheblich dazu beigetragen, daß Hitler und seine Anhänger bald ausgespielt hatten.

Die Ruhe währte nicht lange. Ein neuer Angriffsbefehl erreichte sie am 9. April. Das nächste Ziel hieß jetzt Halberstadt – immerhin 75 km entfernt. Was wirklich schmerzte, war die Anweisung, sich von zehn Lastwagen zu trennen. Aber Colonel Crabill gab die Order aus: „Bewegt euch so gut es geht auf Panzern, Sturmgeschützen und benutzt, wo auch immer, die eroberten deutschen Transportmittel." Die drei Bataillone setzten deshalb noch mehr Beutefahrzeuge ein, und der „Rac Tag Circus" rollte weiter nach Osten voran. Jetzt war das 329. auf dem Sprung zur Elbe. Dahinter lag das große Ziel: Berlin. Vielleicht käme es auch zum Treffen mit den Russen, die ebenfalls bald angreifen würden. Das 1. Bataillon eröffnete den Run an die Elbe, indem es die Wälder rund um Helmscherode von versprengten deutschen Soldaten säuberte. Hier fiel den GI´s eine noch unversehrte Brücke über die Nette in die Hände. Und weiter ging's. Bei Langelsheim verteidigten ungefähr 100 deutsche Soldaten und Volkssturmmänner erbittert eine Straßensperre. Der Kampf dauerte nicht lange, dann ergaben sie sich. Das 3. hatte Schwierigkeiten mit dem unzulänglichen Straßennetz. Aber, nachdem der Ort gesäubert war, stießen seine drei Kompanien weiter nach Nordosten vor. Nur bei Vienenburg trafen die Männer auf härteren Widerstand, dennoch schafften sie an diesem Tag 15 km.

Inzwischen hatte das 1. von Langelsheim aus Goslar erreicht. Kurz darauf war die alte deutsche Kaiserstadt ebenfalls besetzt. An der Oker mußten die GI´s den fanatischen Widerstand von jugendlichen Deutschen brechen, die sich mit automatischen Waffen und Panzerfäusten erbittert wehrten. Sie erlitten Verluste durch diese verrückten und verblendeten Hitlerjungen. Eine vergleichbare Situation schilderte anschaulich der deutsche Nachkriegsfilm „Die Brücke". Den Harz ließen sie rechts liegen, denn ausgesandte Patrouillen und die Luftaufklärung berichteten übereinstimmend, daß alle Harzzugänge durch deutsche Panzerabwehrgeschütze und gut bewaffnete Wehrmachtseinheiten, die mit Panzerfäusten und automatischen Waffen ausgerüstet waren, gesichert wurden. Ein Angriff hätte unnötige Verluste gebracht. So stießen sie am Harz vorbei und überließen diesen Teil des Jobs ihren Luftstreitkräften und den nachfolgenden Divisionen. Erst später erfuhren sie, daß hier 65 000 deutsche Soldaten die sogenannte Harzfestung verteidigen sollten. Für die Buckshooter gab es keinen Stop! Wieder hatten sie am Tage 39 km geschafft, gleichzeitig machten sie 2 883 Gefangene.

Der 11. April wurde für das Regiment ein Tag des schnellen Fortschritts. Das 1. Bataillon hatte quasi im Vorübergehen den Kur- und Urlaubsort Bad Harzburg besetzt. Oberstleutnant Sharpes Männer stürmten nordwärts als Angriffsspitze gegen nur leichte deutsche Gegenwehr an. Schon drangen sie in Langeln ein – noch gut 10 km Luftlinie bis Halberstadt! Und es schien, daß keine Macht der Welt Colonel Crabills „Rag Tag Circus" mit seiner eigenartigen Infanterie- und Panzertaktik aufhalten konnte. Die GI´s traten hochmotiviert an, denn für sie stand fest: „We´re going to Berlin!"

In der Nähe von Derenburg, kurz vor Halberstadt, befreiten sie ein Kriegsgefangenenlager mit annähernd 700 britischen und amerikanischen Gefangenen. Selten hatten sie eine solche Anzahl von glücklichen Männern getroffen. Das 3. Bataillon war gleichzeitig zum Angriff angetreten, aber es steckte fest – die Straßen und Wege waren verstopft. Infanterie auf Panzern, TD´s *, Sturmgeschützen und auf erbeuteten deutschen Lastwa-

---

*   TD´s waren Tank destroyer, Panzerabwehrgeschütze auf leichten Panzern montiert. Manchmal wurden sie auch als „Jagdpanzer" bezeichnet.

gen drängten sich von Vienenburg aus nach Osten. Ein Ort nach dem anderen wurde genommen. Das Ziel war Halberstadt. Endlich erreichten Major Whites Soldaten vom 3. Bataillon den Norden der Stadt. Sofort versuchten sie, in das Zentrum vorzustoßen. Heftiges Feuer aus Infanteriewaffen empfing sie. Da war das 2. Bataillon zur Stelle und konnte in die Innenstadt eindringen. Das einstmals so geschichtsträchtige Halberstadt bot einen traurigen Anblick. Ein paar Tage vorher hatte der Ort den furchtbaren Bombenangriff erleben müssen. Die eindringenden Buckshooter fanden in der Innenstadt nur noch rauchende Trümmer vor, wo einstmals prächtige mittelalterliche Bürgerhäuser gestanden hatten. Der Dom und die Liebfrauenkirche waren schwer getroffen worden; der einstmals stolze Marktplatz war ein einziger Trümmerhaufen. Der deutsche Widerstand in der Stadt war schnell gebrochen. Aus den Fenstern der Vorstädte hingen weiße Fahnen. Die Zeit drängte. Beide Bataillone verhielten nur kurz, um sich zu sammeln. Und weiter ging es in Richtung Gröningen und Wegeleben. Inzwischen spürte das 1. Bataillon die letzten Widerstandsnester in Halberstadt auf. Der Tag hatte sie 46 km näher an die Elbe gebracht und die stattliche Anzahl von 5 428 deutschen Soldaten wanderte in die Kriegsgefangenschaft nach Westen.

Der 12. April wurde zu einem Tag großer Hoffnung und schwerer Kämpfe. Das 3. war die ganze Nacht hindurch in Gröningen auf harten Widerstand gestoßen, und als dieser endlich gebrochen war, startete es zum Vorstoß auf die Elbe. Kurz nach Tagesanbruch war es soweit. Das Ziel war die Eisenbahnbrücke von Barby. Im schnellen Überraschungsangriff sollte sie genommen werden. Der Divisionskommandeur mag dabei die Eroberung der Rheinbrücke von Remagen vor Augen gehabt haben. Um 12.25 Uhr waren es noch 7 km bis zur Elbe! Das 3. hatte gerade Gnadau erreicht. Das 2. arbeitete sich von Atzendorf weiter auf Eickendorf vor. Der Regimentskommandeur Colonel Cabrill erteilte Befehl an die A-Kompanie vom Pionier-Bataillon 308, Sturmboote und Brückengerät nach vorne zu bringen, damit alles einsatzbereit wäre, wenn sie die Elbe erreichten. Gegen 13 Uhr meldete die Luftaufklärung, daß die Eisenbahnbrücke über die Elbe noch intakt zu sein schien. Das 3. erhielt den Befehl, die Brücke zu nehmen und den Fluß sofort zu überqueren. Um 14 Uhr hatte das Bataillon die ersten Häuser von Barby erreicht. Aber mit einem schnellen Vorstoß zur Eisenbahnbrücke über die Elbe war es vorerst nichts! Über 800 deutsche Soldaten hatten den amerikanischen Angriff erwartet. Sie waren mit automatischen Waffen und Granatwerfern gut ausgerüstet. Fast jeder von ihnen hatte eine Panzerfaust. Aus vorsorglich gut ausgebauten Stellungen stoppten sie den Vormarsch des Buckshot-Regiments. Sie kämpften mit einer Verbissenheit, die das 329. seit seinem Einsatz in den Ardennen nicht mehr kennengelernt hatte. Das 2. Bataillon war durch seinen Abschnitt förmlich herangebraust, hatte um 14 Uhr Groß- und Kleinmühlingen besetzt und war gegen 18 Uhr vor Barby angelangt. Aber auch sie saßen hier fest. Es gelang den Amerikanern nicht, die sich tapfer wehrenden deutschen Soldaten aus ihren Stellungen zu vertreiben. Zahlreiche US-Panzer und Jagdpanzer, die zur Unterstützung angriffen, wurden durch deutsche Panzerfäuste getroffen und erhellten als lodernde Fakkeln die Nacht. 24 Tote, 5 Vermißte und fast 50 Verwundete betrug die Bilanz des 329. US-Regiments. Manch einen, der den weiten Weg bis hierher gekommen war und alles gut überstanden hatte, erwischte es jetzt noch kurz vor Schluß. Auch machte sich bemerkbar, daß nach mehreren Tagen, in denen ständig marschiert und gekämpft werden mußte, die GI´s zu erschöpft waren, um den Angriff während der Nacht fortsetzen zu können. Für den nächsten Tag wurde Luftunterstützung angefordert. Starkes Artilleriefeuer sollte nach dem Luftangriff auf Barby die deutschen Stellungen sturmreif schießen. Eine Sprengung der Eisenbahnbrücke um 17.45 Uhr zerstörte alle Hoffnungen, sie ähnlich benutzen zu können wie die Brücke von Remagen. Ein Brückenbogen lag in der Elbe, die anderen sieben oder acht Bögen wurden so schwer beschädigt, daß sie unpassierbar waren.

Bis nach Barby hatte das Regiment von Sennelager aus 265 km in 10 Tagen kämpfend zurückgelegt. Dieser Vormarsch war nicht nur durch die klare Führung der US-Streitkräfte möglich geworden, sondern auch durch den Willen der Soldaten, mit ihrem Einsatz dazu beizutragen, den Krieg baldmöglichst zu beenden und dem menschheitsbedrohenden Nazismus den Garaus zu machen. Diese GI´s waren Tag um Tag marschiert, hatten Nacht für Nacht gekämpft. Sie bekamen ihr Abendessen manches Mal erst nachts um 1 Uhr und am darauffolgenden Morgen Frühstück um 5 Uhr oder früher. Oft lebten die Männer nur von einer K-Ration pro Tag, um den Vormarsch überhaupt möglich zu machen. Durch die Geschwindigkeit ihres Vordringens wurden die deutschen Verbände planmäßig daran gehindert, fortlaufend Widerstand zu leisten. Dadurch verringerten sich auch die amerikanischen Verluste.

Dazu kam die gewaltige Materialüberlegenheit der alliierten Streitkräfte. Das 329. US Infantry-Regiment hatte somit jederzeit die Unterstützung der 83. Quartermaster Company und der 83. Ordnance Company erhalten. Die Truckfahrer dieser Einheiten befanden sich rund um die Uhr im Einsatz. So war das Regiment zu keiner Zeit ohne Munition, Benzin, Verpflegung oder Wasser. Der Mangel an Nachschub kann einen Vormarsch effektiver stoppen als der Feind. Auch die Nachrichten- und Funkverbindungen, welche die 83. Signal Company aufrechterhielt, waren vorbildlich. Zu keiner Zeit fehlte es an Telefonverbindungen zum Divisionsstab der 83. Thunderbolt-Division, zum Regiment oder zu den Bataillonen. Der Funkverkehr wurde fast immer unverschlüsselt geführt.[24] Weiterhin konnte auch die Divisionsartillerie mit den voranstürmenden Einheiten Schritt halten und mit unterstützendem Feuer eine wirksame Hilfe werden. Im Durchschnitt feuerte jedes Geschütz 10 350 Schuß ab.[25] Und letzten Endes war alles dies nur möglich durch die erdrückende Luftüberlegenheit der alliierten Luftstreitkräfte. Wo sich gegnerischer Widerstand regte, waren die Jabos oder die zweimotorigen Marauders zur Stelle, wenn das Wetter es erlaubte.

Bei den deutschen Streitkräften dagegen mangelte es an allem. Die Soldaten hungerten zum Teil, denn Verpflegung war nicht mehr ausreichend vorhanden. Munitions- und

Ausrüstungsmangel machten eigentlich jedes Weiterkämpfen sinnlos. So gab es u.a. einen abstrusen Befehl, daß die Artillerie nur zwei Schuß pro Geschütz und Tag abfeuern durfte. Die deutschen Infanteristen hatten pro Gewehr nur noch 30 Schuß zur Verfügung. Abenteuerlich war die Bewaffnung der Volkssturmmänner. Ein Teil hatte Panzerfäuste, einige schleppten französische Beutegewehre aus dem Frankreichfeldzug mit sich herum, andere wiederum teilten sich die wenigen Karabiner. Hitlerjungen und über 60jährige Männer standen gemeinsam an der Front. Und trotz allem leisteten diese deutschen Verbände den vorrückenden Amerikanern noch erstaunliche Gegenwehr. Waren das alles Nazis? Versuchten sie nur ihre Heimat zu verteidigen? Oder war hier die Angst gegenwärtig, im Falle der Flucht den berüchtigten „Kettenhunden" der Feldgendarmerie in die Hände zu fallen? Unweigerlich endeten solche armen Teufel am nächsten Chausseebaum mit dem Schild vor dem Bauch, ein Feigling zu sein, der das deutsche Volk verraten habe.

In Zerbst erfuhren die Bürger nur gerüchteweise, daß die „Amis" schon an der Elbe waren. In der Stadt drängten sich die Flüchtlinge, aber auch Soldaten versprengter Truppenteile. Der Volkssturm war mobilisiert worden. Diese Männer wurden vor allem zur Bewachung der überall an den Ausfallstraßen entstandenen Panzersperren eingesetzt. Diese Hindernisse bestanden aus zwei Lagen von Baumstämmen, die in den Zwischenräumen mit Schutt und Steinen gefüllt waren. Im Mittelalter wären sie wohl wirksam gewesen, aber im 20. Jahrhundert und bei der modernsten Kriegstechnik der amerikanischen Streitkräfte bildeten sie, wenn überhaupt, nur symbolische Hindernisse. Der Kampfkommandant hatte an diesem 12. April die Schließung aller diese Sperren veranlaßt. Damit hatte die Stadt Festungscharakter bekommen.

Die weitsichtige Stadtverwaltung wies alle Geschäfte an, daß sämtliche Waren markenfrei und ohne Bezugsscheine an die Bevölkerung verkauft werden konnten. Die Fleischereien, Bäckerläden, Gemischtwarenläden und Textilgeschäfte wurden regelrecht bestürmt. Die Zerbster standen in langen Schlangen vor den Läden. Durch die geschlossenen Panzersperren konnten die Flüchtlingstrecks, die immer noch herandrängten, nicht mehr in die Stadt hineingelangen. Sie zogen weiter nach Osten in Richtung Fläming.

Hitlerjungen wurden als Polizei- und Feuerwehrmelder eingesetzt. Die älteren von ihnen mußten Dienst beim Volkssturm verrichten. Ganz fanatisch gebärdete sich dabei der Bannführer der HJ auf der Heide. Er überprüfte ständig, ob die Besatzungen der Panzersperren ihre Aufgaben erfüllten. Soldaten gab es kaum in der Stadt. Die lagen in ihren Verteidigungsstellungen und wurden in den Kasernen zusammengezogen. Dafür wurden aber in den Zerbster Lazaretten und Hilfslazaretten in Gaststätten und großen Sälen über 2 000 Verwundete gepflegt. In aller Eile brachte man die leichteren Fälle in die Baracken des sogenannten E-Lagers an der Feuersäule, das 1 km im Osten der Stadt lag. Andere Verwundete wurden eilig nach Wiesenburg und Belzig im Fläming transportiert.

Über die Elbe – Der Brückenkopf

Der Divisionskommandeur der 83. US Infantry-Division „Thunderbolt" bestand darauf, daß in der Nacht noch ein Brückenkopf über die Elbe gebildet werden sollte. Die Entscheidung darüber hatte jedoch Colonel Cabrill, der Chef des 329. Buckshot-Regiments. Er entschied sich anders. Die GI´s des 2. und 3. Bataillons hatten einen schweren und verlustreichen Tag hinter sich und waren hundemüde. Deshalb hätte nur das 1. Bataillon eingesetzt werden können. Außerdem saßen die deutschen Verteidiger in Barby noch in ihren Stellungen. Sie mußten erst ausgeschaltet werden, um einen Brückenkopf südlich davon bilden zu können. Colonel Crabill entschied deshalb, in der Nacht keinen Übersetzversuch zu unternehmen. Das 2. und 3. sollten sich in ihren Stellungen einrichten und am nächsten Morgen um 8 Uhr mit dem Angriff beginnen. Um 10 Uhr würde dann das 1. mit Sturmbooten unter Nebelschutz über den Fluß gehen. Immerhin hatten sich am zu Ende gehenden Tag 600 deutsche Soldaten und Volkssturmmänner ergeben. Sie zogen vernünftigerweise die Gefangenschaft dem sinnlosen Heldentod vor.[26]

In der Nacht war plötzlich über den Köpfen der Buckshooter Motorengebrumm. Und dann prasselten auch schon die Bomben von sechs deutschen Flugzeugen auf die amerikanischen Stellungen am Stadtrand von Barby. Das 2. Bataillon und die G-Kompanie erlitten zahlreiche Verluste an Toten und Verwundeten, als eines ihrer besetzten Häuser einen Volltreffer erhielt. Es gab noch deutsche Flugzeuge! Wo kamen sie nur her?[27]

Der 13. April war angebrochen. Um 8.05 Uhr meldeten die Rundfunknachrichten des amerikanischen Soldatensenders, daß Präsident Franklin D. Roosevelt am vergangenen Tag um 15.35 Uhr in Warm Springs gestorben sei. Vizepräsident Harry S. Truman wurde wenige Stunden nach der offiziellen Mitteilung über Roosevelts Tod als Präsident der Vereinigten Staaten vereidigt. Den Männern blieb keine Zeit, sich über die neue politische Situation in Amerika Gedanken zu machen.

Ausgeschickte Spähtrupps, die sich nach Barby eingeschlichen hatten, berichteten, auf den Straßen stünden Zivilpersonen, was darauf hindeutete, daß sich die deutschen Verteidiger aus der Stadt zurückgezogen hätten. Der angekündigte Luftangriff der US Air Force wurde sofort abgesagt und gestoppt. Die Spähtrupps sollten nicht gefährdet werden. Da teilte das 2. Bataillon mit, daß mit dem Bürgermeister der Stadt bereits eine Besprechung stattgefunden hätte. Er behauptete, es gäbe in der Umgebung und im Ort keine deutschen Truppen mehr.[28] Am Rathaus würde die weiße Flagge aufgezogen. So geschah es, und die Buckshooter rückten friedlich in Barby ein. Sofort besetzten sie die Rampe der Elbfähre ein paar hundert Meter östlich und sicherten die Umgebung. Um 10 Uhr wurde dem Regimentsstab gemeldet, daß ein gefangener deutscher Offizier ausgesagt hätte, die Bevölkerung der Stadt wäre von den abziehenden deutschen Truppen aufgefordert worden, in den Luftschutzkellern zu bleiben, da Barby sowohl von der

Deutschen Luftwaffe bombardiert als auch von der deutschen Artillerie jenseits der Elbe beschossen werden sollte. Amerikanische Luftabwehrgeschütze wurden in Stellung gebracht, die Air Force alarmiert. Doch Gott sei Dank geschah nichts – es war wohl eine der üblichen deutschen Propaganda-Enten!

Der Divisionskommandeur Maj.-General Robert C. Macon ließ es sich nicht nehmen, beim Elbübergang des 329. dabeizusein. Pünktlich um 12 Uhr tauchte er in dem in Barby frisch eingerichteten Regimentsgefechtsstand auf. Nun, abergläubisch schien man nicht zu sein – es war Freitag, der 13. April! High Noon! Eine Stunde später war es soweit: Das 1. Bataillon setzte unter dem Schutz einer künstlichen Nebelwand in Sturmbooten über die Elbe. Die ersten erreichten das Ostufer – noch immer fiel kein Schuß. Saßen die Deutschen noch in ihren Unterständen? Immerhin hatte die Divisionsartillerie vorher aus allen Rohren Sperrfeuer geschossen. Dem 1. folgte sofort das 2. Bataillon. Die GI´s schwärmten gleich an der Fährstelle bei Ronney aus und sicherten das Ufer ab. Unmittelbar darauf waren die Pioniere des 295. US-Pionierbataillons zur Stelle. Sie luden neben der Barbyer Fährstelle ihr Brückenbaugerät ab. Die A-Kompanie des 308. US-Kampfpionierbataillons war gleichzeitig emsig damit beschäftigt, Fähren zusammenzubauen. Lieutenant John D. Hanft hatte als Zugführer das Beladen und die Überfahrt der Sturmboote koordiniert. Ohne Zeit zu verlieren, begannen die Pioniere mit dem Bau einer Pontonbrücke über die Elbe. Gleichzeitig war auch die Telefonverbindung mit den übergesetzten Bataillonen hergestellt. Noch immer blieb auf deutscher Seite alles ruhig. Kein Abwehrfeuer! Colonel Crabill ging inzwischen an der Übersetzstelle am Westufer aufgeregt hin und her und rief den in die Boote steigenden Männern zu: „Das werdet ihr Euer Leben lang nicht vergessen! Auf denn, ihr seid auf dem Weg nach Berlin!" First Lieutenant William Stout, der mit auf dem Ostufer der Elbe gelandet war, stellte lakonisch fest: „Es war wie ein Sonntagnachmittag-Picknick, so friedlich ging's zu!" [29]

Das 1. Bataillon bewegte sich schnell auf das drei Kilometer entfernte Walternienburg voran und besetzte es ohne nennenswerten Widerstand. Die Männer von Lt. Colonel Cook gruben sich sofort vor Ort ein. Das 2. Bataillon schwärmte nach Norden in Richtung Flötz aus und bezog Stellung an einem Waldstück, dem wegen seines alten Baumbestandes und seiner Biberkolonien bekannte Grünewalde. Der Regimentskommandeur befahl, daß sofort Panzern und Panzerabwehrwaffen Vorrang beim Überqueren der Elbe eingeräumt werden sollte. Lieutenant Hanft hatte mit seinem Pionierzug vier Fähren zusammengebaut und begann sofort mit dem Übersetzen. Über 200 Fahrzeuge, darunter Panzer und Jagdpanzer wurden in kurzer Zeit über den Fluß gebracht. Alles verlief programmgemäß und ohne Gegenwehr. Nur vereinzelt verteidigten sich die offenbar völlig überraschten deutschen Soldaten vor Walternienburg mit Handfeuerwaffen. Aber gegen 17 Uhr setzte dann aus Richtung Zerbst Artilleriefeuer ein. Sofort bekam die Divisionsartillerie Befehl, die deutschen Geschützstellungen unter Feuer zu nehmen. Artillerie-Beobachtungsflugzeuge hatten deren Standorte ausgemacht. Aber die Reichweite der Divisionsartillerie auf dem Westufer war zu kurz, deshalb sollten am nächsten Morgen mehrere US-Feldartilleriebataillone über den Fluß gebracht werden. Das Übersetzen von Sherman-Panzern und Panzerabwehrwaffen auf Fähren sollte die Rettung des entstehenden amerikanischen Brückenkopfes sein.

In Zerbst war inzwischen das deutsche Grenadierregiment Nr. 2 der Division Scharnhorst aufgestellt worden. Das 1. Bataillon lag in der Kaserne, das 2. wurde im Westen der Stadt in Privatquartieren untergebracht. Die Ausrüstung dieser zusammengewürfelten Einheiten war äußerst dürftig, die Landser hatten Karabiner und z.T. die neuen Sturmgewehre. Auch einzelne MG 42 waren in den Kompanien vorhanden. Nachrichtenmittel fehlten völlig, so daß die deutschen Einheiten auf Melder angewiesen waren! Nicht einmal Leuchtpistolen gab es. Allerdings hatten die Kompanien Panzerfäuste in ausreichenden Mengen.

Am Morgen des 13. April erschien die letze Ausgabe der „Zerbster Nachrichten".[30] Darin wurde mitgeteilt, daß „die Elbe zum Schicksalsstrom des Volkes geworden ist." Jeder einzelne hätte die Aufgabe, dem eingedrungenen Feind mit „fanatischem Widerstand" entgegenzutreten. Stadt und Kreis Zerbst seien damit frontnahes Gebiet geworden. Und wörtlich hieß es: „Wer wankt und schwach wird und durch unverantwortliche Parolen Unruhe in unsere kampfentschlossene Gemeinschaft hineinzubringen versucht, besorgt die Geschäfte des Feindes und fällt der kämpfenden Front in den Rücken. Er wird unnachsichtig zur Verantwortung gezogen!" Und weiter: „Der Führer kennt die Lage. Er ist in Gedanken bei seinem Volk!"[31] Phrasen und nackte Drohungen – mehr hatte das untergehende Naziregime nicht mehr zu bieten. Das Schicksal der Stadt Zerbst hing jetzt nur noch an einem dünnen Faden.

Erst am Nachmittag des 13. April wurde das 2. Bataillon in Zerbst alarmiert. Dem Bataillonskommandeur Hauptmann Peter Rettich wurde befohlen, den Feind sofort anzugreifen, ihn zu vernichten und ohne Rücksicht auf Verluste den von den Amerikanern gebildeten Brückenkopf bei Barby und Walternienburg zu befestigen. Gegen 16 Uhr wurde das Bataillon aus Zerbst abtransportiert. Da Fahrzeuge fehlten, wich man auf schnell requirierte Holzvergaser-Lastwagen und von Traktoren gezogene Ackerwagen aus. Ein Spähtrupp war auf Fahrrädern vorher ausgesandt worden, um die Stellungen des Feindes zu erkunden. Er wurde von den Amerikanern vor Walternienburg abgefangen. Nur einem Leutnant gelang es zu entkommen. Hauptmann Rettich befahl, sofort bei Feindberührung anzugreifen. Die 6. Kompanie, meistens aus jungen Offiziersbewerbern bestehend, sollte von Güterglück aus längs der „Kanonenbahn" in Richtung Elbbrücke nach Barby vorgehen: die 5. Kompanie von Kämeritz aus nach Norden über die Poleymühle nach Walternienburg, die 7. Kompanie mußte frontal gegen Walternienburg vorstoßen. Unterstützung erhielt der deutsche Angriff von sieben Sturmgeschützen der Sturmgeschützschule Burg.

Die im Brückenkopf eingegrabenen GI´s wußten natürlich längst durch ihre Artillerieaufklärungsflugzeuge, daß sie sich auf Gegenangriffe einzurichten hatten. Um 18.30 Uhr begann der deutsche Gegenstoß. Das konzentrische Abwehrfeuer aus Granatwerfern, Panzerabwehrgeschützen und Infanteriewaffen aller drei Kompanien des 1. US Bataillons schlug den Angreifern entgegen. Dabei versuchte sich eine deutsche Kompanie, die 7., über offenes Feld auf Walternienburg vorzuarbeiten. Nach kurzer Zeit war sie fast völlig aufgerieben. Auch die Divisionsartillerie griff mit allen Rohren von jenseits der Elbe ins Geschehen ein. Trotzdem konnte eine andere deutsche Kompanie sogar den Ortsrand im Süden von Walternienburg erreichen. Zwei amerikanische Shermanpanzer wurden von Panzerfäusten getroffen und brannten. Aber auch zwei deutsche Sturmgeschütze gingen in Flammen auf. Die GI´s des 1. blieben Herr der Situation. Der deutsche Angriff wurde blutig abgewehrt. Mit daran beteiligt waren US-Panzer, die alle Einbrüche schnell beseitigten und die Lage stabilisierten.

Ganz schlimm erging es der 6. Scharnhorst-Kompanie, die sich an das inzwischen besetzte Flötz herangearbeitet hatte. Ein Spähtrupp unter Führung des Kompaniechefs, einem Leutnant, konnte bis zu einem einzeln vor dem Ort stehenden Haus vordringen. Dabei überraschten sie vier Amerikaner, die sich sofort ergaben. Ihre Gefangenschaft dauerte nur kurze Zeit, dann wurden die Deutschen abgeschnitten und wanderten ihrerseits in amerikanische Gefangenschaft. Inzwischen wurde auch diese Kompanie völlig aufgerieben. Shermanpanzer des 736. US-Panzerregiments hatten ein furchtbares Massaker angerichtet.

Die Amerikaner waren beeindruckt von der verbissenen Tapferkeit der deutschen Angreifer, jedoch war die fanatische Kampfmoral, mit der diese gegen die waffenstarrenden US-Stellungen vorgingen, für sie unverständlich. Der Krieg näherte sich seinem Ende, bald würden auch die Russen an der Oder losschlagen, denn auch sie wollten nach Berlin. Warum diese selbstmörderischen Angriffe? Die Führung der englischen und amerikanischen Armeen schließlich setzte alles daran, mit einem gewaltigen technischen Einsatz das Leben ihrer Soldaten zu schonen. Die Kommandeure fühlten sich auch den Angehörigen gegenüber verantwortlich, wie es bei demokratisch geführten Streitkräften bis heute selbstverständlich ist. Welch gravierender Unterschied zur fanatischen Naziideologie kaum 18jähriger, die hier vor Zerbst noch ihr deutsches Vaterland verteidigen zu müssen glaubten. Zusätzlich angeheizt wurden sie durch die hohlen Phrasen einiger deutscher Befehlshaber, die von hohem „Pflichtbewußtsein" faselten. Was war hier noch Pflicht? Von Bewußtsein, dem Erfassen der realen Situation, konnte ohnehin nicht die Rede sein. Doch damit wurden die Jungen in einen sinnlosen Tod getrieben, und viele deutsche Mütter weinten um ihre Söhne. Die menschenverachtende Führung der Armee Wenck und der Division Scharnhorst spielte vorsätzlich ein verbrecherisches Spiel. Sie kannten die wahre Lage und hetzten trotzdem in stumpfem preußischen Gehorsam diese verblendeten Jungen in den Tod! Doch nicht nur die jungen Soldaten büßten für ihren

Führer. Auch die wehrlosen Frauen, Greise und Kinder in den umliegenden Orten sollten letztlich einen hohen Preis bezahlen. Trotz des erbitterten deutschen Widerstandes machten die beiden US-Bataillone 188 Kriegsgefangene.

Während der Nacht wurde auch das 3. Bataillon auf die östliche Flußseite verlegt. Man erwartete weitere deutsche Gegenangriffe. Das Übersetzen ging reibungslos vor sich. Unter Scheinwerferlicht arbeiteten die Pioniere des 295. Pionierbataillons fieberhaft an der Fertigstellung der Pontonbrücke. Wenige Meter neben der Fährstelle Barby – Ronney entstand sie in Rekordzeit. Selbst der Turmbeobachter auf dem Nikolaikirchturm in Zerbst meldete den starken Lichtschein, der in Richtung Elbe zu sehen war. Um 5 Uhr stand die Pontonbrücke. Die truppenteileigenen Fahrzeuge der Buckshooter fuhren sofort über den Strom.

Nördlich von Barby hatte die 2. US-Panzerdivision die Elbe bei Westerhülsen in der Nacht zum 12. April erreicht. Mit Fähren und Sturmbooten setzten sofort zwei Bataillone des US Infantry-Regiments 119 über. Somit war das Operationsziel der 9. US Army erfüllt: Es existierten zwei Brückenköpfe über die Elbe, der Vorstoß auf Berlin konnte beginnen, wenn genug Truppen und Material über den Fluß gebracht waren.

In den Morgenstunden des 13. April hatten die Amerikaner dort ein weiteres Infanteriebataillon über die Elbe gebracht. Es war verhängnisvoll, nicht sofort auch Panzer und Panzerabwehrgeschütze nachzuschieben.[32] Aber an beiden Flußufern war das Wasser so flach, daß keine Fähren eingesetzt werden konnten. Die damit beauftragten Pioniere verzweifelten fast und mußten sich zunächst behelfen, eine Fußgängerbrücke aus Floßsäcken über die Elbe zu schlagen. Der Armeechef der 12. deutschen Armee General Wenck hatte diesem Brückenkopf fürs erste nur ein paar Volkssturmmänner und ein paar Soldaten, die von der Verteidigung Magdeburgs abgezogen wurden, entgegenzusetzen. Aber die um Magdeburg herum stationierten 8,8 cm-Flakbatterien hatten während der Nacht schon die Übersetzstelle unter wirksames Feuer genommen. Dadurch wurden die Arbeiten an der Fußgängerbrücke stark behindert.

Bei Tagesanbruch nahm der Flakbeschuß von deutscher Seite zu. Es wurde für die Übergesetzten ein verlustreicher Tag. Verzweifelt forderten sie Luftunterstützung an, doch durch den schnellen Vormarsch waren sie aus der Reichweite der Jabos nach Osten vorgestoßen. Die amerikanische Artillerie versuchte, die 8,8-Batterien auszuschalten, die Pioniere legten einen dichten Nebelvorhang. Keine dieser Maßnahmen hatte sichtbaren Erfolg. Die Schlauchbootbrücke wurde fertiggestellt, aber sie reichte nicht aus, um Panzer oder Panzerabwehrgeschütze über die Elbe zu transportieren. Dann wurde sie um die Mittagsstunde von einigen Granaten getroffen und teilweise zerstört. General White, der Divisionskommandeur der 2. US-Panzerdivision, befahl den übergesetzten Bataillonen, sich flußaufwärts in Richtung der gesprengten Elbbrücke bei Schönebeck abzusetzen.

Sie drangen deshalb bis nach Grünewalde und Elbenau vor und waren außer Reichweite der deutschen Flak.

In Zerbst war indessen das 1. Bataillon des 2. Grenadierregiments der Division Scharnhorst am 12. April in Richtung Gommern in Marsch gesetzt worden. Das Bataillon bestand aus einem bunt zusammengewürfelten Haufen von Offiziersanwärtern, Marineangehörigen und sogar 60 Gebirgsjägern. Sie wurden von acht Sturmgeschützen aus Burg begleitet. Es erhielt den Befehl, die Amerikaner in der Morgendämmerung des 14. April anzugreifen. Die L-Kompanie der 41. US-Panzerjäger, die gerade dabei war, sich vor Elbenau einzugraben, wurde völlig überrascht und abgeschnitten. In der allgemeinen Verwirrung ergaben sich viele GI´s. Am späten Vormittag war die Lage in diesem kleinen Brückenkopf so verzweifelt geworden, daß einer der Bataillonskommandeure auf das Westufer zurückkehrte, um zu melden, das Bataillon sei verloren. Er hatte mit ansehen müssen, wie seine Kompanien überrannt wurden und sich viele seiner Männer den Deutschen ergeben hatten. Brig. General Hinds, der Kommandeur der Kampfgruppe B der 2. US-Panzerdivision, setzte zum Brückenkopf über, um sich selbst ein Urteil über die Lage zu bilden.

Gegen Mittag hatten die Pioniere mühsam eine Elbfähre konstruiert. Als sie den ersten Bulldozer für Planierungsarbeiten übersetzen wollten, traf eine deutsche Granate das Führungskabel und die Fähre trieb flußabwärts.[33] Nach diesem Fehlschlag gab General Hinds den Befehl zum Rückzug. Bis zum späten Nachmittag waren die meisten Männer wieder auf dem Westufer in Sicherheit – abgesehen von denen der L-Kompanie, die sich noch in den Kellern von Elbenau versteckt hielten. Diese Männer erfuhren vom Rückzug, als der Artilleriebeobachter Funkkontakt mit einem der Aufklärungsflugzeuge herstellte. Das Flugzeug forderte sofort Sperrfeuer der Artillerie an. Unter diesem Schutz gelang es 60 Männern zu entkommen. Zusätzlich tauchten jetzt auch endlich Jabos mit Zusatztanks auf, die mit verminderter Bombenlast und mit Bordwaffen die Deutschen Angreifer unter Feuer nahmen. Während der Nacht und am anderen Tag gelangten noch mehrere Überlebende zurück zum Westufer. Währenddessen eroberte Hauptmann Riegers Bataillon Grünewalde zurück und stieß bis zur Schlauchbootbrücke vor. Mit Hilfe von Panzerfäusten wurde sie zerstört. Über 300 Amerikaner wanderten in deutsche Gefangenschaft.

Die amerikanischen Propagandastellen verbreiteten, daß die kriegsgefangenen Amerikaner als Kugelfang vor den deutschen Sturmgeschützen hergehen mußten. Dies erwies sich später als Kriegspropaganda-Ente. Darüber hinaus erbeuteten die Deutschen große Mengen an Waffen und Munition, aber auch andere Ausrüstungsstücke wie Feldspaten, die ihnen völlig fehlten. Hauptmann Rieger bekam für diesen Erfolg als letzter Soldat der Westfront noch das Ritterkreuz.[34] Ausschlaggebend für den Verlust dieses Brückenkopfes war der Überraschungsangriff der Deutschen und die daraus entstehende Verwirrung gewesen, ehe die Amerikaner sich in ihren Stellungen einrichten konnten.

Ganz anders sah es im Brückenkopf gegenüber von Barby aus. Hier rollte am 14. April seit 5 Uhr der Nachschub über die Elbe. Um 8.25 Uhr flogen mehrere deutsche Flugzeuge im Tiefflug die gerade fertiggestellte Pontonbrücke an. Konzentrisches Flak-Feuer der A- und B-Batterien empfing sie. Eine JU 87 wurde abgeschossen und der Pilot dabei getötet. Der Bordschütze konnte mit dem Fallschirm abspringen und kam in Gefangenschaft. Schaden an der Brücke war nicht entstanden. Die deutsche Führung setzte die letzten kümmerlichen Reste ihrer Luftwaffe ein, um die Versorgungsstrecken des Brückenkopfes zu zerstören – koste es, was es wolle. 20 Minuten später geriet ein über die Brücke fahrender Panzer aus der Spur und beschädigte einige Teile. Rasch waren sie ausgewechselt, und nach einer knappen Stunde rollte der Nachschub wieder.

Dem 329. waren mehrere Einheiten als Verstärkung zugeführt worden: Panzer, Panzerjäger, Pioniere und sogar eine Kompanie Sanitätssoldaten. Zusätzliche Panzer- und Panzerjägereinheiten folgten. Die Kampfgruppe „Ritchie" der 2. US-Panzerdivision „Hell on wheels" überquerte die Brücke ebenfalls und schwenkte nach Norden über Flötz nach Gödnitz ein. Beide Orte waren inzwischen besetzt worden. Gleich danach folgte das Feldartilleriebataillon 322. Weiterhin wurden sieben (!) US-Artilleriebataillone der mittleren und schweren Artillerie mit über 100 Geschützen aus dem rückwärtigen Raum herangeführt. Ein Bataillon des 331. US Infantry-Regiments hatte bei Tochheim die Elbe überquert. Es stieß sofort nach Norden auf Walternienburg vor und besetzte, nach Osten ausholend, Badetz. Auch das 3. des 331. setzte danach sofort mit Sturmbooten über den Fluß und sicherte die rechte Flanke des Brückenkopfes. Ein paar Volkssturmmänner sollten Tochheim gegen diese gewaltige Übermacht noch verteidigen, doch machten sie sich rechtzeitig und klugerweise aus dem Staub. Die Elbfähre war von den Deutschen noch gesprengt worden. Das 295. US-Pionierbataillon und die 992. Brückenkompanie begannen zwischen Breitenhagen und Tochheim ebenfalls sofort mit dem Bau der zweiten Pontonbrücke über die Elbe. Pausenlos rollte jetzt der Nachschub. Die Brücke von Barby wurde inzwischen vom 453. US-Flak-Bataillon mit 18 Geschützen gesichert.

Am Morgen war der Oberbürgermeister von Zerbst über die noch intakte Telefonverbindung aus Walternienburg von einem deutschsprechenden Offizier des Regiments angerufen worden. Zerbst wurde zur sofortigen Übergabe aufgefordert. Sollte sich die Stadt nicht ergeben, kämen Luftstreitkräfte zum Einsatz. Es wären bereits Vorkehrungen für einen Luftangriff getroffen worden. Ratlos mußte der Oberbürgermeister den Amerikanern mitteilen, daß er keinerlei Befehlsgewalt in der Stadt hätte, er also die falsche Adresse wäre. Die Entscheidung darüber trügen ausschließlich die Militärs. Richtung Zerbst sollte gegen 16 Uhr ein amerikanischer Angriff aus dem Brückenkopf heraus beginnen, doch wegen des Rückschlags bei Grünewalde und Schönebeck wurde er auf den kommenden Tag verschoben. Weiterhin wollte man kein Risiko eingehen und die Flanken während dies Vormarsches nach Osten ausreichend sichern. Außerdem hielt sich noch hartnäckig das Gerücht, daß höhere Stellen bei SHAEF * an einem weiteren Vormarsch auf Berlin nicht interessiert wären. Das Hauptquartier der 83. US-Division Thunderbolt gab inzwischen seine Befehle aus dem eroberten Calbe an der Saale.

Durch deutsche Kriegsgefangene erfuhr der Regimentsstab, daß in Zerbst und Umgebung starke Kräfte massiert würden. Major Callaghan meldete, daß Einheiten von drei deutschen Divisionen vor dem Brückenkopf gemeldet worden waren: Teile der Division Scharnhorst, ein Bataillon der Division Potsdam und die Sturmgeschützbrigade 1170. Weiter nördlich bei Lübs und Prödel wurden SS-Verbände festgestellt. Das bedeutete nichts anderes, als daß Zerbst Mittelpunkt der deutschen Verteidigung geworden war, aber auch als Operationsziel der sich immer mehr verstärkenden Truppen der Amerikaner galt. Von deutscher Seite wurde der Stadt jetzt Festungscharakter zugemessen. Unteroffizierschüler und Fahnenjunker stellten das Gros der Verteidiger. Blutjunge Männer, die durch die Nazi-Erziehung in Schule und Hitlerjugend eingetrichtert bekommen hatten, daß es das Höchste wäre, sein Leben im Kampf für das Vaterland hinzugeben. Weiter wurde von der Führung verbreitet: „Wer sechs Ami-Panzer abschießt, bekommt das Ritterkreuz!"[35]

General Wenck in seinem Hauptquartier in der Pionierschule Roßlau verfolgte noch immer den Befehl, den Harzkessel freizukämpfen und den Brückenkopf bei Barby aufzurollen. Aber womit? Die Engstirnigkeit der deutschen Militärs war kaum mehr zu überbieten! Was konnte hier noch gerettet werden – wenn nicht das Leben Tausender unglücklicher Opfer. Captain Schommer, S 3 des 3. Buckshot-Bataillons, erinnerte an die mannhafte und ehrenvolle Tat des deutschen Generals Elster, der an der Loire seine 20 000 Soldaten in amerikanische Gefangenschaft führte, als die Lage aussichtslos geworden war. Dessen mutiges und entschlossenes Handeln gegen den Führerbefehl hatte ein halbes Jahr zuvor viele Menschenleben gerettet![36] Doch welch ein Gegensatz hier. In Zerbst ging es darüber hinaus auch um das Leben unschuldiger Frauen, Kinder und Greise. Ein schwacher und feiger Stadtkommandant wie Oberst Koenzgen war sicherlich nicht in der Lage, die Kapitulation der Stadt anzubieten, solange die Front von den kümmerlichen Resten der Division Scharnhorst, Potsdam und Körner verteidigt wurde. Deshalb verschanzte er sich später hinter der typischen deutschen Untertanenausrede des Befehlsnotstands.

Für die Planung der 9. US Army war es klar: Der Brückenkopf sollte die Ausgangsposition für den Gateway to Berlin werden. Jeder Widerstand auf dem Weg mußte ausgeschaltet werden. Es galt, diese Nazihochburg noch vor den Russen zu erreichen. Die GI´s waren hochmotiviert und verkündeten stolz: „We're going to Berlin." Eine siegreiche amerikanische Armee, das nahe Ende des Krieges vor Augen, war bereit, den letzten

---

* SHAEF = Supreme Headquarters Allied Expeditionary Force (Oberstes alliiertes Hauptquartier).

Schlag zu führen. Ihr oberstes Prinzip blieb dabei, kein Leben ihrer Soldaten unnötig aufs Spiel zu setzen. Natürlich ging das nur mit voller Unterstützung der US Air Force. Allerdings gab es hierbei jetzt Schwierigkeiten. Die Einsatz- und Feldflughäfen lagen alle westlich des Rheins, zum Teil sogar noch in Südostengland. Die von den Alliierten eroberten Flugplätze Münster, Paderborn, Gütersloh und Braunschweig waren von der abziehenden deutschen Wehrmacht gründlich zerstört worden. Sie konnten nicht genutzt werden. Die vom XXIX. Tactical Air Command der 9. US Air Force geforderte Luftunterstützung konnte deshalb nur bedingt wirksam werden.

Am 13., 14. und 15. April wurden die Bomberstaffeln gebraucht, um dringend benötigten Treibstoff für die kämpfenden Verbände heranzufliegen. Die eingesetzten Jabos mußten auf Kosten der mitgeführten Bombenlast mit Zusatztanks ausgerüstet werden. Das verminderte ihre Schlagkraft erheblich. Aber die im Brückenkopf versammelten US-Einheiten benötigten mehr denn je die Unterstützung aus der Luft. Das Desaster weiter nördlich bei Schönebeck war ja darauf zurückzuführen, daß die Jabos verspätet angegriffen hatten.

An diesem 14. April tauchten sie, von den GI´s sehnlichst erwartet, am späten Nachmittag auf. Eine Staffel flog gegen 17.25 Uhr bewaffnete Aufklärung über dem Brückenkopf. Dabei wurden einige deutsche Verbände mit Bordwaffen beschossen. Eine zweite Staffel bombardierte zehn Minuten später ausgemachte deutsche Panzerziele im Raum Gommern. Eine dritte Staffel flog bewaffnete Aufklärung ostwärts von Zerbst, d.h. sie griffen mit Bordwaffen Ziele auf dem Boden an – alles, was sich dort bewegte, war gefährdet. Bei Stegelitz nördlich von Möckern wurden Fahrzeuge und Geschütze beschossen und bombardiert. Eine vierte Staffel meldete ca. 20 Stabsfahrzeuge und Geschütze nördlich von Zerbst, einige davon wurden getroffen und zerstört. Eine fünfte Staffel wurde auf Zerbst angesetzt. Ziel sollte der nordöstliche Teil der Stadt sein, also das Kasernengelände. Um 18.40 Uhr flog sie Zerbst an. Zum ersten Mal in diesem schrecklichen Krieg fielen jetzt Bomben auf die Stadt. Um 19.05 Uhr, also 25 Minuten später, war der Angriff beendet.

Die Kasernen wurden nicht getroffen. Eine Bombe zerstörte das Haus Schleibank 22. Die benachbarte Trinitatiskirche wurde beschädigt, in der Nachbarschaft splitterten die Fenster und fast alle Ziegel polterten von den Dächern. Eine andere Bombe traf das Neue Haus am Markt. Das Obergeschoß wurde völlig vernichtet, aber auch im Erdgeschoß gab es Zerstörungen. Der Keller, in dem die Polizei und die Stadtspitze ihre Zentrale hatten, blieb unbeschädigt. Das Sandkuhlsche Haus auf dem Hohe Holzmarkt 9–11 erhielt einen Volltreffer. Eine alte Frau wurde unter den Trümmern des zusammenbrechenden Vorderhauses begraben. Daneben legte eine weitere Bombe das Hinterhaus durch den Luftdruck in Schutt und Asche. Sie war davor im Garten explodiert. Auf dem Breitestein beschädigte eine Bombe drei Häuser erheblich. In der Jüdenstraße 11 wurde das Wohnhaus getroffen, im dahinterliegenden Stall starben zwei Pferde. Ein Blindgänger steckte mitten in der Straße. Eine andere Bombe riß Haus 11 in der Langen Straße das gesamte obere Stockwerk ab. Gott sei Dank wurde hier niemand verletzt. Mitten im Stadtzentrum auf der Alten Brücke bekam das Haus 49 einen Volltreffer und brannte sofort. Unter den brennenden Trümmern rief das Ehepaar Hille um Hilfe, aber niemand konnte die beiden alten Leute retten. Die Häuser 47 und 51 brannten ebenfalls und waren trotz Löschversuchen nicht mehr zu retten. Auch die Feuerwehr, die nach dem Angriff zur Stelle war, konnte nichts mehr ausrichten. Sogar in der Vorstadt Ankuhn fielen Bomben. Die Leute dort waren noch bei der Arbeit. Im Haus Kreuzstraße 2 starben zwei Menschen nach einem Volltreffer. Ihre völlig verkohlten Leichen wurden in aller Eile im Garten begraben. [37]

Eine Staffel von 12 US-Jabos hatte den ersten Angriff des Krieges auf Zerbst geflogen. Die Bilanz: Neun tote Zivilisten, neun schwer Verletzte, sechs Wohnhäuser waren vernichtet worden, 12 weitere hatten schwere Beschädigungen erlitten. Militärische Ziele waren nicht getroffen worden. Als dann gegen Abend Artilleriefeuer von der Elbe her einsetzte, und amerikanische Granaten in die Stadt rauschten, verließen die ersten Bürger Zerbst. Ihre Habe hatten sie auf einen Handwagen gepackt. Sie machten sich schnellstens auf den Weg in die östlich gelegenen Dörfer. Am Abend schossen die US-Batterien Störfeuer. Es zeigte erhebliche Wirkung. In Ankuhn, in der Stadtmitte und am Stadtrand schlugen Geschosse ein. Am Alten Teich war an diesem Tag ein weiteres Todesopfer durch eine explodierende Granate zu beklagen. Auch die Bahnhofsgegend lag unter Beschuß. Die Artilleriebeobachter saßen in den kleinen einmotorigen Flugzeugen, die vor der Frontlinie kreisten und lenkten von dort das Feuer ihrer Batterien.

Mittags waren alle Telefonverbindungen in die Stadt unterbrochen worden. So bestand keine Möglichkeit mehr, die Verantwortlichen in Zerbst nochmals wenigstens telefonisch zur Übergabe auffordern zu können. Die Amerikaner indes ließen nichts unversucht und schickten den Viehhändler Petzold aus Walternienburg als Parlamentär in den akut gefährdeten Ort, um vom Kampfkommandanten Oberst Koenzgen die Übergabe zu verlangen. Petzold gelangte unbeschadet nach Zerbst hinein, wurde dort aber längere Zeit festgehalten. Die Bevölkerung erfuhr davon nichts. Das Ersuchen der Amerikaner wurde brüsk abgelehnt.

Über die militärische Lage waren die Menschen genauso wenig unterrichtet. Nur die überall angeschlagenen Duchhalteparolen vom „Schicksalskampf des deutschen Volkes" waren der einzige Hinweis, daß es jetzt ernst wurde. Viele Bürger hatten böse Ahnungen, als sie im Westen der Stadt Sturmgeschütze und Panzer erblickten, die in Richtung Elbe auf den Marsch geschickt wurden. Hier war mehr im Gange als nur die Verteidigung einer Stadt! Die Zerbster Bürger hatten eine unruhige Nacht. Das mitteldeutsche Rothenburg war zur Frontlinie geworden.

Zerbst ist Festung

In der Nacht zum 15. April wurde von der Division der Angriffsbefehl für das 329. übermittelt: Alle im US-Brückenkopf versammelten Verbände würden am Morgen in Richtung Zerbst angreifen. Gleichzeitig sollte gegen 13 Uhr ein Luftangriff auf Zerbst geflogen werden. Ein kühler Tag brach an: Sonntag, 15. April. Der Himmel war bedeckt, die Sicht mäßig. Um 6.15 Uhr bat der Bataillonskommandeur des 3., Lt. Colonel Speedie, die Kompaniechefs in seinen Gefechtsstand. Es wurden Anweisungen für den bevorstehenden Angriff auf Zerbst gegeben. Gleichzeitig wurde der Viehhändler Petzold nochmals nach Zerbst geschickt. Es war der letzte Versuch, unnötiges Blutvergießen zu verhindern. Die Amerikaner hatten Petzolds Motorrad mit Benzin versorgt, und er machte sich sofort auf den gefahrvollen Weg durch die Fronten in die Stadt. Für die knapp neun Kilometer brauchte er fast zweieinhalb Stunden. Immer wieder mußte er, obwohl eine weiße Fahne an seinem Motorrad flatterte, im Straßengraben Deckung suchen. Aber er gelangte trotz des Beschusses heil nach Zerbst. Die amerikanische Artillerie hatte inzwischen eine Feuerpause eingelegt.

Im Neuen Haus besprachen sich seit Tagesanbruch der Oberbürgermeister und die beiden Kommandeure des Volkssturms. Petzold traf dort auch den Kampfkommandanten von Zerbst, Oberst Koenzgen, und überbrachte ihm die Forderung der Amerikaner. Koenzgen lehnte brüsk ab. Er beschied den Parlamentär, daß er als deutscher Offizier Befehl hätte, die Stadt bis zum letzten zu verteidigen. Sicherlich waren die im Keller des immer noch brennenden Neuen Hauses Versammelten nicht die richtige Adresse, denn sie waren nur die zivilen Vertreter der Stadt. Sie konnten nicht entscheiden, das Sagen hatten die Kommandeure der Division Scharnhorst und Potsdam – und der SS-Brigade Westfalen! Aber auch die waren fest in die Befehlsstruktur der Armee Wenck eingebunden und bekamen von dort ihre Order. Im Stabe Wenck hatte man natürlich erkannt, daß ein Angriff aus dem Brückenkopf heraus nicht Zerbst, sondern der Reichshauptstadt Berlin gelten würde. Zerbst war nur ein strategischer Punkt auf dem Weg dorthin. Koenzgen hatte den Befehl bekommen, Zerbst ist bis zum letzten zu halten und zu verteidigen. Zivilcourage oder gar persönliche Verantwortung konnte man von einem auf preußischen Kadavergehorsam gedrillten Militär, wie er einer war, nicht erwarten.

Auch die Behandlung Petzolds durch Koenzgen und die um ihn versammelten Offiziere zeigt die ganze Barbarei dieses Systems auf. Ständig wurde der Parlamentär bedroht, man würde ihn als Verräter erschießen lassen. Die Amerikaner hatten Petzold mitgeteilt, daß heute eine Fliegerangriff auf die Stadt geflogen würde, wenn man sie nicht übergäbe. Man hatte ihn sogar angewiesen, den Zeitpunkt 13 Uhr zu nennen. Das Ultimatum lief ab. Als Petzold den Keller des im Obergeschoß immer noch brennenden Neuen Hauses verließ, traf er auf dem Markt einen bekannten Zerbster. Dieser fragte ihn, ob er etwas erreicht hätte. Petzold zuckte nur resignierend mit den Schultern – und schwieg.[38] Es bedeutete soviel wie: Alles war vergeblich, das Unheil wird über Euch kommen! Es war fünf nach zwölf! Die Verantwortlichen wußten, daß die Lage hoffnungslos war. An der Oder standen die russischen Armeen zum Sturm auf Berlin bereit. Die Amerikaner hatten bereits große Teile Thüringens besetzt, die Engländer unter Montgomery schickten sich an, im Norden Deutschlands die Elbe zu überqueren. Doch die fanatischen Verteidiger von Zerbst gehorchten ihren Befehlen!

Viele Zerbster ahnten, was ihnen bevorstand. Eine Schar mutiger Frauen hatte sich, mit Äxten und Sägen bewaffnet, aufgemacht, die Panzersperren zu beseitigen. Sie begannen am Frauentor. Die dort zur Bewachung abgestellten Volkssturmmänner halfen den Frauen sogar – gegen ihren Befehl! Schnell waren die Baumstämme beiseite geschafft. Einige Bewohner der Breite hatten schon weiße Fahnen aus dem Fenster gehängt. Die Frauen zogen weiter zum Akenschen Tor. Hier standen ein Offizier und ein Soldat mit Maschinenpistolen im Anschlag. Die inzwischen immer mehr angewachsene Frauenschar stoppte. Der Offizier schrie: „Seid ihr verrückt? Eure Männer kämpfen an der Front, und Ihr wollt ihnen in den Rücken fallen?" [39] Da tauchte der HJ-Bannführer mit einer Schar Hitlerjungen auf. Er versuchte, einige der mutigen Frauen zu verhaften. Aber diese leisteten heftigen Gegenwehr, und er mußte von ihnen ablassen. Und plötzlich wurde in der Stadt bekannt gemacht, daß diejenigen, die eine weiße Flagge aus dem Fenster hängten, sofort erschossen würden. Weiterhin sollten alle Häuser mit weißer Flagge sofort angezündet werden. Der Kampfkommandant hätte auch noch geschrien, bei Wiederholung ließe er eine Panzersperre aus Frauenleichen errichten. So erzählte man sich bestürzt in der Stadt.

Die amerikanischen Stäbe konnten die Rückkehr des Parlamentärs aus Zerbst nicht abwarten. Planmäßig begann der Angriff aus dem Brückenkopf heraus um 9.30 Uhr. Das erste Bataillon des 329. ging auf das Gut Nutha vor. Ein Wäldchen davor brannte, denn die Artillerie hatte auch mit Phosphorgranaten geschossen. Kurz vor Nutha gruben sich die GI´s ein, während weiterhin vermutete deutsche Stellungen unter schwerem amerikanischem Feuer lagen. Das 3. Bataillon ging über freies Feld auf Güterglück vor. Es wurde von starkem Granatwerferfeuer empfangen. Dann tauchten deutsche Sturmgeschütze auf. Sie verstärkten die sich erbittert verteidigenden jungen Soldaten der Division Scharnhorst. Um 11 Uhr stand die Vorhut des 3. in Güterglück. Sie erhielten starkes Artilleriefeuer aus Richtung Töppel. Sofort wurde Luftaufklärung angefordert, um die deutschen Stellungen ausfindig zu machen. Gegen 11.15 Uhr meldete die Kampfgruppe Ritchie der 2. US-Panzerdivision, die nördlich von Güterglück mit ihren Panzern angegriffen hatte, daß östlich des Ortes eine deutsche Artilleriestellung läge. Dringend wurden Jagdbomber angefordert, und die ließen nicht lange auf sich warten. Um Güterglück entwickelten sich erbitterte Kämpfe. Jedes Haus mußte einzeln erobert werden. Erinnerungen an die Kämpfe um die Hecken in der Normandie tauchten wieder auf. Jetzt, wo doch eigentlich der Krieg schon vorüber zu sein schien, wurden sie mit gleicher Heftigkeit bekämpft und in die Defensive gezwungen wie damals. Der Bataillonskommandeur Lt. Colonel Speedie wurde schwer verwundet. Sein bisheriger Stellvertreter Major White übernahm das Kommando über das Bataillon. Schnell sprach es sich bei den Männern herum. Nun, Speedie war bei seinen GI´s nie sonderlich beliebt, aber jetzt schienen sie doch merklich bedrückt zu sein. Auch Captain Land, Chef der Schweren-Maschinengewehr-Kompanie wurde verwundet. Das Haus der Familie Tell in Walternienburg war inzwischen zum Hauptverbandsplatz für verwundete amerikanische Soldaten eingerichtet worden.

Die Kampfgruppe Ritchie hatte mit ihren Shermans nordöstlich von Walternienburg angegriffen. Am Flötz-Gödnitzer See vorbei erreichte sie Gödnitz, besetzte es und weiter ging es auf Gehrden zu, das kurze Zeit später ebenfalls genommen wurde. Von Norden her einschwenkend, unterstützte sie das hart um Güterglück kämpfende 3. Bataillon. Dessen Spitze war inzwischen über den Ort vorgedrungen und hatte sich am Landwehr-Graben vor Töppel eingegraben. Die K-Kompanie des 3. räumte unterdessen Haus um Haus in Güterglück, während die L-Kompanie das Waldgebiet im Südwesten des Ortes durchkämmte. Der deutsche Widerstand hatte sich versteift. Zerbst würde mit Sicherheit an diesem Tage nicht mehr erreicht werden können. Da sich auch die Wetterbedingungen verschlechtert hatten, wurde auch der angeforderte und beabsichtigte Luftangriff durch die 9. US Tactical Air Force um einen Tag verschoben.

Der Parlamentärbericht von Petzold hatte immerhin die Zerbster Polizei veranlassen können, die Bevölkerung schriftlich und mündlich zu warnen, daß ein erneuter Luftangriff bevorstünde. Alle Einwohner, soweit sie nicht zum Volkssturm gehörten, sollten die Stadt umgehend verlassen. Aber nicht alle Bürger hörten das. Viele saßen in den Kellern und hatten sich dort eingerichtet. Ein Flüchtlingsstrom ergoß sich ab Mittag in die östlichen Dörfer. Doch hier war alles schon besetzt. So zogen viele in den Fläming weiter. Jetzt erlebten auch die Zerbster, was sie bisher nur aus Erzählungen von Flüchtlingen kannten. Viele Bürger blieben in der Stadt, die jetzt wieder sporadisch von der amerikanischen Artillerie beschossen wurde. Vereinzelt detonierten auch Phosphorgranaten.

Das 1. Bataillon hatte sich inzwischen durch das kleine Wäldchen östlich von Walternienburg vorgekämpft. Gegen 16.30 Uhr erreichte es das Gut und um 19 Uhr den Ort Nutha. Am Dorfrand gruben sich die Männer sofort ein. Südlich von ihnen hatte das 331. Regiment der 83. Thunderbolt-Division von Tochheim aus zeitgleich um 9.30 Uhr angegriffen. Sein 1. Bataillon kämpfte sich durch das Waldgebiet des Forstes Steckby auf den gleichnamigen Ort vor. Das 2. Bataillon dieses Regiments erreichte über Badetz Hohenlepte. Dort mußte hartnäckiger deutscher Widerstand gebrochen werden. Wie der aussah, schilderte später ein Augenzeuge [40]:

Als 17jähriger Offiziersbewerber war er in den ersten Apriltagen in die Heeres-Nachrichtenschule Zerbst versetzt worden. Hier hatten zunächst die neu aufgestellten Einheiten auf dem Kasernenhof nichts Wichtigeres zu tun – als Paradeschritt zu üben! Es war immerhin der 11. April. Dann rüstete man sie in aller Eile mit Panzerfäusten, Sturmgewehren und Karabinern aus. Mit einer wild zusammengestellten Truppe marschierten die jungen Soldaten nach Kämeritz. Ein amerikanischer Spähtrupp machte sie aus, und von einem der ständig über der Frontlinie kreisenden amerikanischen Artillerie-Beobachtungs-Flugzeug wurde Artilleriefeuer auf sie gelenkt. Es gab jede Menge Zunder. Durch Melder kam der Befehl, an der Straße nach Güterglück neue Stellungen zu beziehen. Schwitzend gruben die Landser ihre Schützenlöcher. Erneut setzte heftiger amerikanischer Artilleriebeschuß ein. Auch Jagdbomber kreisten ständig über ihnen und schossen mit Bordwaffen auf alles, was sich bewegte. Entsetzliche Angst machte sich bei den gerade 17jährigen breit. Sie mußten zurück nach Niederlepte. Dann der Befehl: Vortasten auf die noch immer brennende Kirche von Kämeritz! Sie liefen direkt in das mörderische Feuer des am Morgen gestarteten amerikanischen Angriffs. Es blieb nichts weiter übrig, als sich nach Hohenlepte zurückzuziehen, um wenigsten diesen Ort zu halten. Die Kompanie war auf die Hälfte zusammengeschmolzen. Die Amerikaner drängten. Die Panzersperre in Höhe des Ortsschildes mußten sie aufgeben. Panzer näherten sich jetzt, aus allen Rohren feuernd, den ersten Häusern. Auch Phosphorgranaten schlugen im Dorf ein. Überall brannte es. Diese Jungen in Wehrmachtsuniformen konnten den Panzern nur Gewehrfeuer entgegensetzen. Ein Freund brach über einer Wagendeichsel tot zusammen: Kopfschuß! Auch ein anderer Freund, ein gerade 17jähriger, war tot! Angeschossenes Vieh lief brüllend die Dorfstraße entlang. Es war ein Inferno. Sie rannten aus einer brennenden Scheune in einen Hausflur gegenüber der Kirche. Die Bewohner verbargen sich im Keller. Sie machten den Jungen heftige Vorwürfe, Schuld an der Zerstörung ihrer Häuser zu sein. Man riet ihnen, die Waffen in einen Brunnen zu werfen und sich zu ergeben. Mit erhobenen Armen traten sie auf die Straße. Die Amis mit Waffen im Anschlag tasteten sie sofort ab. Bei dieser Gelegenheit wurden sie auch ihre Armbanduhren los. Die Hände nach oben, mußten sie sich auf einen Misthaufen an der Stallwand stellen. Nie werden sie diesen Sonntag, 15. April 1945, vergessen. Endlich gegen 19 Uhr erfuhren sie von einem amerikanischen Offizier in gutem Deutsch, daß ihnen nichts mehr geschehen würde, obwohl sie zuvor auf amerikanische Soldaten mit Panzerfäusten geschossen hätten. Nacheinander führte man sie in den Keller. GI´s, die polnisch sprachen, schlugen mit Gewehrkolben auf sie ein, auch polnische Landarbeiter und verschleppte Russen beteiligten sich an der Prügelorgie. Dann mußten sie sich wieder auf den Dungberg stellen und durften die Hände nicht herunternehmen. Einigen von ihnen machten in die Hosen, weil sie keine Gelegenheit bekamen auszutreten. Um 1 Uhr fuhr ein US-Truck auf den Hof und nahm sie auf. Nur 13 von 123 Mann waren übrig geblieben. Sie wurden in einen Schafstall nach Barby gebracht und am Morgen begann die Fahrt in die Gefangenschaft. So viele Leiden auch dort auf sie warteten – sie hatten den Wahnsinn überlebt.

253 deutsche Kriegsgefangene wurden an diesem Tag um den Brückenkopf herum gemacht. Kaum einer von ihnen war schon 18 Jahre alt! Dem 3. Buckshot-Bataillon war

es gelungen, bei Güterglück einen deutschen Bataillonskommandeur gefangenzunehmen. Er wurde sofort zur Befragung nach Calbe zum Divisionsgefechtsstand überführt. Diese Jungen in deutscher Wehrmachtsuniform hatten fanatisch bis zum letzten gekämpft, und die vordringenden US-Einheiten hatten trotz ihrer riesigen Materialüberlegenheit empfindliche Verluste hinnehmen müssen.

Einige Jabos mit Zusatztanks hatten den Zerbster Flughafen am 15. April nochmals mit Bordwaffen und Bomben angegriffen. Viel Schaden entstand nicht, denn das Jagdgeschwader 54 mit seinen Turbinenjägern Me 262 war wegen hoher Verluste und vieler durch Bombensplitter beschädigter Maschinen nach Prag verlegt worden. Die Rollbahn war ohnehin für die viel Landeraum benötigenden Me 262 nicht mehr zu gebrauchen. Während der Nacht flogen wiederum einige deutsche Flugzeuge einen Angriff auf die Pontonbrücke bei Barby. Aber alle abgeworfenen Bomben fielen in die Elbe. Schaden entstand nicht. Die noch in Zerbst verbliebenen Bürger wurden kurz nach Mitternacht durch Kettenrasseln aufgeschreckt. Ungefähr 15 deutsche Panzer und Sturmgeschütze rollten durch die Stadt in Richtung Front. Die Panzersperren wurden extra dafür nochmals geöffnet und sofort wieder geschlossen. Das alles deutete auf einen deutschen Angriff hin! Auch vereinzelte Trupps von Infanteristen marschierten in Richtung Westen.

Montag, der 16. April war ein warmer Tag mit klaren Sichtverhältnissen. Kurz vor Sonnenaufgang setzte wütendes deutsches Artilleriefeuer auf die amerikanischen Stellungen vor Nutha, Hohenlepte und Güterglück ein. Dann rollten 10 Sturmgeschütze auf die eingegrabenen Amerikaner zu. Dicht dahinter folgte Infanterie. Die jungen deutschen Soldaten rannten todesmutig, fast selbstmörderisch gegen das Abwehrfeuer der GI´s an. Sofort schoß die massierte US-Artillerie Sperrfeuer. Inzwischen waren es bei den Amerikanern drei Batterien mit 10,5 cm-Haubitzen, drei Batterien mit 15,5 cm-Geschützen und neun Batterien Feldartillerie. Dazu kamen noch die Kanonen der Sherman-Panzer, ein Bataillon mit Raketenwerfern, zahlreiche Granatwerfer und TD´s. Auch die schweren Fla-Geschütze, die zur Brückensicherung Stellung bezogen hatten, beteiligten sich am Abwehrfeuer. Die 9. US Army hatte eine gewaltige Feuerkraft im Brückenkopf versammeln können – und immer mehr Verstärkungen rückten heran. US-Artilleriebeobachtungsflugzeuge, von den deutschen Landsern spöttisch „Lahme Enten" genannt, kreisten über der Front und meldeten jede Bewegung. Darüber hinaus waren ständig Jabos zur Stelle, warfen Bomben und unterstützten mit Bordwaffen die US-Bodentruppen.

Auf der anderen Seite schien die Division Scharnhorst alles aufgeboten zu haben, was sie noch hatte – Sturmgeschütze, Panzer und Infanterie. Sie trafen auf das 1. Bataillon des 329. Regiments. Es verteidigte seine Stellungen vor Nutha verbissen. Drei deutsche Sturmgeschütze, in kurzer Zeit abgeschossen, standen als brennende Fackeln vor den amerikanischen Linien. Zwei Kompanien der dahinter vorstürmenden Infanterie wurden fast völlig aufgerieben. Auch Güterglück wurde berannt. Hier gab es einen Anfangserfolg der deutschen Angreifer. Sie hatten eine unbestimmte Anzahl von Sturmgeschützen und Panzern aufgeboten, dahinter stürmte mindestens ein Bataillon Infanterie der Divisionen Scharnhorst oder Potsdam. Die Deutschen schafften es zum Teil in verbissenen und blutigen Nahkämpfen, in den Nordteil von Güterglück einzudringen. Die Shermans der Kampfgruppe Ritchie mußten schleunigst aus Gehrden abziehen und nach Güterglück rollen. Gemeinsam mit dem 3. Bataillon des 329., das die gerade vorher eroberten Häuser verteidigte, wurde der deutsche Angriff zum Stehen gebracht. Konzentriertes Artilleriefeuer und eine kurzer Gegenstoß mit den aus Gehrden herbeigeeilten Panzern beseitigte dann schnell den deutschen Einbruch. Die Reste der Angreifer verließen Güterglück in Richtung Zerbst. Dabei blieben viele tote deutsche Soldaten auf den Feldern zurück. Bei den GI´s tauchten erneut Erinnerungen auf an die Heckenkämpfe in der Normandie, die Schlachten im Hürtgenwald und vor Düren. Nochmals hatte sie die Furie des Krieges gepackt.

Hohenlepte erlebte ebenfalls einen heißen Morgen. Das 331. US Infantry-Regiment mußt sich in seinen Stellungen am Ortsrand mit allen Kräften verteidigen. Alle deutschen Angriffe wurden auch hier abgewehrt. Gegen 7 Uhr waren die ungestüm voranstürmenden Angreifer blutig zurückgeschlagen. Das Regiment konnte sogar seine Stellungen verbessern und rückte dabei geringfügig vor. Während des Angriffs wurden fünf deutsche Sturmgeschütze vernichtet, und auch hier in Hohenlepte bezahlten viele junge und hoffnungsfrohe deutsche Soldaten mit ihrem Leben. Immerhin konnten sich 124 dieser Jungen ergeben und wanderten in amerikanische Gefangenschaft. Dort warteten zunächst bittere Hungertage auf sie, denn mit den ständig wachsenden Gefangenenzahlen war die US Army völlig überfordert. Sie hatte um den eigenen Nachschub zu kämpfen.

Um 9.10 Uhr wurde dem Buckshot-Regimentsstab gemeldet, daß drei deutsche Panzer und ein Sturmgeschütz vor Güterglück abgeschossen worden waren. Ein weiterer Tiger-Panzer konnte in Richtung Moritz entkommen, obwohl er acht Treffer erhalten hatte. An diesem Morgen erlitten die deutschen Verbände vor Zerbst schwere Verluste: Insgesamt wurden elf Sturmgeschütze und drei Panzer vernichtet, weitere mußten sich beschädigt zurückziehen. Zwei Bataillone der Division Scharnhorst waren fast völlig aufgerieben worden. Der amerikanische Brückenkopf konnte nicht nur verteidigt, sondern noch erweitert werden. Das bemerkte auch ein Zerbster Feuerwehrwagen, der am Gesundbrunnen über den Bahnübergang fuhr und von einem amerikanischen Aufklärungspanzer von der Amtsmühle aus beschossen wurde. So weit waren die Amis also schon vorgerückt!

Das deutsche Grenadierregiment 1 der Division Scharnhorst hatte sich von Aken aus auf das Ostufer der Elbe bei Steutz abgesetzt. Hierbei stieß es auf die vorgehenden Verbände des 331. US Infantry-Regiments im Raum Steckby. Der Regimentskommandeur Major Mahlow wollte sich selbst von der Frontlage überzeugen, denn ihm war gemeldet worden, daß die Amerikaner die Front durchbrochen hätten. Er fuhr mit einem zu Adjudantendiensten abkommandierten Oberfähnrich zur See in einem Opel-Olympia zur Durchbruchstelle. Typisch für diese zusammengewürfelten Verbände war, daß auch Marinesoldaten hier eingesetzt wurden, die für den Infanteriekampf alles andere als geeignet waren. In der Nähe der Durchbruchsstelle gerieten sie unter schweres amerikanisches Feuer. Vor einem Waldstück, aus dem ein Sherman-Panzer feuerte, sprangen beide aus dem Wagen und suchten im Wald Deckung. Mahlow wurde tödlich getroffen. Major Busch übernahm sofort den Befehl. Bis zum Abrücken nach Osten hielt dieses Regiment die deutschen Stellungen südlich des Brückenkopfes. Allerdings sicherten die Amerikaner diesen Abschnitt nur ab.

Trotz anhaltender Kämpfe ließ es sich der Befehlshaber der 9. US Army General William H. Simpson nicht nehmen, in Begleitung des Divisionskommandeurs der 83. US Infantry-Division Generalmajor Robert C. Macon und des Corps-Befehlshabers Generalleutnant Raymond Mc Lain an der Pontonbrücke zu erscheinen. Gemeinsam tauften sie die Brücke auf den Namen des neuen amerikanischen Präsidenten Harry S. Truman. So prangte dann stolz auf einer Tafel, die sie enthüllten: „Truman-Bridge – Gateway to Berlin over the Elbe!" Darunter hieß es weiter: „Courtesy 83d Thunderbolt Division constructed by 295 Engr. Bn., 992 Bridge Co". Nach wie vor lag das nächste strategische Operationsziel der Amerikaner für alle Verbände der 9. US Army im Raum Potsdam. Der Vorstoß aus dem Brückenkopf führte über Zerbst! Die Stadt war also ein strategisches Nahziel und mußte erobert werden. Dann war der Weg durch den Fläming nach Potsdam frei. Aber Zerbst wurde erbittert verteidigt. Der Stadtkommandant war dabei nur ein Rädchen in diesem grausamen Spiel. War der Viehhändler Petzold aus Walternienburg nicht auch noch nach Roßlau zum Armeeoberkommando Wenck in die Pionierschule gefahren und hatte dort die Aufforderung der Amerikaner vorgetragen? Dies bleibt im Dunkeln, weil sich dieser aufrechte Mann nach dem Scheitern seiner Mission einige Tag später erschoß. Leider gibt es bis heute noch keine Petzold-Gedenktafel!

Die Amerikaner hatten dringend Luftunterstützung angefordert, Zerbst galt als „Communication Center", als Dreh- und Angelpunkt für den weiteren Angriff auf Berlin. Die GI´s waren hochmotiviert, und die Parole „We're going to Berlin" machte in allen Einheiten der Thunderbolt-Division und besonders bei den „dough boys" des Buckshot-Regiments verstärkt die Runde.

Aber damit nicht genug. Ein weiteres Ereignis von geschichtlicher Tragweite ließ die Welt an diesem 16. April 1945 aufhorchen und überraschte auch die amerikanischen Einheiten. Um 5 Uhr morgens Moskauer, d.h. 3 Uhr deutscher Zeit traten die sowjetischen Armeen an der Oder und Neiße zum Großangriff auf Berlin an. 18 Armeen mit 2,5 Millionen Soldaten, 42 000 Geschützen und Granatwerfern, unterstützt von fast 8 000 Flugzeugen waren auf engstem Raum zusammengezogen worden. Es waren die Ukrainische

Front unter Marschall Konjew zwischen Forst und Guben und die 1. Weißrussische (Bjelorussische) Front zwischen Küstrin und Frankfurt/Oder unter Marschall Shukow. An den Schwerpunkten standen je Frontkilometer 270 Geschütze und Granatwerfer vom Kaliber 7,6 cm an bis zu den größten Kalibern. Eine nie zuvor gesehene Welle aus Tod und Vernichtung ging über die deutschen Linien nieder – 98 000 Tonnen Granaten pflügten die Erde um.[41] Nach knapp 30 Minuten Trommelfeuer eröffneten die russischen Infanterie- und Panzerarmeen den Angriff. Shukow hatte 143 Flak-Scheinwerfer aufstellen lassen, die mit mehr als 100 Milliarden Kerzen Leuchtkraft das Schlachtfeld erhellten. Sie flammten während des Angriffsbeginns auf. Aber die Lichtstrahlen durchdrangen die dichte Wolke aus Staub und Pulverrauch nicht weiter als 150 m. Die deutschen Befehlshaber hatten vorsorglich die ersten Linien geräumt – um Menschenleben zu schonen. Shukow konnte an diesem Tag trotz aller Überlegenheit den Durchbruch nicht erzwingen. Die gestaffelten deutschen Einheiten hatten den Feuerschlag überstanden und wehrten sich verbissen gegen die herandrängenden Russen. Es blieb allerdings nur eine Frage der Zeit, wann auch hier unter der gewaltigen Überlegenheit die deutsche Front durchbrochen werden konnte und der sowjetische Sturm auf Berlin begann. Damit war die Endzeit Hitlerdeutschlands angebrochen.

Und während dieser schicksalsträchtigen Stunden bereiten sich auf den Flugplätzen in Belgien und Südengland die Bomberbesatzungen auf ihren routinemäßigen Einsatz auf Zerbst vor. Damit war die Katastrophe für das mittelalterliche Juwel Zerbst nicht mehr abzuwenden.

Codewort „Young girl" – Target is town of Zerbst

Bei den letzten Instruktionen für die Besatzungen, dem Briefing, auf verschiedenen Feldflugplätzen in Belgien und Südengland wurde der Feldbefehl 546 um 6.30 Uhr des 16. April bekanntgegeben. Das Hauptquartier der 9. US Air Force hatte ihn der 9. Bomberdivision übermittelt und von dort wurde er umgehend zum 99. Bombergeschwader weitergeleitet. Um Mitternacht ging er dann bei den Kampfbombergruppen 322, 386, 344, 409 und 416 ein. Gleichzeitig mit Zerbst sollten die 397., 323., 387. und die 447. Gunzenhausen in Franken und das nicht weit davon entfernte Crailsheim in Württemberg als Ausweichziel bombardieren.

Die Flugzeuge aller dieser Gruppen bestanden meistens aus B 26 Martin-Marauder-Bombern. Jedes von ihnen hatte zwei starke Pratt & Whitney-Motoren mit je 1 920 PS Leistung. Daher waren sie sehr schnell. Das Flugzeug mit einer Spannweite von 21,65 m und einem Aktionsradius von über 1 800 km konnte 1 815 kg Bomben transportieren. Dabei erreichte es eine Höchstgeschwindigkeit von 550 km in der Stunde. An Bord befanden sich bis zu sechs Mann Besatzung. Die andere Hälfte der Flugzeuge bildeten die schnellen Douglas A 26-Invader mit zwei Pratt & Whitney-Doppelsternmotoren. Sie erreichten eine Höchstgeschwindigkeit von fast 600 km/h in 3 000 m Höhe und konnten ebenfalls fast zwei Tonnen Bomben transportieren. Dabei benötigte das Flugzeug nur eine Besatzung von zwei Mann. Es wurde erst ab 1943 gebaut und galt als das modernste der US Air Force.

Den Piloten, Navigatoren und Bombenschützen wurde nichts geschenkt. Seit der Invasion waren sie pausenlos im Einsatz gewesen. Jeden Tag starteten sie von ihren Feldflugplätzen in Südengland oder in Belgien. So z.B. die 386. mittlere Bombergruppe, die dann in der zweiten Welle Zerbst anfliegen sollte. Sie besaß 40 Maschinen, von denen immer 34 einsatzbereit waren. Der Feldflugplatz lag bei St. Trond/St. Truiden in Belgien ca. 30 km westlich von Lüttich. Am 3. April hatten sie Hameln angegriffen, am 4. Crailsheim, am 5. nochmals Hameln und Holzminden, am 6. griffen sie in die Erdkämpfe an der Weser ein, am 7. fielen ihre Bomben auf Magdeburg und am frühen Abend desselben Tages galt ein weiterer Einsatz Ravensburg und Weingarten in Süddeutschland. Am 8. April bombardierten sie in aller Frühe ein Waffendepot bei München und am Nachmittag flogen sie bereits wieder Einsätze in Sondershausen, Nordhausen und Sangerhausen. Während des 10. griffen sie Triptis an und am Nachmittag des gleichen Tages Geschützstellungen bei Naumburg. Am 11. war die Umgebung von Köthen an der Reihe, Göppingen und Kempten im Allgäu einen Tag später. Es folgten Kaufbeuren, Schorndorf, Stuttgart, die Autobahnbrücke bei Hof. Die 322. und die 344. Gruppe hatten am 15. April Jüterbog mit ungefähr 70 Maschinen angegriffen. Dabei meldeten sie Flakbeschuß während des Zielanflugs nordwestlich von Zerbst bei Medewitz. Sie konnten beobachten, daß wahrscheinlich Eisenbahnflak zwischen Lindau und Wiesenburg, die ständig die Positionen wechselte, die Verbände beschoß. Zielgenauer deutscher Flakbeschuß und die neuen

Strahljäger Me 262 hatten einige Lücken in ihre Reihen gerissen. Allein aus Jüterborg waren sieben Maschinen mit Beschädigungen zurückgekehrt. Das Bodenpersonal machte dann während der Nacht die Flugzeuge wieder flott.

Der Einsatzbefehl für diesen 16. April lautete: „Ziel ist die Stadt Zerbst im Planquadrat D-988830. Diese Stadt ist ein verteidigter Verkehrsknotenpunkt, laut taktischen Aufklärungsberichten sehr kampfstark hinsichtlich ihrer Einrichtungen, ihrer Vorräte und ihres Personals. Besondere Vorsicht, um Abwurf auf eigene Kräfte zu vermeiden. Achtet auf Jägereinsatz. Meldet alle Beobachtungen mit nächstmöglichen Bezugspunkten." [42] Es folgten dann die Koordinaten, die den einzelnen Gruppen als Ziele zugewiesen wurden.

Die Bewegungen der deutschen Einheiten der Division Scharnhorst an der Front von Zerbst, deutsches Artilleriefeuer nördlich der Stadt auf die amerikanischen Stellungen, die geschlossenen Panzersperren und durchmarschierende Soldaten hatten bei den amerikanischen Stäben den Eindruck erweckt, daß Zerbst ein Hauptquartier deutscher Aktivitäten sei. Da wurde nicht lange gefackelt! Die grausame Logik des Krieges in all ihrer schrecklichen Konsequenz begann abzulaufen. Das Schicksal der Stadt war besiegelt. Die größte Katastrophe in ihrer 1000jährigen Geschichte hatte begonnen.

Die ersten Maschinen von den 32 der 322. Gruppe rollten gegen 8.15 Uhr zum take-off. In St. Trond starteten 15 Minuten später auf der Piste 9 34 Maschinen der 386., voll beladen mit Sprengbomben. Auch die 40 Maschinen der 409., 32 der 344. und 40 von der 416. Gruppe waren in der Luft und flogen den gemeinsamen Treffpunkt an. Der Funkverkehr aller eingesetzten Verbände lief über den Kanal B. Nur die Formationsführer hatten eine eigene Frequenz. Vor Erreichen von Zerbst sollte von der Führermaschine das Codewort „young girl" durchgegeben werden. Das bedeutete: noch zehn Minuten bis zum Angriff. Die Maschinen riefen sich untereinander mit Coffee, Yellow, Brown, Blue und Green. Jede Staffel hatte eine eigene Numerierung, z.B. Yellow two, Brown three usw. Die Jagdfliegereskorte sollte kurz vor Erreichen der Frontlinien über Grieben unweit der Elbe zu ihnen stoßen. Es waren P 51-Mustang-Jäger des 29. Tactical Air Command. Sie waren abgestellt worden, um eventuelle Angriffe der Me 262 abzuwehren oder zu verhindern. Eigenartigerweise gab es davon immer noch welche, die von ihren Basen in Sachsen und der noch besetzten Tschechoslowakei starteten. Das Rufzeichen der Bomber zu den Mustangs war Evening. Der Gefechtsstand der IX. US-Kampfbomberdivision konnte unter dem Codewort Parade gerufen werden. Visuelles Erkennungszeichen, das über der Front geschossen werden sollte, war in kurzen Abständen Rot und zweimal Rot.

Alle Verbände hatten das Schloß Hachenburg im Westerwald, 35 km südwestlich von Siegen, anzufliegen. Der Abstand der einzelnen Gruppen, die hier ihren Treffpunkt hatten, betrug ungefähr 10 Minuten. Die tiefhängenden Wolken reichten bis 1 600 m. So flogen sie in einer Höhe von 3 500 m bei einer Außentemperatur von -17° darüber hinweg.

Die Sicht betrug ungefähr 18 km trotz des leichten Dunstes. Gegen 9.15 Uhr überflog die 322. Gruppe als erster Verband Frankenberg, unweit der Edertalsperre, mit Kurs Nord-Ost über Helmstedt bis zum Schloß Hirschburg bei Letzlingen südlich von Gardelegen. Hier schwenkten die Maschinen auf Westkurs über Tangerhütte Richtung Elbe. Sechs Minuten später nochmals eine scharfe Rechtskurve über dem kleinen Ort Grieben auf 160° Südwest-Süd in Richtung Zerbst. Kurz vor der Kursänderung wurde von der Führermaschine das Stichwort per Funk an die Besatzungen übermittelt: „young girl". Es gab kein Zurück mehr! Wenige Kilometer vor dem Überfliegen der Elbe war auch die Wolkendecke aufgerissen und blauer Himmel empfing sie. Die Sicht voraus im leichten Dunst gegen die Sonne betrug jetzt 15–24 km. Die Maschinen erhöhten ihre Geschwindigkeit. Sie flogen inzwischen 240 knts, etwa 444 km/h und stiegen auf 4 100 m Höhe. Noch knapp 60 km Luftlinie bis Zerbst – etwas über acht Minuten! Die vorausfliegenden zwei Pfadfindermaschinen steigerten nochmals die Geschwindigkeit auf 455 km/h und gingen auf Angriffshöhe 13 000 ft = 3 960 m. Ein leichter Nordwestwind schüttelte die Maschinen und ließ sie sanft tanzen. Um 10.02 Uhr erreichten die beiden Pfadfindermaschinen den Stadtrand von Zerbst. Der Rest war Routinesache! In den nächsten 30 Sekunden lösten sie ihre Rauchzeichen und Zielmarkierungen aus: Christbäume nannte man sie in Deutschland schaudernd und verharmlosend, denn ihnen folgten Tod und Verderben. Sofort danach sausten von den beiden Flugzeugen die ersten vier 500 pd. (226,5 kg) Allzweckbomben und vier 500 pd. Splitterbomben auf die alte Stadt herunter und eröffneten den Bombenhagel. Hinter den beiden folgten die 30 B 26-Marauder-Bomber in geordneter Formation. Drei Bombardement-Squadrons mit je 10 Maschinen luden ungestört wie auf dem Exerzierplatz ihre Bomben ab. 58 Allzweckbomben, jede 900 kg schwer, vier 226,5 kg-Allzweck- und vier 226,5 kg-Splitterbomben schickten sie, Tod und Vernichtung bringend, hinunter. Ein Flugzeug konnte nicht abwerfen, die Mechanik der Bombenschachttür versagte. In der gestaffelten Angriffshöhe von 3 650 m – 4 190 m hatte der erste Pulk seine Bomben über Zerbst ausgeklinkt.

Die einzelnen Rotten meldeten Treffer innerhalb von 300 m im vorher geplanten Wirkungspunkt. Sie hatten Einschläge an Gebäuden an den Ost-West-Straßen beobachtet. Einige Bomben sahen sie auf offenem Gelände detonieren. Vor allem der nördliche Stadtrand wurde getroffen. Der Bombenschütze eines Flugzeugs der Rotte A in der 2. Staffel meldete, ein sehr großes Gebäude im Westen der Stadt vernichtet zu haben. Die anderen Rotten berichteten, daß die Einschläge ihrer Bomben im Norden von Zerbst lagen. Ebenfalls verzeichneten sie Treffer auf Straßen und Gebäuden in der Stadtmitte. Nicht einmal fünf Minuten hatte der Angriff der 322. Group gedauert. Unmittelbar nach dem Bombenabwurf drehten die Maschinen nach Osten ab und passierten wenige Sekunden später die Frontlinie des Brückenkopfes. Nach weiteren fünf Minuten waren sie über Groß-Mühlingen. Mit einer Linkskurve nahmen sie wieder direkt Kurs auf Hachenburg im Westerwald. 95 Minuten später landeten die Maschinen auf der Piste der Air-Base. Auch alle vier noch folgenden Verbände wendeten über Groß-Mühlingen und flogen zunächst Hachenburg an. Erst danach nahmen sie Kurs auf ihre Heimatflughäfen. Wie üblich verließen die Piloten, Bombenschützen und Navigatoren ihre Marauder in gehobener Stimmung – weil alles gut ging, und sie nochmals davongekommen waren.

Um 10.02 Uhr gab Captain Overton für die folgende und jetzt anfliegende 386. US-Bombergruppe zum zweiten Mal an diesem Tag das Codewort „young girl" zehn Minuten vor dem Angriff auf Zerbst. Die Sicht hatte sich auf über 30 km verbessert, bei Gegenlicht im Anflug nach Süden betrug sie jedoch nur 9 km. Da tauchten Rauchwolken als Spuren der ersten Gruppe über der Stadt vor ihnen auf. Aber gleichzeitig, eine Minute vor Erreichen des Zieles und im Anflug von Norden her, gerieten sie über Lindau in Flak-Beschuß durch neun Eisenbahnflakgeschütze. Die Sprengpunkte lagen mitten im Verband. Umherfliegende Splitter beschädigten drei Flugzeuge an Rumpf und Flächen. Verwundet wurde niemand. Ungeachtet dessen setzten sie den Angriffsanflug weiter fort. Das Flugzeug Nr. 324 mit First Lieutenant Costanedo am Steuerknüppel und Sergeant Williams als Bombenschütze schwankte durch den Luftdruck der Flak-Detonationen. Und First Lieutenant Flanagan in der A 26 Nr. 356 fluchte leise über die „damned krauts", die noch kurz vor Schluß diesen „big trouble" machten. Es war wieder soweit! Captain Overton in der ersten Pfadfindermaschine mit der Nummer 467 gab die Anweisung, die „Christbäume" auszulösen. First Lieutenant Mariott, der Kommandant in der anderen, tat das gleiche. Und unmittelbar danach rauschten ihre acht 226,5 kg-Allzweckbomben herunter. Die Zielgeräte hatten die östliche Stadt im Visier.

Die beiden Pfadfinder waren B 26, der sofort dahinter folgende Verband mit den schnellen 32 A 26 Invader bekam durch die Markierungen die Ziele präzise abgesteckt. Sofort prasselten 187 Allzweckbomben von 226,5 kg auf das schwer geprüfte Zerbst hinunter. Die Hälfte davon besaßen 1/10 sek.-Kopfzünder, explodierten also mit leichter Verzögerung, und die anderen hatten 1/100 sek.-Bodenzünder, die unmittelbar im Augenblick des Aufschlags detonierten. Auch diese Gruppe mit ihren drei Squadrons benutzte die Angriffshöhe von 3 900 – 4 150 m. [43]

Die erste Staffel meldete, daß nur 40 % der Einschläge innerhalb von 300 m Radius um den DMPI (Desired Mean Point of Impact = geplanter mittlerer Wirkungspunkt) beobachtet wurden. Die 2. und 3. Staffel verzeichnete 70 % Bombenexplosionen innerhalb 300 m Radius um DMPI. Wegen des Explosionsrauches konnten wahrscheinliche Schäden an Häusern, öffentlichen Bauten und Straßen nur noch vermutet werden. [44] Die Angriffszeit: 10.13 – 10.14 Uhr. Auch die 386. BG kehrte wie die erste auf der Route über Mühlingen-Hachenburg zu ihrem Feldflugplatz St. Trond bei Lüttich in Belgien zurück, die Flugzeit betrug 3 Stunden 40 Minuten. Eine A 26 hatte über Zerbst keine Bomben abwerfen können. Im Intervallometer (Wurffolgeregler) verhinderte ein Kurzschluß das Auslösen der tödlichen Fracht. Die Besatzung war auf dem Rückweg gezwungen, fünf 226,5 kg-Bomben in irgendeinen Fluß oder Kanal im Notwurf abzuladen.

Bereits um 16.15 Uhr mußte diese 386. BG wieder mit 37 Flugzeugen zu einem Angriff auf die Stadt Kempten im Allgäu und ein Waffendepot dort in der Nähe starten. Auch in der letzten Kriegsphase gab es keine Ruhepause.

Die dritte Angriffswelle mit der 409. BG näherte sich dem Ziel. Zwei Pfadfinder und 38 A 26 flogen an. Über die Elbe hörten auch diese Besatzungen das Codewort „young girl". Die Gruppe näherte sich Zerbst zwischen Loburg und Schweinitz. Durch den weiten Bogen umging sie den Wirkungsbereich der östlich von Magdeburg stationierten Flak. Doch auch die Eisenbahn-Flakbatterien um Lindau schossen genau. Eine Maschine erhielt einen Volltreffer, der die rechte Tragfläche zwischen Zelle und Triebwerk abriß. Das Flugzeug zerbarst etwa 12 km südlich von Zerbst. Fallschirme konnten nicht beobachtet werden. Die zwei Mann der Besatzung galten als vermißt. Wie schon bei den beiden voraus angreifenden Gruppen setzten auch hier die beiden Pfadfindermaschinen ihre „Christbäume". Dahinter näherten sich die 38 A 26 auf 186°, also fast auf Südkurs, in 3 660 m – 4 110 m Höhe. Es war 10.27 Uhr. Der DMPI für die „Box I" – den 1. Verband mit ca. 18 gestaffelt anfliegenden Maschinen – lag im Zentrum der Stadt, etwa auf dem Hohen Holzmarkt. Aber er konnte wegen des Explosionsqualms und des Dunstes in der Angriffsrichtung gegen die Sonne nicht mehr ausgemacht werden. Hier wies die Angriffsplanung einen gravierenden Fehler auf. Deshalb wählte der Bombenschütze des Führerflugzeugs die Straßenkreuzung Zerbst/Lindau/Dobritz, vermutlich die Gegend um den „Stiefelknecht". Die beobachteten Einschläge lagen im Streukreis von ca. 320 m um das Ausweichziel. Eine weitere Panne passierte: Die C-Rotte befand sich gerade im Anflug, als der „Box Leader" – der Führer von Verband I – seinem Bombenschützen Sergeant Cole befahl, die Bomben auszulösen. Die Maschine flog gerade eine Rechtskurve – fünf Sekunden vor dem Abwurfpunkt. Um diese Panne zu verdecken, sprachen die Besatzungen später im Bericht von Fast-Treffern und „wahrscheinlichem" Schaden auf der Straße nach Lindau. Einige Bomben der Rotte C fielen auf offenes Feld im Nordosten der Stadt. Andere krachten jedoch ins Fischmarktviertel. Die Kasernen erhielten keinen Treffer.

Der 2. Verband dieser 409. BG war um 10.32 Uhr über der Stadt. Ähnlich wie schon beim ersten konnte der Zielpunkt in der Gegend von Rephuns Garten nicht mehr ausgemacht werden; Rauch und Staubschwaden verdeckten ihn. Nur deshalb wurde die Zerbster Südstadt verschont. Der Rottenführer der A-Rotte, First Lieutenant Roby, und sein Bombenschütze Sergeant Gottesmann suchten deshalb das Ausweichziel ein paar hundert Meter nordwestlich. Es war der Schloßbereich. Im Bericht heißt es: „Das Zentrum der Treffer deckte ein Schloß, in U-Form gebaut, sowie mindestens ein weiteres Gebäude auf dem Schloßgrund ab. Weiter befanden sich Wohngebäude und eine Stadtstraße im Trefferbereich."[45] Das war das Ende des großartigen Zerbster Schlosses und der Orangerie, ebenfalls der neuen Brücke und von Teilen der Breiten Straße. Im Brauereikeller Breite Straße 32 fanden 117 Menschen den Tod. Sie hatten in dem festen Gewölbe Schutz gesucht. Zum Glück für Zerbst warf die Rotte B keine Bombe. Der Bombenschütze in der

Rottenführermaschine, Sergeant Cemiglia, folgte den Anweisungen der Pfadfinder. Aber sie konnten nichts erkennen. Deshalb unternahm der Pilot First Lieutenant Patterson einen zweiten Anflug. Doch da drehte sein Kreiselkompaß durch und fiel aus! Ein dritter Anflug war verboten worden, um die folgenden beiden Gruppen nicht zu behindern. Nach 11 Uhr sollte laut Befehl keine Bombe mehr geworfen werden. Auch die C-Rotte des zweiten Verbandes dieser Gruppe hatte Schwierigkeiten. Das Führungsflugzeug wurde beim Anflug durch Flak getroffen und brannte. Die Besatzung war mit dem Löschen beschäftigt. Und da der Pilot Lieutenant Bullock das Ausmaß des Feuers nicht erkennen konnte, warf der Bombenschütze Sergeant Schultes die Bomben im zweiten Anflug beim Abdrehen im Notwurf ab. Die Bomben fielen neun Kilometer außerhalb von Zerbst auf freies Feld. Das Resümee: Durch die Pannen im 2. Verband der dritten Welle wurde die Südstadt von Zerbst verschont! 29 Maschinen von insgesamt 40 warfen 108 großkalibrige 453 kg- und acht 226,5 k-Allzweckbomben. Noch immer genug, um schwere Verwüstungen zu hinterlassen! Drei Flugzeuge warfen zwölf 453 kg-Bomben in freies Gelände. Die 409. BG drehte wie die anderen vor ihr nach Mühlingen ab. Zehn Maschinen dieser Gruppe kehrten mit mehr oder weniger schweren Beschädigungen durch den zielgenauen Beschuß der Flak zu ihrem Feldflughafen zurück. Bisher war immer angenommen worden, das Bombardement von Zerbst wäre ohne deutsche Gegenwehr erfolgt.

Um 10.40 Uhr erschien die vierte Welle mit den Verbänden I und II der 344. Bombardment Group über Zerbst. Auch sie wurde von zwei Pfadfindermaschinen geführt. Beide Verbände flogen ebenfalls gestaffelt zwischen 3 990 m und 4 170 m an. Die Flak bei Lindau und östlich von Zerbst empfing sie mit schwachem, doch sehr genauem Beschuß. Offensichtlich sparten die Batterien ihre spärlich vorhandene Munition für den Erdkampf und den erwarteten amerikanischen Infanterie- und Panzerangriff auf Zerbst auf. Immerhin lagen die Sprengpunkte der detonierenden Flakgranaten sehr zielgenau in den beiden Verbänden – und beschädigten fünf Flugzeuge. Es gab Verwundete unter den Besatzungsmitgliedern. Die erste Pfadfindermaschine griff deshalb sofort die vermuteten Flakstellungen mit vier 226,5 kg-Allzweckbomben an. Ein Erfolg konnte nicht ausgemacht werden. Vermutlich fielen die Bomben auf irgendeinen Acker. Der Verband I war jetzt darauf angewiesen, das Ziel auf Sicht anzufliegen. Er konnte es nicht verfehlen, über Zerbst lag eine dichte Rauchwolke. Von 30 B 26-Maraudern dieser Gruppe warfen 28 dann 210 Brandbomben des Typs M-17 von je 226,5 kg. Diese Teufelsdinger hatten eine besondere Zündereinstellung. In 1 520 m Höhe öffnete sich der Behälter und verstreute Stabbrandbomben oder Phosphorkanister über eine weite Fläche.

Captain Rondeau, der Verbandsführer des I. der 344. BG, sein Navigator First Lieutenant Mappes und der Bombenschütze Sergeant Curran meldeten, daß 50 % ihrer Bomben innerhalb 300 m Radius um den MP (Mean Point of Impact = Mittlerer Wirkungspunkt) lagen. Hauptsächlich wurde der Ostteil von Zerbst getroffen. Im Bericht heißt es: „Alle

Bomben trafen die Stadt, angefangen vom Kasernengelände am NO-Rand und weiter über bebauter Fläche im Osten. Wahrscheinlicher Schaden an mindestens drei Kasernengebäuden und dem Großteil des Wohngebiets."[46] Auch in der hochtechnisierten US Air-Force gab es also Fehleinschätzungen, Übertreibungen und Pannen. Die Kasernen von Zerbst wurden von keiner Bombe getroffen. Ein Flugzeug erhielt Beschädigungen durch Flaksplitter und hatte deshalb einen Stromausfall. Es mußte später bei Kassel-Waldau notlanden. Eine Pfadfindermaschine brach wegen technischen Fehlers den Angriff ab. Der unmittelbar darauf folgende Verband II der 344. BG konnte in den aufsteigenden Rauchwolken, in denen sich die Sonne spiegelte, nichts mehr erkennen. Die Pfadfindermaschine hatte den Zielmarkierungsanflug ja abgebrochen und die Flakstellungen mit seinen vier 226,5 kg-Bomben zu treffen versucht. Deswegen mußten die Flugzeuge des Verbandes II ihre Ziele nach Sicht wählen. Der Verbandsführer der Y 5-T, Major Pearson, befahl, daß die drei Rotten ihre Brandbomben über dem Westteil der Stadt auslösen sollten. Todbringender Phosphor regnete herab. Riesige Brandwolken markierten der letzten anfliegenden Gruppe schon von weitem den Weg.

Kurz vor 11 Uhr erreichte dann die fünfte Welle, die 416. Bombardment Group, unterteilt in Verband I und II, mit 40 A-26 Invadern das Stadtgebiet. Durch die Flak-Batterien bei Lindau und auch bei Luso südöstlich von Zerbst wurden wiederum zwei Maschinen im Anflug beschädigt und ein Besatzungsmitglied dabei verwundet. Diese letzte Gruppe warf insgesamt 186 der teuflischen 226,5 kg-Brandbomben in die schon lichterloh brennende Stadt! Die Pfadpfindermaschine vom Verband I hatte nach den „Christbäumen" ihre vier 226,5 kg-Allzweckbomben in das qualmverhangene Zielgebiet abgeladen. Jedoch die folgende A-Rotte konnte kein Ziel mehr ausmachen. Deshalb wählte der Bombenschütze der an der Spitze fliegenden K9-V mit First Lieutenant Hatheway am Steuerknüppel „einen Güterumschlagsplatz als Angriffsziel auf Sicht."[47] Er meldete nach seiner Rückkehr: „Eine ausgezeichnete Einschlagsstreuung im Güterumschlagsplatz wurde festgestellt. 100–150 Güterwagen (?) mit Feuern in der Halle und in Warenlagern und in anderen Gebäuden konnten beobachtet werden."[48] Sicherlich lag dieser Güterumschlagsplatz nicht bei Zerbst. In die Bahnhofsgegend und in das Industriegelände südlich der Stadt fiel keine Bombe. Vielleicht ist es aber nur eine „Schutz-Erfolgsmeldung" gewesen, die verdeckte, daß die Rotte über Zerbst hinausgeflogen war und die Verkehrsanlagen von Dessau-Roßlau bewarf?

Zerbst war von oben her nicht mehr zu erkennen, dichter Rauch bedeckte das gesamte Stadtgebiet. Der Bombenschütze der B-Rotte konnte sein Ziel nur noch über den Daumen anpeilen. Die Brandbomben, die er auslöste, fielen in den Rauchvorhang hinein, lösten neue Feuer aus und verstärkten bereits vorhandene. Eine Maschine konnte nicht abwerfen, der Hauptschalter wurde durch ein Versehen nicht betätigt. Eine Panne gab es auch bei der C-Rotte des Verbandes I: Die Rottenführermaschine flog beim Anflug auf Kollisionskurs. Aber um 11 Uhr war die Angriffszeit abgelaufen, ein zweiter Anflug deshalb nicht mehr möglich. Die nachfolgende Rotte, die auf den Bombenschützen in der Führermaschine angewiesen war, konnte ebenfalls ihre Brandbomben nicht mehr über der Stadt abladen. Sechs Maschinen mußten darum ihre Höllenlast wieder mit zurück zum Einsatzflugplatz nehmen. Auch die zweite Pfadfindermaschine versäumte den Zielanflug und warf ebenfalls keine Bomben ab. Die drei Rotten des ihr folgenden Verbandes II gingen jetzt so weit es ging auf Sichtanflug über und ließen ihre Brandbomben in das an allen Enden brennende Stadtgebiet von Zerbst hinuntersausen. Neue Feuer flammten auf. Noch aus weiter Entfernung waren die Rauchwolken über der Stadt beim Abflug auszumachen.

Den Rest besorgte der Jagdschutz vom 29. TAC. Seine „Mustangs" machten nach dem Angriff Jagd auf aus der Stadt flüchtende Menschen. Waren Frauen, die, Kinderwagen schiebend, vor den Bomben flüchteten, etwa militärische Ziele? Die Piloten kümmerte es sicher nicht, ob es sich hierbei um militärische Ziele handelte. Oder wollte man es einfach allen „damned krauts" besorgen, nachdem die grauenhaften Bilder aus Buchenwald, Bergen-Belsen und anderen Schreckenslagern der Nazis in den US-Zeitungen zu sehen waren? Die Stadt war als wichtiger Verkehrsknotenpunkt bombardiert worden, um Truppenverschiebungen und Nachschubtransporte zu unterbinden. Wohngebiete – „built up areas" – wurden angegriffen, denn auch hier hätten sich Soldaten der Division Scharnhorst aufhalten können. Die Spuren in Richtung Front fahrender Sturmgeschütze waren von den Artillerie-Aufklärern ausgemacht worden. Auch die Panzersperren, von bewaffneten Volkssturmmännern bewacht, hatten den Eindruck eines wichtigen Versorgungszentrums entstehen lassen.

Als auch die 416. BG in Richtung Mühlingen abdrehte, bedeutete es für das in 1 000 Jahren gewachsene Städtchen das Ende. 178 Flugzeuge vom Typ B 26 A-Martin Marauder und A 26 Douglas Invader hatten angegriffen. Davon warfen 154 Maschinen 58 x 906 kg, 32 x 453 kg, 215 x 226,5 kg und 4 x 118 kg Sprengbomben sowie 396 x 226,5 kg Brandbomben. Im ganzen fielen also 116 213,5 kg Sprengbomben und 89 694 kg Brandbomben auf das kleine Zerbst. Bisher hatte ein gutes Geschick diese mitteldeutsche Kleinstadt von gut 20 000 Einwohnern vom Schrecken des Krieges verschont. Doch jetzt, unmittelbar vor dem Ende des Zweiten Weltkrieges erlebten ihre Bewohner den gleichen Schrecken, den vor ihnen Hamburg, Köln, Dresden, Berlin und viele andere Städte in Europa durchleiden mußten. Und wie bei vielen Kriegsläufen vorher und leider auch wieder hinterher traf es wenige schuldige, doch in überwiegender Zahl jedoch unschuldige und wehrlose Menschen. Wahrscheinlich machten sich die Besatzungen der fünf Bombardment Groups darüber keine Gedanken und dachten nur über das Nächstliegende nach. Sie hatten Glück gehabt, waren der Flak entwischt und damit nochmals davongekommen. Sie hatten routinemäßig die Field-Order 546 befolgt – „had done their job". Zeit zum Nachdenken gab es nicht, denn ein neuer Einsatz wartete bereits auf sie. Noch war das Nazi-Reich nicht vollends am Boden. Die Bilanz der Angreifer: 1 Flugzeug durch die deutsche Flak abgeschossen, Pilot und Bombenschütze galten als vermißt. Doch wahrscheinlich waren sie tot, da kein Fallschirmabsprung beobachtet wurde. 20 Maschinen wurden mehr oder minder durch Beschuß beschädigt. Das sind 11,87 % der über Zerbst eingesetzten B 26-Marauder und A 26-Invader. Gleichzeitig mit dem furchtbaren Luftangriff auf Zerbst griffen 100 B 26 desselben Kampfbombergeschwaders 99 Gunzenhausen an.

Das Inferno

Der 14jährige Pimpf Klaus war wie einige andere Jungen der Hitlerjugend bei der Polizei als Melder verpflichtet worden. Deshalb mußte er bleiben, als Frauen und Kinder am 14. April aufgefordert wurden, die Stadt sofort zu verlassen. Sein Vater, ein Schlossermeister, war vom Volkssturm zum Dienst ins Schloß abkommandiert. Der Keller des Ostflügels beherbergte eine wichtige Zentrale mit allerlei Parteibonzen, aber auch zivile Verwaltungsstellen.

Die Melder sollten die Verbindungen zwischen den einzelnen Behörden, der Polizei und der Luftschutzleitung aufrechterhalten, wenn die Telefonleitungen nicht mehr funktionierten. In der Nacht vom 14. zum 15. April wurde das Haus der Eltern von Klaus in der Breiten Straße durch eine Granate getroffen. Die zerborstenen Schaufenster des Fahrradgeschäftes mußten notdürftig durch Holzverschläge gesichert werden. Am Montag, dem 16., Vater und Sohn waren noch mit Aufräumungsarbeiten beschäftigt, plötzlich näherkommendes Motorengeräusch von Flugzeugen! Keine Sirenenwarnung zum Fliegeralarm! Vater und Sohn stürzten in den Keller – und dann brach es los! Ein Bombeneinschlag direkt gegenüber ließ die Kellerwände wackeln. Mitten auf der Breiten Straße klaffte ein Trichter. Eine Fontäne schoß daraus empor, die Bombe hatte die Wasserleitung getroffen. Klaus hetzte nach dem Abflug der ersten Welle sofort zur Polizei auf dem Markt. Da war schon die zweite Welle über der Stadt. Im Keller des oben immer noch brennenden Neuen Hauses erlebte er die Einschläge der Bomben ringsherum. Der Fußboden und die Wände hoben und senkten sich, ohrenbetäubendes Krachen ließ fast die Trommelfelle platzen. Staub und Putz rieselten von der Decke. Klaus hielt nichts mehr in der Polizeizentrale – er rannte zurück zu seinem Vater in die Breite Straße. Unterwegs Rauch und Flammen der getroffenen Häuser. Auf der Breiten Straße hing ein Toter in einem Sessel eines Schaufensters. Er war von seiner Wohnung im ersten Stock heruntergeschleudert worden. Das Restaurant „Zum Erbprinzen" gegenüber hatte einen Volltreffer erhalten. Hier war im großen Saal ein Reservelazarett mit ungefähr 150 Verwundeten untergebracht gewesen. Im Keller fanden 80 Soldaten den Tod, darunter der Arzt und weibliches Pflegepersonal. Die überlebenden Verwundeten krochen aus dem Keller. Die dritte Welle war bereits da! Ein Bürger, der noch helfen wollte, sackte tödlich getroffen zusammen.[49]

Im Haus Markt 4, in dessen Erdgeschoß die Kreissparkasse ihre Geschäftsräume hatte, brachen die Wände schon im Bombenhagel der ersten Welle zusammen.[50] Beißender Qualm, Staub und das fürchterliche Krachen der detonierenden Bomben! In der Bäckerstraße nebenan lag ein bekannter Zerbster Likörfabrikant – tot! Er wurde von einer einstürzenden Mauer erschlagen, als er noch nach Hause eilen wollte. Viele Leute verließen nach der ersten Welle ihre Keller und suchten Schutz im Schloßgarten. Aus geborstenen Gasleitungen schlugen Flammen. Die Hölle schien losgebrochen zu sein! Nachdem die zweite Welle abgeflogen war, drang im Hause Markt 10 dichter Rauch in den Keller. Für

103

die 20 Menschen dort hieß es: sofort raus hier! Der Fluchtweg nach Osten war ihnen versperrt – die Brüderstraße ein rauchendes Trümmerfeld! Auf der Schleibank brannte selbst der Asphalt! Verzweifelte Schreie! Es galt nur noch – „Rette sich wer kann!" Nur über die Alte Brücke war die Flucht noch möglich – nach Süden und dann über die Breite in die östlich Zerbst gelegenen Dörfer. Aber dort lauerten die Tieffliegerm, die gnadenlos Jagd auf alles sich Bewegende machten. Eine Reihe von mehreren Bombeneinschlägen zog sich über die Nikolaikirche bis zum Markt hin. Sie hinterließen mächtige Trichter. Vor dem Eisenwarengeschäft Markt 16 klaffte der letzte. Die Vorderseite mit ihren Schaufenstern lag in Trümmern. Im Keller von Markt 18 nebenan waren die Bewohner zu Boden geschleudert worden. Alles war voller Qualm, dessen beißender Geruch sich schwer auf die Lungen legte. Und immer noch das furchtbare Heulen der weiter herabsausenden Bomben. In der Drogerie nebenan gab es keine Türen mehr – alle waren aus den Angeln gerissen worden. Das vordere Gewölbe in dem alten Keller gab nach, ein Klavier aus dem Obergeschoß rauschte bis hierhin durch.

Und immer noch explodierten Sprengbomben auf dem Markt. Im Haus 28 wurden Bewohner durch das einstürzende Mauerwerk im Keller eingeschlossen. Noch während des Angriffs arbeitete ein Sohn, der zufällig außerhalb überlebt hatte, an der Befreiung seiner Eltern aus den Trümmern. Herumfliegende Bombensplitter verletzten ihn dabei schwer. Dem Rathaus gegenüber an der Ecke zur Schleibank stand die mittelalterliche Ratsapotheke, ein kunsthistorisch bedeutendes Zeugnis der Zerbster Vergangenheit. Im Keller saßen 27 Menschen. Gleich die ersten Einschläge warfen sie zu Boden. Das Licht fiel aus, und über ihnen stürzte das alte Haus zusammen. Alle Ausgänge waren verschüttet. Mit letzter verzweifelter Kraft erreichten die Eingeschlossenen über Mauerdurchbrüche die Nachbarkeller. Auch hier Zerstörungen. Doch endlich ein Notausgang!

Mittelpunkt des Bombardements der ersten beiden Wellen war die Nikolaikirche. Sie hatte schwere Treffer erhalten. Das Dach existierte nicht mehr. Dem Renaissance-Rathaus fehlten Dach und Giebel. Aus den Fenstern schlugen Flammen. Der Block gegenüber auf dem Markt brannte ebenfalls. Der Roland hatte durch einen Bombensplitter einen Arm verloren; am Brunnenhäuschen daneben lag ein Toter. Im Pfarrhaus des Nikolaikirchhofs: Eine junge Kriegerwitwe mit sechs Kindern stürzte beim Herannahmen der ersten Flugzeuge in den Keller des Nachbarhauses. Dann prasselten auch schon die Sprengbomben herunter und trafen die Nikolaikirche und die Umgebung. Der Keller schwankte, Rauch quoll durch die Ritzen. Die Leute schützten sich mit Tüchern, die sie vor Mund und Nase hielten. Irgendwie konnten sie durch einen Notausgang flüchten. In das Erdgeschoß des Nikolaikirchturms hatten sich 40 Menschen im Vertrauen auf die dicken Mauern geflüchtet. Oben befand sich immer noch die Flugwache. Bei der zweiten Welle: Einschläge auf dem Turm, die nördliche Kreuzblume wurde weggefegt. Nach der dritten Welle fehlten auch die anderen beiden Spitzen mit ihren charakteristischen Fialen. Zwei Wehrmachtsoffiziere, ein Hauptmann, ein Leutnant, und eine Wehrmachtshelferin sowie ein Polizist hatten dort oben Ausschau gehalten. Von dem Hauptmann war nach den Einschlägen keine Spur mehr zu finden. Der Leutnant ließ sich am Blitzableiter herab. Die Nachrichtenhelferin und der Polizist kamen wie durch ein Wunder ohne Schaden die Treppe herunter.[51] Viele Menschen, die bisher im Turmerdgeschoß alles überstanden hatten, flüchteten vor Angst auf die benachbarte Schleibank – direkt in den Tod![52]

Hier brannte inzwischen sogar die Asphaltdecke, auch die Trinitatiskirche stand in Flammen. Ein Volltreffer im Haus Nr. 4 der Schleibank tötete 12 Personen, darunter eine Flüchtlingsfamilie, die gerade aus dem Osten angekommen war. Sie wähnte sich in Zerbst in Sicherheit! Auch nebenan im großen Brauereikeller der Ratsbrauerei hatten sich über 200 Leute eingefunden. Der Keller war verschüttet. Unbeschreibliche Szenen spielten sich hier ab. Unerschrockene Helfer legten noch während der letzen Wellen den Notausgang frei. So konnten die meisten gerettet werden. Doch für 19 Menschen kam die Hilfe zu spät – sie waren erstickt. In der Flammenhölle rings um die Trinitatiskirche lagen die Trümmerberge vieler Häuser. Die Salzstraße war nicht mehr zu erkennen, die Heide – ein Flammenmeer! Oft geschah es, daß von Flüchtlingen abgestelltes Gepäck von Plünderern gestohlen wurde. Auch das gab es in diesem Inferno.[53]

Im Zerbster Norden steigerte sich das furchtbare Chaos noch. Rings um den Fischmarkt heulten die Bomben. Sie detonierten mit ohrenbetäubendem Krachen. Danach überall Flammen, Gasleitungen wurden getroffen! Im Keller der Gaststätte „Deutsches Haus" fast 50 Verschüttete! Der Notausgang war versperrt – Feuer verhinderte die Flucht! Die Flammen konnten im letzten Augenblick mit Hilfe eines Brunnens gelöscht werden. Die Eingeschlossenen arbeiteten sich heraus – bis auf zwei Kinder, sie waren im Keller erstickt.[54] In einem anderen Haus in der Nähe starben 16 Menschen. Volltreffer! Flammen auch überall auf dem Wegeberg. Auch hier brannte die Straße. Die Überlebenden stürzten aus den Kellern. Menschen schrien in Todesangst! Auf dem Breitestein Bombeneinschläge und einstürzende Häuser. Das Altersheim wurde getroffen, die überlebenden alten Leute irrten hilflos herum. Andere Anwohner flüchteten in die Anlagen vor der Stadtmauer. Acht Tote wurden dort später geborgen. Der Brauereikeller in der Breiten Straße: 110 Personen, darunter 30 kriegsgefangene Russen mit ihrem Wachmann, hatten hier in den mächtigen Gewölben Schutz gesucht. Dann ein Volltreffer! Viele waren sofort tot, die anderen verschüttet. Nur eine Frau und zwei Russen konnten nach Stunden gerettet werden. Alle anderen – tot!

Viele Leute hatten sich in den Kellern beim Angriff flach auf den Boden gelegt. Einige schrien, andere beteten. In den kurzen Pausen, die den Angriffswellen folgten, flüchteten viele Bewohner in den Schloßgarten. Aber auch hier waren sie nicht sicher. Eine fast blinde alte Frau setzte sich dort erschöpft auf einen vermeintlichen Stein – es war ein Toter!

Tote auch in der Schulstraße. Einige Häuser hatten Volltreffer erhalten. Viele wurden verschüttet und dann brannte alles! Dazwischen liefen Schweine, Pferde, Kühe, Ziegen und Schafe herum, Tauben fielen tot und verbrannt vom Himmel. Die Menschen hatten ihre Mäntel in Wasser getaucht und flüchteten durch die brennenden Häuser der Alten Brücke und Breite aus der Stadt. In den Kellern der Gaststätte „Dauch" auf der Heide hatten sich über hundert Personen gerettet. Ein Volltreffer krachte auf das Haus – doch das Kellergewölbe hielt! Dann brannte es sofort. Alle konnten den Keller verlassen. Durch die brennende Heide rannten sie in die Anlagen und auf den Heidetorfriedhof vor der Stadt. Hier suchten viele zwischen den Gräbern Schutz. In die Brüderstraße fielen die ersten Sprengbomben. Volltreffer in das Gebäude der ehemaligen Synagoge. Verwaltungs- und Gotteshaus hatte man nach dem Pogrom dem Roten Kreuz übereignet. Alle Schwestern und Schutzsuchenden, insgesamt 16, waren tot. Ringsherum ebenfalls berstende Häuser – viele Leute in ihren Kellern eingeschlossen. Auch hier Tote und viele Verletzte. Die alte Hofapotheke auf der alten Brücke bekam im Hinterhaus einen Volltreffer. Daneben brannten die anderen Häuser. Auf der raucherfüllten Straße ein Strom von flüchtenden Menschen. Sie liefen um ihr Leben: zerzaust, aufgelöst, schwarz im Gesicht und an den Händen. Einige hatten keine Schuhe mehr an den Füßen![55] Die furchtbare Apokalypse des Krieges war über Zerbst eingebrochen. Der Schrecken konnte nicht mehr gesteigert werden.

Brände auch auf der Breite. Einige Bewohner wurden durch den Angriff beim Kochen überrascht. Sie flohen durch den Rauchvorhang in den Schutz der Stadtmauer. Auf einem Grundstück der Mühlenbrücke sieben große Bombentrichter. Ringsherum brannte alles. Dank der Hilfe zweier russischer Zwangsarbeiter gelang es, mit Wasser aus der nahegelegenen Nuthe das Haus Nr. 60 und dessen berühmte Haustür zu retten.[56] An ein Löschen der Brände war sonst nicht mehr zu denken. Bombentrichter und Trümmer der zerstörten Gebäude versperrten den Weg. Trotz allem hatten die Feuerwehrleute noch während es Angriffs Hilfe geleistet, wo sie konnten. Die Bergung der Verschütteten mußte immer wieder wegen weiterer Bombenabwürfe unterbrochen werden. Durch Bombentreffer war auch ein Feuerwehrdepot mit Löschfahrzeugen vernichtet worden. Auch der Beschuß von Tieffliegern behinderte die Rettungsversuche. Feuerwehr und Technische Nothilfe halfen, wo sie konnten. Ein Feuerwehrmann starb an einer Phosphorverletzung. Die Männer waren am Ende ihrer Kräfte – der Feuersturm in Zerbst übertraf alles Vorstellbare!

Viele Straßen waren durch große Bombentrichter unpassierbar geworden. Auf der Wolfsbrücke befand sich einer mitten auf der Straße. Im Torweg gegenüber lag eine tote Frau. Wie ein Gewitterhagel gingen dann die Brandbomben nieder. Die Flugzeuge hatten sie aus Bombenbehältern von 226,5 kg abgeworfen. Bei 5 000 ft. (1 524 m) öffnete sich der Behälter und stieß die kleinen Stabbrandbomben und größeren Phosphorkanister aus. Dadurch wurde eine gewisse Streuung erreicht. Die Fuhrstraße im Brandbombenhagel. Rasend schnell verbreiteten sich die Brände. Kein Mensch war da, um zu löschen! Mittelstraße 8: Eine schwere Sprengbombe hatte das Haus buchstäblich weggeblasen. Auch hier Tote auf der Straße. Auf der Neuen Brücke 15 Tote! Ein riesiger Trichter auch inmitten der Fritz-Brandt-Straße. Die Häuser ringsherum – verschwunden! Andere Gebäude, die etwas weiter entfernt waren, büßten ihre Fassaden ein. Priegnitz – hier lag eine Frau bis zur Unkenntlichkeit verbrannt und auf Babygröße geschrumpft! Weitere Tote in der Umgebung.

Straßen und Gäßchen im Norden und dicht an der Stadtmauer existierten nicht mehr. Färbergasse, Klappgasse, Broihansgasse, Großer und Kleiner Klosterhof, ein Teil der alten Zerbster Idylle – jetzt nur noch ein einziger qualmender Trümmerhaufen. Dort wo an der Peripherie Bauernhöfe standen, fanden die Brandbomben reichliche Nahrung. Am Dornburger Platz verbrannten in den Bauernhöfen 10 Pferde und 50 Stück Rindvieh.[57]

Flächenbrände in der nördlichen Gärtner-Vorstadt Ankuhn. Spreng- und Brandbomben auch hier. Die explodierenden Phosphorkanister sorgten für die rasendschnelle Ausbreitung des Feuers. Das Vieh in den Ställen verbrannte. Die Leute schafften es nicht mehr, Kühe, Schweine und Pferde ins Freie zu treiben. Die Bewohner retteten nur ihr eigenes nacktes Leben. Es gelang ihnen, die Felder zu erreichen, wo sie Schutz suchten.[58] Aber dann kamen die Tiefflieger!

Der Fähnrich zur See Herbert Neumann war am 13. April bei den Kämpfen um den amerikanischen Brückenkopf bei Plötzky verwundet worden. Er hatte einen Beindurchschuß erhalten. Für ihn hieß das: „Schluß mit dem ganzen Schwindel!" Er setzte sich ab und desertierte mit 13 jungen Soldaten in seine Heimatstadt Zerbst. Trotz Tieffliegerbeschuß und immerwährender Furcht vor den berüchtigten Feldgendarmen, die hinter der Front noch immer ihr Unwesen trieben, gelang es ihm, auch den SS-Einheiten bei Prödel aus dem Weg zu gehen und nach Zerbst zu entkommen. Die meisten seiner Kameraden hatte es unterwegs erwischt. Durch Tiefflieger, aber auch in Unkenntnis des Frontverlaufs hatten sie immer wieder Beschuß erhalten. In Zerbst angekommen, begab sich Neumann auf den Weg ins Lazarett, das in den Klassenräumen des Francisceums untergebracht war. Kurz vor Erreichen der altehrwürdigen Schule überraschte ihn die erste angreifende Welle. Mühsam schleppte er sich in das Gebäude. Sprengbomben fielen glücklicherweise nur in der Umgebung, aber dann prasselten Brandbomben herunter. Die Turnhalle brannte lichterloh. Das Dach des Francisceums wurde von ungefähr 30 Brandbomben und Kanistern durchschlagen. Vorsorglich hatte aber die umsichtige damalige Schulleitung den Dachboden mit einer Lage Sand bedecken lassen. Der „Deserteur" Neumann befahl 20 Männern, mit ihm auf den Dachboden zu eilen. Hier löschten sie die Brandbomben oder warfen sie ins Freie. Neumann hatte sogar den Mut, bei einigen die Zündstifte wieder einzudrücken, so daß sie verlöschten. Auch Phosphorkanister konnten vom Dachboden herabgeworfen oder unschädlich gemacht werden.[59] So rettete er mit seinen

Männern nicht nur das Francisceum, sondern auch zahlreiche dort untergebrachte Verwundete, die dem Feuer nicht mehr entkommen wären. Und doch – wäre er gestellt worden, hätte dieser tapfere Mann das gleiche Schicksal erleiden müssen, wie jene 18- und 19jährigen Soldaten, die an den Bäumen der Zerbster Gneisenau-Kaserne aufgeknüpft worden waren. Selbst in der Katastrophe funktionierte der Naziterror noch. Die Feldgendarmerie henkte jeden Soldaten, den sie ohne gültige Papiere antraf, wegen Feigheit vor dem Feind am nächsten Baum. Eine Verwundung wurde als Grund nicht anerkannt.

Das Francisceum blieb Zerbst erhalten. Es diente den zahlreichen Bombengeschädigten als Notunterkunft. Bald waren alle Flure, die alten Kreuzgänge und sogar die Treppen mit Flüchtlingen belegt. Später wurden alle herrenlosen Tiere, wie Pferde, Kühe, Schweine, Schafe und Ziegen, die in den Trümmern von Zerbst umherirrten, eingefangen und auf den hinteren Schulhof gebracht. Auch das Haus Markt 18 konnte gelöscht werden. Es hatte zahlreiche Brandbombentreffer erhalten. Im Hof stand eine Pumpe. Alle Bewohner und Kellerinsassen, die den Angriff überstanden hatten, bildeten eine Eimerkette und schufteten bis zum Umfallen. Später bekamen sie noch Unterstützung durch die Technische Nothilfe, die eine Mauer in der Jüdenstraße mit einer Panzerfaust durchschoß, um an das dahinterliegende Wasserbecken heranzukommen. Mit Hilfe einer Wasserspritze konnten dann die Brandbomben gelöscht und die Nachbarhäuser gerettet werden. Für den „Goldenen Löwen" kam jedoch jede Hilfe zu spät, alles brannte bis auf die Grundmauern nieder.

Als um 11 Uhr die letzte Welle abdrehte, tobte in der Stadt ein einziges Flammenmeer. Die Wasserleitungen waren geborsten – es gab kein Löschwasser. Die Elektroleitungen zerstört – kein Strom mehr! Auch das Telefonnetz war zerbombt. Die Feuerwehrleute und die Männer der Technischen Nothilfe arbeiteten bis zur Erschöpfung. Immer wieder mußten sie vor den ständig kreisenden Tieffliegern in Deckung gehen. Die Straßen, besonders die im Zerbster Norden, waren durch die Trümmer der Häuser und die Trichter unpassierbar. Viele Volkssturmmänner verweigerten jetzt mannhaft den Dienst mit der Waffe und versuchten zu helfen, wo es möglich war. Viele Verschüttete konnten so gerettet werden. Immer noch waren Hilferufe aus den rauchenden Trümmern zu hören. Auf den Straßen lagen viele verkohlte Leichen von Menschen und Tieren. Mit dem Mut der Verzweiflung arbeiteten die Helfer, um Bewohner aus den Trümmern ihrer Häuser zu bergen. Trotz aller Bemühungen waren die Feuer nicht mehr zu stoppen. Sie fraßen sich in rasender Schnelle durch die Stadt. Ein Sturm, der durch die Hitze entstanden war, fachte die Flammen immer wieder an. Alte Brücke, Mittelstraße, Fuhrstraße, Mühlenbrücke, Neue Brücke, Breite Straße, der Markt und die ganze Gegend nördlich davon – kaum etwas war noch zu retten! Die Menschen flüchteten jetzt in Massen aus der brennenden Stadt in die östlich gelegenen Dörfer. In Kirchen, Scheunen und Ställen drängten sich die Flüchtlinge, die nur das gerettet hatten, was sie am Leib trugen. Wenn sie zurückblickten, sahen sie dort, wo das alte Zerbst gelegen war, nur Rauch und Flammen.

Am Nachmittag setzte dann aus dem amerikanischen Brückenkopf Artilleriebeschuß ein. Erneut explodierten Granaten in der Stadt und verstärkten das Chaos. Als dann die Nacht hereinbrach, war es in Zerbst immer noch taghell. Denn unaufhörlich fraß sich die Feuersbrunst durch die Straßen. 24 100 Einwohner hatte Zerbst 1945. Der Bombenangriff forderte 574 Opfer. Wahrscheinlich sind aber noch mehr Menschen getötet worden, denn die Stadt war voller ungezählter Flüchtlinge aus Ost und West. Auch die toten Soldaten gingen nicht in die Statistik ein. 1 433 Häuser und insgesamt 4 130 Wohnungen wurden auf nur 126 ha Fläche vernichtet. Nur 2 563 Wohnungen blieben in Zerbst unbeschädigt. Das alles geschah drei Wochen vor Kriegsende.

Stop

Als das 329. US Infantry-Regiment am 13. April die Elbe in Sturmbooten und auf Fähren überquerte, wähnten sich der Regimentskommandeur Colonel Edwin B. Crabill und seine Männer noch auf dem Weg nach Berlin. Offiziere und Mannschaften waren hochmotiviert, in das Zentrum des Nazireiches vorzustoßen und dadurch diesen verdammten Krieg zu beenden. Aber der Oberbefehlshaber der alliierten Streitkräfte General Eisenhower hatte andere Pläne, die den Brückenkopf vor Zerbst bedeutungslos werden ließen.[60] Dramatische Ereignisse, Fehlentscheidungen und Verwirrungen auf westalliierter Seite hatten zu diesem Entschluß geführt, der sich entscheidend auf die Nachkriegsgeschichte auswirken sollte. Hierzu müssen einige Fakten berücksichtigt werden.

Während der Anreise zur Konferenz von Jalta hatten sich Roosevelt und Churchill in Malta getroffen und dort am 2. Februar 1945 ihre gemeinsame Strategie festgelegt. Noch war die Situation in Polen und auf dem Balkan nicht geklärt. Deshalb empfahl der britische Premierminister dem amerikanischen Präsidenten, die Russen nicht weiter als unbedingt nötig nach Mitteleuropa eindringen zu lassen. Gemeinsam brachen die beiden Staatsmänner dann mit 700 Personen Begleitpersonal an Bord von 25 britischen und amerikanischen Transportmaschinen nach Jalta auf. Bereits während der ersten Sitzung am 5. Februar sprachen Roosevelt, Churchill und Stalin über die Zukunft Deutschlands nach dem Krieg. Stalin drängte darauf, sofort die Aufteilung Deutschlands zu verhandeln. Churchill winkte jedoch ab; über diese Frage könne nicht ad hoc entschieden werden. Der amerikanische General Marshall trug die Pläne Eisenhowers vor. Danach sollten 75 verstärkte amerikanische und britische Divisionen in konzentrischen Angriffen nach Deutschland hineinstoßen. Unterstützt durch das gewaltige Luftwaffenaufgebot der Alliierten, würde der Erfolg der Alliierten nicht ausbleiben. Stalins wichtigste Forderung war, daß 50 000 deutsche Offiziere nach Kriegsende sofort hinzurichten seien. Churchill wandte sich angewidert ab und verließ unter Protest den Raum.

Immerhin wurde man sich dahingehend einig, daß Deutschland in Besatzungszonen aufteilt werden müsse. Aber auch hierbei hatte Churchill abgeblockt. Solche elementaren Fragen über das Schicksal von 80 Millionen Menschen könnten nicht in 80 Minuten entschieden werden. Einigkeit bestand darüber, daß Deutschland von einer Kontrollkommission, bestehend aus den drei Oberbefehlshabern der Siegermächte, von Berlin aus regiert werden sollte. Arbeitskreise müßten die zukünftigen Demarkationslinien festlegen. Churchills große Sorge war die Freiheit Polens und das ungelöste Problem seiner Westgrenze.

Im März hatten die Westalliierten vollendete Tatsachen geschaffen. Eisenhowers Ziel war es, wie er Churchill telegrafierte, so schnell wie möglich nach Osten vorzudringen, um die Elbe zu erreichen. Der Hauptstoß der amerikanischen Divisionen sollte auf der

Linie Kassel–Leipzig geführt werden. Je nach dem Tempo des Vorstoßes käme es dann weiter östlich zu einem Treffen mit den Russen. Wo dies genau sein sollte, ließ Eisenhower offen. Ferner beabsichtigte er, die deutschen Streitkräfte in zwei Hälften aufzuspalten und dadurch zu vernichten.[61]

Am 28. März teilte Eisenhower seinen Feldzugsplan Stalin telegrafisch mit. Er unterrichtete den Diktator, daß sein Hauptvorstoß in Richtung Erfurt-Leipzig-Dresden geführt würde. Östlich davon träfen sich dann die Amerikaner mit den Russen. Im Süden beabsichtigte er zur Linie Regensburg–Linz vorzudringen, um den deutschen Widerstand im Alpenraum zu verhindern. Dieser Plan bedeutete, daß die Reichshauptstadt links liegengelassen werden sollte.[62] Als Stalin das Telegramm in Händen hielt, aus dem hervorging, daß Eisenhower bereits vor Berlin haltmachen würde, konnte er seine Freude darüber kaum verbergen. Im Widerspruch zu seinen Beteuerungen gegenüber den westlichen Staatsmännern, er sei an Berlin nicht interessiert, war Stalins Hauptanliegen gerade der Vorstoß auf die Reichshauptstadt. Heuchlerisch sprach er in seinem Stab mit Hochachtung von Eisenhower, als einem „pflichterfüllten Menschen".[63] Stalin antwortete bereits einen Tag später, daß Eisenhowers Pläne auch seinen eigenen Vorstellungen entsprächen. Zum Angriff auf Berlin würden nur Truppen der zweiten Linie eingesetzt, bluffte er. Der Zeitpunkt des sowjetischen Großangriffs läge etwa in der zweiten Maihälfte.[64] Am selben Abend noch rief Stalin Marshall Shukow zu sich in den Kreml und stellte fest, daß die deutsche Front im Westen zusammengebrochen wäre, im Osten dagegen würde sie verstärkt. Sein Mißtrauen wurde von Nachrichten gespeist, daß sich deutsche Soldaten im Westen massenhaft ergäben, im „Osten aber wie die Teufel kämpften".[65] Shukow legte ihm daraufhin seine Planung für die „Berliner Operation" vor. Stalin meinte dazu, indem er an seiner Pfeife rauchte: „Ich denke, daß uns eine erste Keilerei bevorsteht…".[66] Zu diesem Zeitpunkt zogen die Sowjets die größte Truppenkonzentration des Zweiten Weltkriegs für einen Angriff auf Berlin zusammen.

Am selben Tag hatte der britische Feldmarschall Montgomery in Übereinstimmung mit Churchill in einem Funkspruch an den britischen Generalstab seine Ziele festgelegt: schnelles Vordringen auf die Elblinie mit Panzerkräften und motorisierten Truppen. Durch diese Operationsbasis und die darin festgelegte Linie Herford–Hannover–Magdeburg–Berlin unterschied sich die englische Planung ausdrücklich von der amerikanischen. Eisenhower reagierte sofort: Er entzog die 9. US Army unter General Simpson dem Oberbefehl Montgomerys. In einem Funkspruch unterrichtete er den britischen Oberbefehlshaber davon, und erläuternd fügte er hinzu, daß Berlin nur noch ein geographischer Begriff sei.[67] Er habe nur noch ein Ziel, die Widerstandskraft der Deutschen zu brechen und die gegnerischen Armeen zu zerschlagen. In England stieß diese Erklärung Eisenhowers auf blankes Entsetzen. Besonders Churchill zeigte sich sehr beunruhigt. Kurz vor der Invasion hatte es noch aus Eisenhowers Hauptquartier geheißen: „Berlin bleibt das Hauptziel der Operationen. Alle verfügbaren Kräfte müssen deshalb für einen schnellen Vorstoß auf die Reichshauptstadt konzentriert werden."[68] Churchill gab nicht auf und schrieb am 31. März an Eisenhower, daß Berlin seiner Meinung nach keinesfalls die strategische Bedeutung verloren habe. Die Deutschen besäßen gerade zu dieser Stadt eine enge Bindung. Ein Fall Berlins würde stärkste psychologische Rückwirkungen auf den deutschen Widerstand haben, denn diese Stadt sei schließlich das Zentrum des Hitler-Reiches.[69]

Der englische Premierminister zog aus bisherigen Erfahrungen den Schluß, daß im Nachkriegseuropa die Sowjetunion mit ihrem kommunistischen Zwangssystem zu einer tödlichen Gefahr für die freie Welt heranwachsen würde. Immer wieder wies er darauf hin, daß der russische Vormarsch auf Europa baldmöglichst gebremst werden müsse. Die alliierte Front solle soweit wie möglich im Osten verlaufen – über Berlin hinaus. Deshalb sei das Hauptziel der eingesetzten anglo-amerikanischen Truppen auch die Reichshauptstadt.

In einem anderen Schreiben wandte sich Churchill am 1. April direkt an den amerikanischen Präsidenten und verwies auf den bevorstehenden Einmarsch der russischen Armeen in Wien. Nähmen sie jetzt auch noch Berlin ein, würde der Eindruck entstehen, die Russen hätten in überwältigender Weise zum Sieg über Nazideutschland beigetragen. Könnten sie dadurch nicht in eine verhängnisvolle Euphorie geraten, die für die Zukunft nichts Gutes erwarten ließe? Churchill forderte entschlossen, Berlin einzunehmen und soweit wie möglich nach dem Osten Deutschlands zu marschieren. Auch vom militärischen Standpunkt erschiene ihm das vernünftig und wichtig.[70]

Roosevelt war bereits todkrank, so daß sich in Washington der amerikanische Generalstabschef General Marshall mit diesen schwerwiegenden Fragen auseinandersetzen mußte. Er beurteilte die Gesamtlage ausschließlich aus der Perspektive des Soldaten. Eisenhowers strategische Konzeption verdiene die vollste Unterstützung, so lautete seine Antwort. Montgomery und Churchill versuchten jedoch weiter, auf den amerikanischen Oberbefehlshaber einzuwirken. Am 7. April erklärte Eisenhower, daß er Montgomerys Schritte zur Überschreitung der Elbe im Norden mit amerikanischen Truppen unterstützen wollte. Sollten die Deutschen ihren Widerstand einstellen, könnte die Elbe überschritten werden, wenn aber der Widerstand sich versteifen würde, müßten sich die Engländer notwendigerweise auf die einzelnen Operationen konzentrieren. Sollte es allerdings an der gesamten Front zu einem deutschen Zusammenbruch kommen, dann würde er auch Berlin in seine Pläne einschließen.[71] Churchill war von den Amerikanern enttäuscht. Er richtete nochmals ein Telegramm an Eisenhower, worin er drängte, den Russen soweit wie möglich im Osten zu begegnen. Wenn Moskau meine, Berlin habe „seine frühere strategische Bedeutung verloren", so müsse das politisch gedeutet werden. Denn vor der russischen Hauptoffensive könne sich im Westen noch viel ereignen.

Daß Amerika, die mächtigste Militärmacht der Erde, zum Zeitpunkt des sich abzeichnenden Sieges über Deutschland durch die Krankheit und den Tod Präsident Roosevelts praktisch führungslos war, ist als besonders tragisch zu bewerten. Roosevelt hatte versäumt, seinen Stellvertreter Harry S. Truman in die komplizierten Probleme und Beschlüsse einzuweihen. „Wie sollte er nun in diesem Moment, da der Krieg auf seinem Höhepunkt stand, die relative Wichtigkeit unserer vielfältigen Probleme abschätzen können?" schrieb Churchill rückblickend in seinen Memoiren. Und weiter: „Weder die militärischen Spitzen noch das State Department standen unter der erforderlichen Anleitung. Erstere beschränkten sich auf ihre soldatische Sphäre; letzteres brachte den strittigen Fragen kein Verständnis entgegen." [72] Der englische Premierminister war fest entschlossen, am Begräbnis Roosevelts teilzunehmen. Das Flugzeug stand bereit, auch Truman signalisierte Interesse an einem Informationsaustausch. In England indes wurde starker Druck auf Churchill ausgeübt, das Land in dieser schwierigen Zeit nicht zu verlassen. Die Chance, das militärische Blatt doch noch zu wenden, wurde vertan. Vier Tage vor der sowjetischen Offensive an der Oder hätte der Brückenkopf bei Zerbst noch zum Ausgangspunkt des amerikanischen Vormarsches auf Berlin werden können!

Eisenhower gab später mehrere Gründe an, warum er den Stop-Befehl für einen Angriff auf Berlin gegeben hatte [73]: An erster Stelle stand das Nachschubproblem. Das nötige Benzin für die rasch vorgerückte 9. US Army mußte z.T. auf dem Luftweg herangeschafft werden. Angeblich wäre der Nachschub für andere Armeen durch einen Berlinvorstoß blockiert gewesen. Die Fakten sprechen nachträglich dagegen. Die Nachschubkapazität war enorm und hätte auch einen Angriff auf die Reichshauptstadt ermöglicht, ohne den Vormarsch in den süddeutschen Raum zu beeinträchtigen. Ein weiterer Grund für den Stop waren Geheimdienstberichte, die aus der Tatsache, daß die Deutschen sich vor Budapest und Wien so erbittert verteidigt hatten, den Schluß zogen, es wären Anzeichen für den Rückzug der Wehrmacht auf die „Alpenfestung" vorhanden. Zusätzlich habe Hitler eine Panzerarmee von Berlin abgezogen und in den Süden geschickt. Deshalb müßten die alliierten Verbände schnellstens zum Endkampf an die Alpenfestung vorstoßen. Berlin besäße keine strategische Bedeutung mehr, auch hätten viele Ministeriumsangehörige die Stadt in Richtung Süden verlassen. Das eingekesselte Ruhrgebiet sei das eigentliche Herz Deutschlands. Sobald dieses Industrierevier sich in alliierter Hand befände, müsse Berlin automatisch sterben. Auch hierbei war der alliierte Oberbefehlshaber falschen Geheimdienst- und Pressemeldungen aufgesessen. Überdies hätte die Verteidigung der Alpenfestung den Einsatz spezieller deutscher Hochgebirgstruppen erfordert; diese waren jedoch an vielen Frontabschnitten bereits „verheizt" worden.

Eisenhower fürchtete nicht zuletzt das Auftreten des „Werwolfs". Hierbei war er einmal mehr der nationalsozialistischen Propaganda aufgesessen. Die „Werwölfe", d.h. deutsche Partisanenverbände im Rücken der Gegner, haben nie eine militärische Rolle gespielt. General Bradley schätzte Eisenhower gegenüber die amerikanischen Verluste bei einem weiteren Vordringen in Richtung Berlin auf ungefähr 100000 Mann.[74] Auch diese Schätzungen befanden sich jenseits aller Realität. Denn die deutschen Soldaten an der Ostfront bewegte mehrheitlich nur die Vorstellung, die Russen bis zur Ankunft der Amerikaner aufzuhalten.

Vielleicht hatte sich der Oberbefehlshaber der 12. US-Armeegruppe, General Bradley *, auch von den harten Kämpfen um den Brückenkopf vor Zerbst zu der Annahme verleiten lassen, der deutsche Widerstand würde sich vor Berlin noch steigern. Hierbei übersah er, daß der Brückenkopf in den Aufmarschraum der Armee Wenck zielte. Und vor Zerbst lagen Verbände mit zum großen Teil fanatischen jungen Offiziersbewerbern. An der Westfront jedoch war es eher eine Ausnahme, daß gegen vorrückende amerikanische Verbände noch solch harter Widerstand geleistet wurde.

Als folgenschwer erwies sich weiterhin die Tatsache, daß die amerikanischen Armeekarten bereits eingezeichnete Besatzungszonen enthielten. Bradley meinte dann auch, wenn die Besatzungszonen in der Konferenz von Jalta nicht schon festgelegt worden wären, hätte er sicherlich einem Angriff auf Berlin aus politischen Gründen zugestimmt. So sah er aber keinen Sinn mehr darin, amerikanische Verluste zu riskieren, um eine Stadt zu erobern, die dann sowieso den Russen übergeben werden müßte. Waren die Grenzen der zukünftigen Besatzungszonen schon so unverrückbar festgelegt? In England jedenfalls war man anderer Meinung. In Jalta hieß es, wer zuerst nach Wien, Prag und Berlin käme, sollte die Stadt nehmen. Darauf wies Churchill nochmals hin.[75] Eisenhower und sein Oberkommando entschieden dagegen ausschließlich nach militärischen Überlegungen. Der Kommandobereich umfaßte rein operative Kriegsziele. Churchill und sein Oberbefehlshaber Montgomery brachten dagegen weitsichtigere politische Gründe ins Spiel. Ihnen war klar geworden, daß aus den bisherigen kleinen Reibereien mit der sowjetischen Führung große Nachkriegskonflikte erwachsen mußten. Die Ideologie der Sowjetunion und dort besonders Stalins Überlegungen waren auf die Vorherrschaft in Europa angelegt. In Polen, Rumänien, Bulgarien, Ungarn und auf dem Balkan, wo die Sowjets gerade den Bürgerkrieg schürten, schickten sie sich an, kommunistische Systeme zu errichten. Für Churchill bedeutete dies: Stop den Russen, besonders im Osten des geschlagenen Deutschlands – der Mitte Europas! An eine demokratische Neuordnung jenseits der Elbe war aber wegen des sowjetischen Hegemoniestrebens nicht zu denken. Nach Churchills Meinung mußte Stalin gezwungen werden, die Vereinbarungen von Jalta zu respektieren. Deshalb wäre auch der weitere zügige Vorstoß der 9. US Army aus dem Brückenkopf vor Zerbst heraus auf Potsdam und Berlin ein wichtiges Faustpfand

---

*   General Bradley, Oberbefehlshaber der 12. US Army Group. Sie bestand aus der 9. Armee im Raum beiderseits von Magdeburg, der 1. bei Halle/Leipzig und der 3., die von Plauen auf Chemnitz vorstieß.

gewesen. Churchill soll auf die Nachricht vom Überschreiten der Elbe hoch erfreut reagiert haben.[76]

Auf der anderen Seite wußte Stalin natürlich um die Gefahren für seine Pläne der sowjetischen Vorherrschaft, die das schnelle alliierte Vordringen bis zur Elbe bedeuteten. Am selben Tag, an dem er das Telegramm an Eisenhower abschickte, in dem er darauf hinwies, an Berlin nicht interessiert zu sein, hatte er die Marschälle Shukow und Konjew zu sich ins Hauptquartier befohlen und erklärte sein Hauptziel: Die Eroberung Berlins! Der Vorstoß der sowjetischen Armeen auf die Reichshauptstadt sollte etwa Mitte Mai beginnen.[77] Jetzt befahl er seinen Marschällen, den Angriff um einen Monat vorzuverlegen. Stalin hatte Eisenhower absichtlich belogen. Als der amerikanische Brückenkopf über die Elbe bei Barby gebildet wurde, trieb Stalin seine Armeeoberbefehlshaber zu zusätzlicher Eile an, um den Angriffstermin für den Sturm aus den Oderbrückenköpfen heraus nochmals vorverlegen zu können.

Eine Änderung in der amerikanischen Planung schien nicht ausgeschlossen. Als General Bradley Eisenhower die Nachricht von der erfolgreichen Überquerung der Elbe durch die 83. US Infantry telefonisch übermittelte, erklärte der Oberbefehlshaber, er wolle seine Entscheidung, nicht auf Berlin vorzustoßen, nochmals überdenken. „Wieviele Verluste wird es kosten?" fragte er Bradley. „Ungefähr 100 000", schätzte dieser.[78]

Im Stab der 9. US Army war inzwischen der präzise Plan ausgearbeitet worden, den Brückenkopf von Zerbst bis Potsdam auszudehnen. An Nachschub bestand kein Mangel: Artillerie und Panzer waren ausreichend vorhanden, ebenso fehlte es nicht an Munition und Verpflegung. Weiterhin konnte jetzt mit massiver Luftunterstützung gerechnet werden. Die Jagdbomber waren alle mit Zusatztanks ausgerüstet worden, allerdings auf Kosten der Bombenlast. Und nach der Eroberung und Säuberung des Dreiecks zwischen der Saalemündung und der Elbe von den Deutschen, konnte die zweite Pontonbrücke bei Breitenhagen und Tochheim über die Elbe geschlagen werden. Der Angriff aus dem Brückenkopf war daher keine Problem.

Einen letzten Versuch, General Eisenhower umzustimmen, den Stop-Befehl zu revidieren, unternahm General Simpson, Befehlshaber der 9. US Army. Er flog am 15. April vormittags zu General Bradley nach Wiesbaden. In dessen Hauptquartier unterbreitete er seine Operationspläne. Bradley hörte aufmerksam zu, als Colonel Mead, Simpsons G 3 (verantwortlich für taktische Planung), den Gesamtplan erläuterte. Doch am Ende des Vortrags sagte er, er müsse Eisenhower anrufen und nach seiner Entscheidung fragen. Simpson hörte das Ende von Bradleys Gespräch mit: „Alles in Ordnung, Ike", sagte Bradley, „das habe ich mir gedacht. Ich werde es ihm ausrichten. Good bye."[79] Mit diesem Telefonat waren die Würfel gefallen – es gab keinen amerikanischen Vorstoß auf Berlin.

Der Kampf geht weiter

Der Brückenkopf vor Zerbst führte durch Eisenhowers Stop-Befehl ins Leere. Die Vermutung, Zerbst wäre nicht bombardiert und zerstört worden, wenn der Anhaltebefehl früher gekommen wäre, trifft nicht zu.[80] Nach militärtaktischen Gesichtspunkten mußte das „Communication Center Zerbst" bombardiert und ausgeschaltet werden. Durch den Aufstellungsraum der Armee Wenck ging von dieser Region eine latente Gefahr für die amerikanischen Verbände aus. Deshalb mußte alles unternommen werden, um die militärische Lage zu stabilisieren und die deutsche Verteidigung um Zerbst zu schwächen. Diese Taktik wird weiterhin belegt durch die Bombenangriffe auf deutsche Einrichtungen östlich der Elbe, die weiter geflogen wurden. Biederitz und seine Kasernen wurden am 17. April, also einen Tag nach dem Angriff auf Zerbst, bombardiert. Ebenfalls am 17. April ging nochmals ein Bombenhagel von 350 „Maraudern" auf Magdeburg nieder, nachdem die Deutschen der Aufforderung, die Waffen zu strecken, nicht nachgekommen waren. Am selben Tag kämpfte sich die 30. US Infantry-Division durch die rauchenden Trümmer der Stadt voran. Am nächsten Morgen sprengten die Deutschen dann die letzte Brücke über die Elbe. General Bradley war darüber sogar erfreut, denn es ersparte ihm, wie er lakonisch feststellte, einen neuen Brückenkopf ins Nirgendwo einzurichten.[81] Weitere Luftangriffe der 9. US Bombardment-Division auf Ziele zwischen Wittenberg und dem Fläming bis Ende April sprechen dafür, daß sie der Entlastung aller im Brückenkopf Zerbst stehengebliebenen Verbände dienen sollten.[82]

Erneuter Artilleriebeschuß auf die schwer geprüfte Stadt Zerbst setzte ein. Auch die Androhung eines neuen Luftangriffs, falls die Stadt sich nicht ergäbe, läßt die Deutung, der Anhaltebefehl habe die Luftstreitkräfte der 9. US Air Force zu spät erreicht, als unzutreffend erscheinen. Zerbst blieb strategisches Ziel; es mußte genommen werden, da nur dadurch der Brückenkopf gesichert werden konnte. Der schnelle Vorstoß der 9. US Army in Richtung Elbe hatte die Flanken weit auseinanderklaffen lassen. An der Nordflanke in der Altmark war eine Lücke von fast 90 km zu den nördlich davon operierenden englischen Streitkräften entstanden. Das war nicht ungefährlich. Im Hinterland gab es vereinzelte deutsche Widerstandszentren, die bei dem schnellen Vordringen rechts und links liegengelassen worden waren. Im Harz und im Wesergebirge wehrten sich noch einige Einheiten. Überrascht stellten die GI´s fest, daß es an der Elbe ungefährlicher wäre als im Hinterland.[83]

Weiter im Süden, in Halle, befehligte ein zu allem entschlossener deutscher Kampfkommandant, Generalleutnant Rathke, ungefähr 4 000 Mann, darunter eine Nachrichtenschule, Teile von SS-Einheiten und Batterien des Halle-Leipziger Flak-Gürtels. Ein amerikanischer Luftangriff und Aufforderung durch Flugblätter an die Zivilbevölkerung von Halle, endlich die weiße Flagge zu zeigen, führten zu keinem Ergebnis. Jedoch waren sämtliche Brücken über die Saale gesprengt worden. Von Norden her hatte die 3. US-Panzerdivision mit der 104. Division eine Pontonbrücke über die Saale schlagen können. Von hier aus drangen sie jetzt in die Stadt ein. Um jede Straße wurde erbittert gekämpft. Da erschien am 16. April in den amerikanischen Stellungen Graf Felix Luckner, der als Seeheld des Ersten Weltkriegs bekannt war, um zu verhandeln. Er teilte mit, daß der deutsche Kampfkommandant seine Verteidigung auf das letzte Drittel der Stadt zurücknähme, um die Krankenhäuser zu schützen. Drei Tage lang kämpfte das 414. US-Regiment der 104. Division um jedes Haus. Die übrigen Teile der Division stießen weiter auf Bitterfeld und zur Mulde vor. Die 3. US-Panzerdivision drehte hinter dem Saaleübergang nach Norden ein, und in schnellem Vormarsch erreichte sie die Autobahn südlich von Dessau. Auch dieses Gebiet zählte zum Aufstellungsraum der Armee Wenck. Drei Regimenter der Ulrich-von-Hutten-Division hatten hier Stellung bezogen. Nach wie vor hielten sie einen deutschen Brückenkopf nördlich der Stadt und westlich der Elbe in der Hoffnung, die im Harz eingeschlossenen Verbände noch entsetzen zu können. Im mühsamen Häuserkampf war auch Köthen eingenommen worden. Nach einem Tag war dieses anhaltische Fürstenstädtchen von der 3. US-Panzerdivision erobert worden. Tags darauf flammten nochmals Kämpfe mit eingesickerten deutschen Soldaten auf. Es dauerte noch weitere 12 Stunden bis die US-Panzer von Südwesten her auf Dessau zurollen konnten.

Am 15. April hatte eine Sondereinheit der Amerikaner die Mulde an der zerstörten Autobahnbrücke drei Kilometer südöstlich von Dessau erreicht. Einige GI´s setzten sofort über den Fluß, gruben sich ein und hatten auch hier einen Brückenkopf gebildet. Eine Pontonbrücke konnte nicht gebaut werden, da deutsche Flakbatterien Störfeuer schossen. Ebenso erschwerte der schwierige Zugang auf der Ostseite dieses Vorhaben. Dann traf auch hier am 16. April der Halte-Befehl ein. Der Divisionskommandeur General Hickey zog daraufhin seine Männer auf das Westufer der Mulde zurück. Ein Teil wandte sich jetzt nach Süden in Richtung Bitterfeld-Leipzig, um dort die 1. US Army zu unterstützen. Fünf Tage wartete der andere Teil, dann erfolgte am 21. April der Angriff auf die Stadt Dessau. Harte Straßenkämpfe entwickelten sich, und es dauerte noch zwei weitere Tage, bis die Trümmer der zerbombten anhaltischen Hauptstadt von den Amerikanern besetzt werden konnten. Teile der Armee Wenck, bestehend aus den Scharnhorst- und Ulrich-von-Hutten-Divisionen, hatten den amerikanischen Vormarsch zehn Tage lang aufgehalten.

In Güterglück glimmten am 16. April immer noch die Feuer aus zahlreichen Gehöften und Scheunen; auch die Kirche brannte und stand als leuchtendes Menetekel am Abendhimmel. In einem Keller hatten 32 Menschen den Tod gefunden, als sie vor dem Beschuß und den Bomben Schutz gesucht hatten. Darunter waren verschleppte polnische und ukrainische Landarbeiter sowie eine Reihe von Flüchtlingen aus dem Osten. Die Amerikaner hatten Güterglück wieder in Besitz genommen und ihre Stellungen am Ortsrand ausgebaut. Am selben Tag war auch das kleine Dörfchen Eichholz von der 331. US Infantry erobert worden. Glücklicherweise gab es hier nur ein paar Einschüsse am Schulhaus.

Andere Teile des 331. waren am frühen Morgen bei Hohenlepte nochmals in schwere Kämpfe verwickelt worden. Hier hatte sich die H-Kompanie am Rande des am Vortag eroberten Dorfes eingegraben. Der 2. Zug bezog Stellung am letzten Haus des östlichen Ortsrandes. Vor dem Bauernhaus wurden die beiden schweren Maschinengewehre im Abstand von 30 m so postiert, daß von hier aus das offene Feld bis Niederlepte eingesehen werden konnte. Corporal Emanuel Lamb hatte gerade seine Wache angetreten, da rollte der deutsche Angriff aus Richtung Niederlepte auf ihn zu. Die beiden schweren MG´s eröffneten sofort das Feuer. Gleichzeitig schoß die amerikanische Artillerie aus allen Rohren auf die heranstürmenden Infanteristen, die von zahlreichen Panzern und Sturmgeschützen begleitet wurden. Einige Panzerfahrzeuge standen bald als lodernde Fackeln auf den Feldern. Und das Erstaunliche geschah: Viele der „angreifenden" deutschen Soldaten kamen jetzt mit erhobenen Händen und sogar mit weißen Fahnen auf die amerikanischen Linien zu und ergaben sich. Hatten sie den Angriff benutzt, um endlich die Konsequenzen zu ziehen und um den sinnlosen und mörderischen Kampf zu beenden? Wenn ihnen auch als Kriegsgefangene noch schwere Monate bevorstanden, so hatten sie doch wenigstens ihr Leben gerettet! Für die H-Kompanie des 331. Infantry-Regiments war dies die letzte Kriegshandlung des Zweiten Weltkriegs.

Am 16. April, 12.30 Uhr, war der Divisionsbefehl an allen Einheiten der 83. US Infantry-Division ergangen, alle Angriffshandlungen einzustellen und die Verteidigungsstellungen auszubauen. Der Stop-Befehl Eisenhowers!

Am späten Abend gegen 23 Uhr gab es ein Gerücht, deutsche Einheiten würden sich anschicken, mit ca. 500 Mann bei Barby die Elbe zu überqueren und von Norden her die Pontonbrücke anzugreifen und zu zerstören. Major Banion übernahm den Befehl über die Verteidiger von Barby. Der Nachrichten- und Aufklärungszug, die Panzerabwehrkompanie, die Brückenpioniere und die gesamte Flugabwehr erwarteten den Angriff – doch es erwies sich als eine Fehlmeldung aus der Gerüchteküche der Kriegsgefangenen. Am frühen Morgen traf als Verstärkung das 1. Bataillon des 330. US Infantry-Regiments in Walternienburg ein, das sofort Stellung vor Steckby bezog.

Am 17. April konnte dann auch die zweite Spurtafelbrücke von den Amerikanern über die Elbe zwischen Breitenhagen und Tochheim eingeweiht werden. Von der Saale her besetzten Teile der 83. US Infantry-Division das Gebiet um Groß Rosenburg. In Calbe hatte sich inzwischen der Divisionsgefechtsstand eingerichtet.

Wie eine gigantische Fackel beleuchtete in der Nacht zum 17. April das brennende Zerbst die amerikanischen und deutschen Stellungen. Als die Sonne dann heraufzog, waren ihre Strahlen von Rauchschwaden verhangen, die aus der schwer getroffenen Stadt aufstiegen. In Zerbst entstanden immer neue Brände, die kaum gelöscht werden konnten. Löschwasser war nur in Brunnen oder in Bombentrichtern vorhanden. Ab und zu gab es auch noch Klopfzeichen von Eingeschlossenen. Die Menschen wurden herausgezogen und in Sanitätsbaracken am östlichen Stadtrand notdürftig versorgt. Überall lagen Tote, die Volkssturmmänner zum Friedhof transportierten. Die wenigen einsatzbereiten Feuerwehrleute waren machtlos, die Flammen fraßen sich, von Straße zu Straße überspringend, durch die Stadt. Versuche, mit Sprengstoff Feuerschneisen durch die Häuser zu sprengen, erwiesen sich als nutzlos. Auch waren die Helfer gezwungen, immer wieder in Deckung zu gehen. Sowohl am Stadtrand als auch im Zentrum schlugen pausenlos Granaten ein, abgefeuert von zahlreichen amerikanischen Batterien. Die in der Stadt gebliebenen verzweifelten Menschen hungerten, denn auch die meisten Vorräte waren durch den Luftangriff vernichtet worden. Am späten Nachmittag trafen endlich auf Pferdewagen transportierte Lebensmittel aus Altengrabow und Roßlau in der Kaserne ein. Sie wurden so weit es ging an die Bevölkerung verteilt.[84] Ab und zu vernahmen die Zerbster auch die Abschüsse deutscher Geschütze. Zwei Flakbatterien mit 8,8 cm-Kanonen lagen vor Luso und an den Stadtfichten im Süden. Letztere machten am Nachmittag Stellungswechsel nach Wertlau. Von den Batterien schoß jedoch nur jeweils ein Geschütz; die Munition war fast aufgebraucht und Nachschub gab es nicht mehr.

Von einer deutschen HKL vor Zerbst konnte man nicht mehr ausgehen. Nur wenige hundert schlecht bewaffnete Soldaten standen zur Verfügung. Es waren ein Baubataillon mit vorwiegend älteren Männern und Reste der Heeres-Nachrichten-Unteroffiziersschule. Diese mußten eine Linie besetzen, die sich vom westlichen Stadtrand die Güterglücker Chaussee entlangzog und über Leps, Kermen bis Steutz-Steckby reichte. Alle Straßen und Wege vor ihren Stellungen wurden unter heftigem amerikanischen Beschuß vermint.

Noch immer gab es keinen Gedanken an Kapitulation. Das Hauptquartier der Armee Wenck in Roßlau bestand eisern auf Halten der Front. Zusätzlich hatte der Nazi-Gauleiter Jordan in Roßlau neben dem Armeegefechtsstand sein Quartier aufgeschlagen. Von hier aus ergingen die immer absurderen Durchhaltephrasen. Gegen 20.30 Uhr tauchten plötzlich etwa zehn deutsche Bombenflugzeuge über der Elbe und Walternienburg auf. Die abgeworfenen Bomben richteten aber keinen Schaden an. Der Angriff galt wohl der Pontonbrücke, die unbeschädigt blieb. Vorgeschobene amerikanische Artilleriebeobachter hatten am frühen Abend bei Moritz deutsche Truppenteile auf Fahrrädern ausgemacht. Die Korps-Artillerie nahm sie sofort unter schwersten Beschuß. Auch am Morgen des nächsten Tages, dem 18. April, gab sich die Führung der Armee Wenck der trügerischen Hoffnung hin, den amerikanischen Brückenkopf mit einem konzentrischen Angriff beseitigen zu können. Er wurde auf den 22. April festgesetzt. Bis dahin sollten kleine Schläge der Division Scharnhorst zur Einengung des Brückenkopfes gegen die amerikanischen Streitkräfte geführt werden – ein Beweis dafür, daß die deutsche Planung auf einem fiktiven Wunschdenken beruhte! Die wirkliche militärische Lage, die gewaltige Material- und Truppenüberlegenheit der Amerikaner wurde dabei völlig ignoriert. Und es war abzusehen, daß weiterhin viele Menschen sinnlos sterben mußten!

Inzwischen hatte die Kampfgruppe Hogan der 3. US-Panzerdivision das 3. Regiment der Division Scharnhorst weiter nach Osten zurückgedrängt und Aken genommen. Gegenüber, nordöstlich der Elbe, versuchte am 18. April gegen 10 Uhr ein Bataillon des 1. Regiments Scharnhorst einen Entlastungsangriff gegen die Stellungen des 331. US Infantry-Regiments. Tatsächlich gelang es anfangs einigen kleinen deutschen Gruppen, in den Steckbyer Forst einzusickern. Doch am Nachmittag hatten die Amerikaner die Lage bereinigt. Zahlreiche deutsche Landser waren tot, andere gingen in Gefangenschaft. Im Norden des Brückenkopfes bei Töppel hatte am frühen Morgen desselben Tages ein Spähtrupp der L-Kompanie des 329. 15 deutsche Gefangene gemacht. Auch fünf dorthin verschleppte Ostarbeiter hatten die Gelegenheit zum Sprung in die Freiheit genutzt.

Während des ganzen Tages am 18. April hielt der Artilleriebeschuß auf Zerbst an. Viele Granaten schlugen rings um die St. Bartholomäikirche ein. Ringsherum brannte alles. Die Brände hatten auch die Alte Brücke erfaßt, die Hauptgeschäftsstraße der Stadt. Der Heidetor-Friedhof im Osten der Stadt und südlich der Kaserne gelegen, lag ebenfalls unter starkem amerikanischen Artilleriefeuer. Wurden hier versteckte deutsche Truppenansammlungen vermutet? In der Tat hatten sich zahlreiche Zerbster auf den Friedhof geflüchtet und Deckung in den Grüften und hinter umgestürzten Grabsteinen gesucht. Möglich, daß die amerikanischen Artillerie-Beobachtungsflugzeuge diese gehetzten Menschen für Truppen ansahen. In einer Ecke des Friedhofs wurden gleichzeitig die Opfer des Bombenangriffs zusammengetragen und in einem Massengrab ohne Särge hastig begraben. Viele Opfer konnten nicht mehr identifiziert werden.

Zäh ging der Kampf weiter, die deutschen Verteidiger dachten nicht daran, sich aus Zerbst zurückzuziehen. Im Gegenteil! Um 18.30 Uhr an diesem 18. April eröffneten mehrere deutsche 10,5 cm-Geschütze nördlich der Stadt das Feuer auf die Stellungen der L-Kompanie vom 329. Die ihr benachbarte K-Kompanie hatte in Töppel einen Vorposten mit einem Panzerspähwagen und vier mit Maschinengewehren bewaffneten Jeeps errichtet. Bald erhielten die GI´s Unterstützung und Ablösung durch die A-Kompanie des 643. US-Panzerjäger-Bataillons. Pausenlos kreisten amerikanische Jabos über der Front. Sie machten mit ihren Bordwaffen Jagd auf alles, was sich bewegte. Vereinzelt klinkten sie auch ihre paar Bomben aus. Plötzlich tauchten vom Fläming her zwei deutsche Me 262 Düsenjäger auf. Östlich von Zerbst griffen sie die Thunderbolts an. Abschüsse wurden jedoch nicht beobachtet. So schnell, wie sie gekommen waren, drehten die beiden Me´s nach Osten ab. Wahrscheinlich war ihr Treibstoff verbraucht.

An diesem Tag war der Zerbster Nazi-Kreisleiter vom Gauleiter Jordan in dessen Hauptquartier nach Roßlau zum Rapport befohlen worden. Jordan schrie den Kreisleiter an und machte ihm Vorwürfe. Er habe gehört, daß in Zerbst Tendenzen unter der Bevölkerung bestünden, die Stadt solle sich den Amerikanern ergeben. Der Gauleiter schnaubte: „Und wieviel haben Sie erschießen oder aufhängen lassen?"[85]

Nochmals tauchten in der Abenddämmerung deutsche Flugzeuge auf. In einem Tieffliegerangriff mit Bomben und Bordwaffen versuchten sie, die Truman-Bridge zu treffen. Konzentrisches Abwehrfeuer des 453. US-Fla-Bataillons empfing die deutschen Maschinen. Die B-Batterie schoß dabei von drei angreifenden FW 190 zwei ab. Eine halbe Stunde später, gegen 21.30 Uhr, versuchten nochmals deutsche Bombenflugzeuge die Brücke zu treffen. A- und D-Batterie schossen eine He 111 und eine Ju 88 ab. Die Pontonbrücke blieb unbeschädigt, denn die Bomben explodierten mindestens 300 m entfernt im Wasser der Elbe oder auf freiem Feld.[86] Um Mitternacht dieses Tages marschierten deutsche Soldaten durch Zerbst. Am freistehenden Glockenturm der St. Bartholomäikirche fragte sie ein älterer Zerbster Bürger [87], der sich vor dem Artilleriebeschuß mit seiner Frau hinter die dikken Mauern geflüchtet hatte: „Ihr zieht Euch wohl zurück?" „Mann, wo denken Sie hin!" war die Antwort. Der Wahnsinn schien kein Ende zu nehmen.

Vor Berlin und an der Oder war die Entscheidung gefallen. Am 18. April brachen die Russen durch und standen auf den Seelower Höhen, auch an anderer Stelle war man vorangekommen. Jetzt schickte sich die Rote Armee an, auf Berlin vorzustoßen.

In der Nacht zum 19. April krachte der Ostgiebel der St. Bartholomäikirche zusammen. Der Dachstuhl war ausgebrannt und stürzte ins Kirchenschiff. Auch im Zerbster Schloß hatte sich das Feuer bis zum Erdgeschoß durchgefressen. Prunkräume, Kabinette mit prächtigen Rokokomöbeln, Kunstwerke, Teile des anhaltischen Staatsarchivs und das gesamte Zerbster Stadtarchiv waren ein Raub der Flammen geworden. An diesem 19. April hielt der amerikanische Artilleriebeschuß an und forderte weitere Opfer unter der Zivilbevölkerung. Leider gab es auch Plünderungen. Manche Bewohner waren froh, ein bißchen ihrer Habe gerettet zu haben – da wurde sie gestohlen! Lebensmittel für die leidgeprüfte Bevölkerung in der Stadt gab es nicht. Nur zwei Großküchen, die am Stadtrand eingerichtet wurden, konnten notdürftig die hungernden Menschen versorgen.

Artillerie der Division Scharnhorst hatte inmitten der Güterglücker Straße in Zerbst Stellung bezogen, jedoch ihre Munitionsbestände waren fast aufgebraucht. Die Kämpfe rings um Zerbst gingen weiter. Am frühen Morgen des 19. April überwältigten deutsche Einheiten den amerikanischen Vorposten der K-Kompanie in Töppel. Spähtrupps, die ihn suchen sollten, fanden nichts mehr vor. Als das 329. Buckshot einen neuen Vorposten in dem kleinen Ort einrichten wollte, erhielten die Amerikaner starken Beschuß aus Stellungen nördlich des Dorfes. Gegen 11.30 Uhr griffen die Deutschen dann am Landwehr-Graben an. Auch zwei Tiger-Panzer fuhren, aus allen Rohren schießend, auf die Stellungen der GI´s zu. Konzentriertes Abwehrfeuer aus Granatwerfern und von der US-Artillerie beseitigte den Einbruch bei der K-Kompanie schnell. Amerikanische Artillerie-Beobachtungsflugzeuge meldeten, daß sich die deutschen Einheiten längs der heutigen Bundesstraße 184 eingegraben hätten. Allein in diesem Abschnitt wurden die 329er von neun US-Artilleriebataillonen unterstützt.

Die US Air Force beherrschte den Himmel und griff ebenfalls pausenlos an. Hier der Bericht[88] der 83.US-Division über die Lufteinsätze des 19.April:
- 11.00–12.10 Uhr:
  Eine Staffel greift Geschütze zwischen Lindau und Schora an. Fünf Geschütze vernichtet, Munition in Brand geschossen.
- 12.20–13.25 Uhr:
  Eine Staffel bombardiert Panzer bei Lübs. Zwei Panzer vernichtet. Eisenbahngeschütze bei Lindau vernichtet.
- 12.30–13.40 Uhr:
  Eine Staffel flog nördlich des Brückenkopfbereichs bewaffnete Aufklärung. Feindliche Transportfahrzeuge mit Bordwaffen angegriffen.
- 13.50–15.15 Uhr:
  Eine Staffel vernichtet vier Eisenbahngeschütze an der Eisenbahnstrecke bei Lindau. Ein Munitionszug brennt.
- 14.45–15.15 Uhr:
  Eine Staffel greift Töppel mit Bomben und Bordwaffen an. In Zerbst werden Panzer beobachtet.
- 15.40–16.50 Uhr:
  Eine Staffel vernichtet vier weitere Eisenbahngeschütze. Weitere Geschütze und Züge in nordöstlicher Richtung.
- 16.15–17.10 Uhr:
  Eine Staffel bombardiert Panzer und Transportfahrzeuge in Zerbst. Ergebnisse nicht beobachtet.
- 17.45–18.50 Uhr:
  Eine Staffel bekämpft Züge und Geschütze entlang der Eisenbahnstrecke nordostwärts mit Raketen und Bordkanonen.
- 18.10–19.25 Uhr:
  Eine Staffel bombardiert Geschütze mittleren Kalibers östlich von Zerbst. Ergebnisse nicht beobachtet.
- 19.40–20.30 Uhr:
  Eine Staffel versucht, in Lindau gemeldete Panzer zu bombardieren. Ziele werden wegen Dunkelheit und Dunst nicht gefunden.

Alle diese Einsätze weisen darauf hin, daß der Luftangriff auf Zerbst keinesfalls hätte gestoppt werden können, wenn der Anhaltebefehl Eisenhowers früher bei den Fliegern eingetroffen wäre. Der deutsche Widerstand mußte ausgeschaltet werden. So ging der Krieg weiter, wenn auch unter dem Vorzeichen, daß die Amerikaner nur noch den Brückenkopf verteidigten.

Von Berlin aus wurden am 20. April zwei Gruppen von Kampfschwimmern gegen die beiden amerikanischen Pontonbrücken über die Elbe eingesetzt. Später erfuhr man, daß sie in Venedig ausgebildet worden waren. Von ihrem Einsatz erhoffte sich die Armeeführung der 12. Armee Wenck einen Erfolg gegen den Nachschub der Amerikaner. Unter Wasser sollten sie Torpedos an die Brücken heranbringen, um diese damit in die Luft zu jagen. Die Kampfschwimmer wurden jedoch rechtzeitig entdeckt und wanderten in ein amerikanisches Gefangenenlager. Auch mit dem Einsatz von 15 Treibminen in der Elbe versuchten die deutschen Verbände die Brücken zu zerstören. Diese Unternehmen scheiterten ebenfalls an den wachsamen GI´s. Am Nachmittag des 20. April besuchte der Befehlshaber der 9. US Army, Lt. General Simpson, in Begleitung des Kommandeurs der 83. US Infantry-Division, Maj. General Macon, den Regimentsgefechtsstand. Sie gratulierten Colonel Crabill zu der spektakulären Leistung, die das 329. Buckshot-Regiment beim Vormarsch vom Rhein bis zum Elbebrückenkopf vollbracht hatte.

Am selben Tag beendete auch das 330. US Infantry-Regiment seinen Einsatz im Harz und bezog im Brückenkopf Stellung. Hauptaufgabe der starken amerikanischen Verbände war es jetzt, die Stellung dort leicht zu erweitern. Weiterhin sollte die Verteidigung ausgebaut und verstärkt werden. Man sah hier bei Zerbst einer Vereinigung mit den durchgebrochenen russischen Armeen entgegen.

Während Hitler an diesem Tag seinen letzten Geburtstag im Bunker unter der Berliner Reichskanzlei beging, stand Marschall Konjew mit den Panzerspitzen der 1. Ukrainischen Front zwischen Jüterborg und Wünsdorf. Shukow hatte im direkten Vorstoß auf Berlin die Linie Fürstenwalde–Strausberg–Bernau südlich von Zossen erreicht.

Erneut wurde ein Zivilist aus einem von den Amerikanern besetzten Dorf mit der Weißen Fahne nach Zerbst geschickt, um die Verteidiger zur Übergabe aufzufordern. Im Neuen Haus am Markt, das nur noch im Keller intakt war, wurde er verhört. Man wollte von ihm erfahren, wieviel Panzer die Amis hätten und wie sich die Soldaten der Bevölkerung gegenüber verhielten. Als Antwort an die Amerikaner wurde ihm aufgetragen: Zerbst verteidigt sich weiter. Kein Gedanke an eine Übergabe! Gegen Abend nahm der Artilleriebeschuß wieder zu. Am westlichen Stadtrand hatten sich vier deutsche Sturmgeschütze im sumpfigen Grund festgefahren. Erst als ein Knüppeldamm hastig aufgeschüttet wurde, fuhren sie über die Güterglücker Straße nach Westen aus der Stadt hinaus.

Am nächsten Morgen, dem 21. April, blieb es ruhig. Räumkommandos aus Volkssturmmännern und anderen Helfern bargen zahlreiche Tierkadaver, besonders in der stark zerstörten ländlichen Vorstand Ankuhn.

Das 1. und 3. Bataillon des 329. hatte Spähtrupps ausgeschickt, die unbemerkt durch die deutschen Linien bis an den Stadtrand von Zerbst gelangten. Sie meldeten, daß die deutschen Linien nur schwach besetzt wären. Andere Spähtrupps klärten bei Moritz und in den Ruinen von Töppel auf. Das 330. US Infantry-Regiment löste gegen Mittag das 320.

der 2. US-Panzerdivision ab und bezog Stellung zwischen Gödnitz und Gehrden. Gegen 16 Uhr feuerte erneut schwere deutsche Artillerie auf die Stellungen der K-Kompanie vor Töppel. Die Geschütze, so wurde vermutet, standen zwischen Lindau und Strinum. Ungefähr 11 Geschosse schlugen im Bereich der K-Kompanie ein. Eines riß einen Trichter von 2 m Tiefe und 3,65 m Durchmesser in den weichen Boden. Die geballte amerikanische Artillerie antwortete mit heftigem Beschuß auf Zerbst. Auch befanden sich ständig mehrere Staffeln des IX. TAC-Fighter-Verbandes über der Stadt und deren Umgebung. Besonders die 354. Fighter Group machte mit ihren P 51 Jagd auf alles, was sich am Boden bewegte.

Am Abend des 21. April 1945 erreichte die Rote Armee im Norden den Stadtrand von Berlin. Artilleriegeschosse der schweren russischen Geschütze schlugen von jetzt an in der Mitte der Reichshauptstadt ein.

Vor Zerbst flammte in der folgenden Nacht zum 22. April die Kampftätigkeit wieder auf. 12 Granaten, abgefeuert von deutschen Geschützen auf Selbstfahrlafetten, hinterließen bei der L-Kompanie im Raum Moritz tiefe Trichter. Von den amerikanischen Vorposten wurden gegen 4 Uhr morgens Fahrzeuggeräusche auf der deutschen Seite gemeldet. Ein Anzeichen, daß etwas im Gange war. Die Ursache dafür lag bei Hitlers Entscheidung, in Berlin zu bleiben. Generaloberst Jodl brachte deshalb in der Lagebesprechung im Führerbunker den Vorschlag ein, die gesamte Front gegen die Amerikaner aufzugeben. Die hierbei freiwerdenden Truppen sollten im Kampf um Berlin eingesetzt werden. Hitler stimmte zu. Das OKW setzte den Plan sofort um. Nördlich von Magdeburg wurde das XXXIX. Panzerkorps in Richtung Nauen in Marsch gesetzt. Die Elbverteidigung zwischen Magdeburg und Dessau und die Muldefront bis Grimma sollten nur aufgelockert und dadurch mit drei neu gebildeten Divisionen auf der Linie Jüterborg–Brück–Zossen und Teltow der Gegenangriff gegen die vorstoßenden Russen geführt werden.

Die Division Scharnhorst wurde angewiesen, vorläufig in den Stellungen gegen den amerikanischen Brückenkopf vor Zerbst zu bleiben.[89] Stadtkommandant Koenzgen sah sich nicht in der Lage, den Ort zu übergeben. Die Befehlslage wies der zusammengewürfelten deutschen 12. Armee zudem die unlösbare Aufgabe zu, an zwei Fronten gleichzeitig einen vielseitig überlegenen Gegner zu bekämpfen. Darüber hinaus mußte das Armeehauptquartier General Wencks wegen des amerikanischen Vorrückens auf Dessau von Roßlau in das Forsthaus Alte Hölle bei dem kleinen Dorf Medewitzerhütten in der Umgebung von Wiesenburg im Fläming verlegt werden.

Am Nachmittag des 22. April waren die Russen bis östlich von Wittenberg vorgestoßen. Ihre Panzerspitzen wurden jedoch von deutschen Sturmgeschützen gestoppt, alle 12 T 34 standen in Flammen. Um Menschenleben zu schonen, verzichteten die Russen auf ein sofortiges weiteres Vorrücken.

Die amerikanische Divisionsführung wurde durch deutsche Kriegsgefangene genauestens über den letzten Stand des russischen Vormarsches unterrichtet. Vorsorglich bildete das 2. Bataillon des 329. einen Einsatzverband (task force), bestehend aus je einem Zug Panzer, Jagdpanzer, Panzerjägern, Pionieren, schweren Maschinengewehren. Dazu kam der Aufklärungszug. Diese Einheit war dazu ausersehen, sich mit den vorrückenden Russen zu treffen. Der russische Oberleutnant Prissjaschnjuk, der vorher aus deutscher Kriegsgefangenschaft befreit worden war, versuchte per Funk mit den russischen Streitkräften Verbindung aufzunehmen. Er hörte zwar russische Befehle, Codewörter und Feuerdaten, doch bekam er keine Antwort auf seine Anrufe.

Nochmals wurde ein Zivilist nach Zerbst hineingeschickt. Er sollte die Stadt zur Übergabe auffordern, um sie vor weiterer Beschießung und eventuellen Bombenangriffen zu bewahren. Auch dieser Unterhändler kehrte um 18.40 Uhr ohne Ergebnis zurück. Der Stadtkommandant sandte die Antwort, er wäre nicht befugt, die Übergabe zu genehmigen. Am späten Nachmittag des 22. April wurde der Beschuß durch die amerikanische Artillerie mit ganzer Wucht fortgesetzt. Wieder brannten in der Stadt Häuser, die bisher unbeschädigt geblieben waren.

Treffen mit den Russen bei Zerbst?

Am 23. April nachts um 2 Uhr besuchte Generalfeldmarschall Keitel den Gefechtsstand Wencks in Medewitzerhütten bei Wiesenburg.[90] Er übermittelte General Wenck persönlich den Befehl zur Kehrtwendung der 12. Armee an der Elbe und zum Angriff auf Berlin. „Wir müssen den Führer befreien!" mit diesen Worten leitete Keitel das Gespräch ein. „Sie, Wenck, haben es in der Hand, Deutschland zu retten!" fuhr er fort.[91] Umgehend wurden die Befehle an die Armee weitergegeben. Wenck war sich längst darüber im klaren, daß er mit diesen zusammengewürfelten Einheiten kein Wunder mehr bewirken konnte. Heimlich hatte er bereits den Entschluß gefaßt, seine Armee vor den Russen bei den Amerikanern in Sicherheit zu bringen.

US-Artillerie-Beobachtungsflugzeuge kreisten vom Tagesanbruch bis in die Nacht hinein über den Frontlinien mit der Weisung, auf russische Truppen zu achten, die aus östlicher Richtung erwartet wurden. Der inzwischen beim Regimentsstab des 329. am Funkgerät sitzende russische Oberleutnant versuchte pausenlos, mit den sowjetischen Streitkräften Kontakt aufzunehmen. Gegen Mittag empfing er Antwort: „Wer sind Sie, wer sind Sie – ich höre Sie gut, Sie haben ein wunderschönes Funkgerät!"[92] Die amerikanischen Offiziere des Regimentsstabes nahmen jedoch an, daß diese Meldung von den Deutschen kam und zur Irreführung der Amerikaner führen sollte. Doch dann gegen 16.35 Uhr gab es tatsächlich Funkkontakt zu den vorgehenden russischen Streitkräften. Diese gaben allerdings ihre Position nicht an. Deshalb wurde angenommen, daß sie noch mindestens 20 km vor Zerbst standen. Voller Optimismus sagte Colonel Crabill, daß er sich am nächsten Tag mit den vorgerückten Russen treffen wolle. Das Ganze hatte sich wie ein Lauffeuer bei den amerikanischen Kriegsberichterstattern herumgesprochen. Reporter und Fotografen überschwemmten jetzt in großer Zahl den Regimentsstab. Alle großen amerikanischen Illustrierten hatten ihre Leute in Walternienburg versammelt. Keiner wollte es natürlich versäumen, wenn sich Amerikaner und Russen zum ersten Mal trafen. Auch die Divisionsführung der 83. Thunderbolt ging davon aus, daß die Begegnung mit den Russen in oder bei Zerbst stattfinden würde. Die Reporter stürzten sich auf jeden GI der am Tage vorher gebildeten „task force". Sie fragten, aus welcher Stadt der USA er käme, und wie er die Lage einschätze. Das kleine Dorf Walternienburg war zum Mittelpunkt des öffentlichen Interesses der westlichen Welt geworden.

Gegen 17 Uhr gab es schließlich Funkverbindung mit einem russischen Panzertruppenteil. Die Russen antworteten, sie würden die Verbindungsaufnahme an die höheren Stäbe weitermelden. Die Amerikaner funkten zurück, daß ihre Soldaten durch die US-Fahne am vorausfahrenden Fahrzeug zu erkennen wären.[93] Auch gaben sie ihren Truppenteil bekannt, ebenfalls den Namen des Divisionskommandeurs. Die Russen sollten ebenfalls ihre Einheit benennen. Jedoch diese antworteten mit Funkstille. Um 17.15 Uhr rief der Befehlshaber der 9. US Army, General Simpson, beim Regiment an und gab Anweisung, daß die Russen mit den Amerikanern in Walternienburg zusammentreffen sollten. Doch aller Euphorie zum Trotz standen die Truppen der 1. Ukrainischen Front unter Sowjetmarschall Konjew noch weit entfernt vor Wittenberg. Die ersten sowjetischen Stoßtrupps waren zwar schon in die Stadt eingedrungen, doch schnell über die Elbe gebrachte Einheiten der Ulrich-von-Hutten-Division warfen sie durch einen wuchtigen Gegenstoß wieder aus der Lutherstadt hinaus.

Als die Nacht hereinbrach, setzte das 329. Spähtrupps in Richtung Zerbst in Marsch. Sie sollten feststellen, ob die deutschen Truppen eventuell die Stadt schon verlassen hätten und welches die besten Straßen für den Angriff wären.

Die Amerikaner wußten immer noch nicht, wo die Russen waren. Vorsorglich gab der Divisionskommandeur, Maj.General Macon, den Befehl, daß am nächsten Morgen, also am 24. April, das Treffen mit den vorgestoßenen sowjetischen Soldaten in Zerbst stattfinden sollte. Generalmajor Macon wollte in Begleitung einiger Stabsoffiziere der 9. US-Army und einer Schar von Kriegskorrespondenten und Filmleuten mit einer Eskorte von Panzern in die Stadt hineinfahren und dort feierlich mit den Russen zusammentreffen. Aber die zurückgekehrten Spähtrupps berichteten, daß die Deutschen gerade dabei wären, die Stellung um Zerbst noch zu verstärken. Die Amerikaner konnten jedoch nicht wissen, daß es sich hier lediglich um Umgruppierungen nach dem Abzug von zwei Regimentern der Division Scharnhorst handelte. Die Kompanien des 1. und 2. Regiments waren heimlich aus den Stellungen herausgelöst worden. Statt ihrer rückten jetzt die Festungsbataillone 115 und 110 in die deutsche HKL ein. Der Kampfwert dieser beiden Einheiten war gleich Null, denn sie bestanden ausschließlich aus Magenkranken.[94] Weiterhin wurden zwei zusammengewürfelte Baubataillone auf Fahrrädern zur Verteidigung eingesetzt. Auch 8,8 cm-Flak lag noch in der Umgebung, einige Geschütze bezogen sogar in den Trümmern der Stadt Stellung.

Dem deutschen Oberkommando war inzwischen auch klar geworden, daß die Amerikaner in ihrem Brückenkopf vor Zerbst verhalten würden. Deutsche Kriegsgefangene, die von den zahlreichen Spähtrupps des 329. am frühen Morgen des 24. April gefangengenommen waren, berichteten, daß Zerbst nur noch von einem einzigen Bataillon verteidigt würde. Aber auch Infanterie-Haubitzen und Granatwerfer stünden noch dort. Sie erzählten ferner von einem Gerücht: Die Amerikaner hätten die diplomatischen Beziehungen zu den Russen abgebrochen. Sie würden sich jetzt mit den Deutschen verbünden, um gemeinsam gegen die Bolschewisten zu kämpfen.[95] Anscheinend war hierbei von den deutschen Propagandastellen der Rückzugsbefehl kolportiert worden, der ein Kehrtmachen gen Osten an der Elbe befohlen hatte. Vielleicht beabsichtigte man damit, den allenthalben festzustellenden Auflösungserscheinungen des deutschen Heeres entgegenzuwirken, um nochmals Kampfbereitschaft zu erreichen.

Inzwischen versuchte man beim 329. Buckshot-Regiment pausenlos weiter, per Funk mit den Russen Kontakt aufzunehmen – doch dort herrschte seit dem vergangenen Tag Funkstille. Telefonisch schlug General Macon vor, zwei Zivilisten rund um Zerbst erkunden zu lassen, wo die Russen inzwischen stünden. Einer sollte in Richtung Jütrichau, der andere nördlich von Zerbst die Leute befragen. Lieutenant Magill vom Aufklärungszug und Lieutenant Mac Farlane, letzterer als S 2 des 3. Bataillons für die Beurteilung der Feindlage zuständig, wurden angewiesen, in ihren Abschnitten nach Zivilpersonen zu suchen. Als Lohn sollten den Deutschen Lebensmittel, Zigaretten, Süßigkeiten usw. versprochen werden. Die beiden Zivilisten müßten sich zu Fuß auf den Weg machen. Nach Rückkehr sollte ihnen gestattet werden, auf die Westseite der Elbe überzuwechseln. Das Regiment würde sie gegen Einbruch der Dunkelheit zurückerwarten. Um 12.35 Uhr konnte wieder Funkkontakt zu den Russen hergestellt werden. Ein sowjetischer Panzerkommandant antwortete auf den amerikanischen Ruf und fragte nach der Einheits-Kenn-Nummer. Er versprach, daß er die Information über ein beabsichtigtes Treffen mit dem amerikanischen Divisionskommandeur an seinen vorgesetzten Stab weiterleiten wollte. Zwei Stunden später konnte wieder Funkkontakt mit den Russen aufgenommen werden, aber – es gab keine zufriedenstellende Auskunft über ihren Standort. Es waren nur Kontakte zu Panzersoldaten, die sagten, sie würden ihre vorgesetzten Stäbe verständigen. Aber auch dieses Mal antwortete niemand.

Gegen 19 Uhr meldete Lieutenant Mac Farlane, daß die Zivilpersonen, die er heute losgeschickt hatte, zurückgekehrt waren. Einer berichtete, er hätte mit mehreren Leuten gesprochen und diese glaubten, die Russen stünden vor Treuenbrietzen ca. 55 km nordostwärts von Zerbst. Aus den Berichten anderer Zivilisten ging hervor, daß die Russen Wittenberg erreicht hatten. Sie meinten, daß die sowjetischen Streitkräfte nach Norden abdrehten, um Berlin einzuschließen. Per Funk versuchten die Amerikaner weiter, Verbindung mit den Russen aufzunehmen. Wieder keine Antwort. Gegen 21 Uhr wurden die Versuche eingestellt.

Inzwischen hatte das 331. US Infantry-Regiment Stellungen im Bereich Steckby und Badetz besetzt, die vom abziehenden 1. Regiment der Division Scharnhorst aufgegeben waren. In der Nacht zum 25. April hatten etwa 100 deutsche Soldaten versucht, die aufgegebenen Stellungen wieder zu beziehen. Sie hatten keine Ahnung, daß die Amerikaner bereits dort waren. Nach einem kurzen Gefecht wurden vom 331. etwa 20 Kriegsgefangene gemacht.

Als der Morgen des 25. April heraufdämmerte, traf in Walternienburg ein Trupp mit Panzerfahrzeugen ein. Die Türme trugen statt Kanonen starke Lautsprecher. Es handelte sich um eine Einheit zur „Psychologischen Kriegsführung", die ab jetzt dem 329. zugeteilt wurde. Deutschsprechende GI´s saßen in den leichten Panzern. Sie sollten die Verteidiger von Zerbst zum Überlaufen auffordern. Der I & R-Zug (Aufklärungszug) unter Lieutenant Magill nahm sie unter seine Fittiche. Eine weitere Einheit, ebenfalls mit Lautsprecherpanzern ausgerüstet, unterstützte das 3. Bataillon zusätzlich. Gegen 11 Uhr rückten die GI´s auf Moritz und Töppel vor. Der Angriff ging ohne nennenswerten deutschen Widerstand gut voran. Die Ruinen der beiden Dörfer wurden besetzt. Das 3. Bataillon bezog Stellung an der Reichsstraße 184 (heute Bundesstraße mit gleicher Nummer).

Beim Regimentsstab hoffte man immer noch auf Funkkontakt mit den Russen – doch alle Mühe war vergebens! Und ganz plötzlich waren die amerikanischen Kriegsberichterstatter und Bildreporter verschwunden. Die Nachricht war durchgesickert, daß es bereits ein Treffen mit den Russen gegeben hatte.

Torgau

Bei allen alliierten Divisionen, die inzwischen an Elbe und Mulde standen, fieberte man der Begegnung mit dem Sowjets mit gemischten Gefühlen entgegen. Die US Air Force hatte die Anweisung erteilt, alle Flächenbombardements von weniger als 300 km vor den russischen Linien zu stoppen. Sollten sich Verbände begegnen, so war vorgesehen, daß die Russen rote und die Amerikaner grüne Leuchtkugeln abschossen. Die Türme der Panzer sollten bei den Sowjets einen und bei den Westalliierten zwei weiße Streifen tragen. Alle Panzer der Verbündeten mußten auf der Oberseite ein weißes Kreuz tragen. Das alliierte Oberkommando hatte den Russen mitgeteilt, die amerikanischen Truppen würden an der Elbe-Mulde-Linie Halt machen. Auch die 69. US Infantry-Division hatte bei Wurzen einen kleinen Brückenkopf über die Mulde gebildet. Dabei konnten zahlreiche alliierte Kriegsgefangene befreit werden. Patrouillen waren gehalten, sich nicht weiter als fünf Meilen östlich der Mulde zu bewegen.

Ein Pilot der 104. US-Division meldete am 24. April ein Artillerieduell 20 km östlich von Torgau zwischen Deutschen und Russen. Er versuchte, mit seinem Artillerie-Beobachtungsflugzeug bei den Russen zu landen.[96] Doch die empfingen ihn mit Flak-Feuer und veranlaßten ihn zurückzufliegen. Ebenfalls zeigten sich russische Flugzeuge über den amerikanischen Stellungen. Eine der ersten amerikanischen Patrouillen hatte am 23. April die Elbe bei Torgau erreicht. Die Männer verbrachten die Nacht in der Stadt unter russischem Artilleriefeuer und zogen sich am Morgen des 24. April zurück – ohne einen Russen gesehen zu haben. Ein Gerücht jagte das andere. Und immer noch erwartete das alliierte Oberkommando ein Treffen mit den Russen bei Zerbst.

Colonel Adams, Kommandeur des 273. US Infantry-Regiments der 69. Division, sandte am Morgen des 24. April First Lieutenant Kotzebue von Trebsen bei Wurzen zu einer Patrouille aus nach Kühren, einem Dorf sieben Kilometer östlich der Mulde. Dort wurden die 35 GI´s von Hunderten freigelassener Kriegsgefangener – und auch von verängstigten deutschen Bewohnern empfangen. Kotzebue holte sich die Erlaubnis, noch weitere fünf Kilometer nach Osten vorzugehen. Gleichzeitig wurde er angewiesen, bei Nacht wieder zurück zu sein. Er ignorierte den Befehl. Seine Männer und er verbrachten die Nacht in Kühren. Die Dorfbewohner bereiteten ihnen sogar ein vollkommenes Frühstück. Der Regimentskommandeur hatte nichts mehr von Kotzebue gehört und schickte am Morgen weitere Patrouillen aus mit der Order: „Contact the Russians!" Durch den freundlichen Empfang in Kühren animiert, waren die Männer um Lieutenant Kotzebue voller Zuversicht. Sie wollten die ersten sein, die den Kontakt zu den Russen herstellten. Den Jeep mit dem Funkgerät ließen sie in Kühren zurück – und weiter gings in Richtung Elbe. Sie erreichten das Dorf Leckwitz, fünf Kilometer nordwestlich von Riesa und noch zwei Kilometer von der Elbe entfernt. Auf der Dorfstraße erblickten sie einen Reiter, der in einen Bauernhof hineinritt. Die Kleidung dieses Mannes war ungewöhnlich. Die Jeeps brausten auf den Hof zu. Und dort inmitten einer Gruppe von Fremdarbeitern – der Reiter. Es war ein russischer Soldat! Die Zeit des historischen Moments: 25. April 1945, 11.30 Uhr. Ein russisch sprechender Sergeant dieser Patrouille fragte den Sowjetsoldaten nach seiner Einheit und deren Kommandeur. Der Russe war mißtrauisch und zurückhaltend, zeigte mit dem rechten Arm nach Osten und galoppierte davon.[97] Ein Pole half der Patrouille weiter auf dem kurzen Weg zur Elbe. Lieutenant Kotzebue schaute mit dem Fernglas hinüber. Kein Zweifel, das waren Russen! Die Sonne spiegelte sich in ihren Medaillen. Kotzebue schoß zwei grüne Leuchtkugeln ab – keine Antwort. Dort am Ufer lag ein Segelboot. Mit Hilfe einer Handgranate löste er die Taue, sprang mit fünf Mann hinein und ruderte über die Elbe. Am Ufer standen ein russischer Major und zwei andere Soldaten. Mißtrauisch schauten sie auf die Amerikaner. Erst als diese sich als amerikanische Soldaten zu erkennen gaben, entspannte sich die Szenerie. Minuten später kam Oberstleutnant Gardiev, Kommandeur des 175. Schützenregiments, hinzu. Er bat Lieutenant Kotzebue an das Westufer zurückzurudern, wenige Kilometer stromabwärts eine handbetriebene Fähre zu besteigen und wieder zurückzukommen. Dort würden sie ihn mit zwei Kameraleuten erwarten. Zurück am Westufer der Elbe, sandte Kotzebue sofort einen Jeep nach Kühren zurück, um die Nachricht seinem Regimentskommandeur zu übermitteln. Der Regimentskommandeur Colonel Adams erhielt diese Nachricht etwa zwei Stunden später: „Auftrag erfüllt. Treffen der Kommandeure vorbereitet. Gegenwärtige Position (8717). Keine Verluste."[98]

Es gab einen Mordswirbel! Der Divisionskommandeur, General Reinhard, schäumte, denn Lieutenant Kotzebue hatte sich nicht an den Befehl gehalten, keinesfalls mehr als fünf Meilen östlich des Muldeufers aufzuklären. Sofort gab Reinhard die Nachricht an den Kommandeur des V. US-Corps weiter und dieser informierte General Hodges, den Befehlshaber der 1. US Army. Der übermittelte sie umgehend an General Bradley, den Chef der 12. Army Group. Doch dieser nahm es gelassen und wiegelte zufrieden ab.[99] General Reinhard wollte die Kunde vor den zahlreichen Journalisten noch geheimhalten. Denn er beabsichtigte, zunächst Aufklärungsflüge zu den von Kotzebue angegebenen Koordinaten zu schicken. Zwei Artilleriebeobachtungsflugzeuge starteten – und wurden wegen der falschen Koordinaten über Riesa von sowjetischem Flakfeuer empfangen.

Ohne Nachricht von Kotzebue hatte Colonel Adams zwei weitere Patrouillen losgeschickt, um mit den Russen Kontakt aufzunehmen. Eine davon bestand aus dem Regimentsaufklärungszug von 47 Mann und wurde von Major Craig vom 2. Bataillon des 273. US Infantry-Regiment geführt. Er hatte ebenfalls den strikten Befehl, sich nicht weiter als fünf Meilen von der Mulde zu entfernen und die Gegend zu erkunden, in der die Patrouille von Lieutenant Kotzebue zuletzt gesehen worden war. Aber Craig und seine Männer waren genauso in Hochstimmung wie zuvor Kotzebue. In allen kleinen Dörfern, durch die sie fuhren, wurden sie von alliierten Kriegsgefangenen und ausländischen Zwangsarbeitern begeistert als Befreier empfangen. Auch die deutsche Bevölkerung sah sie als Retter an, denn der Schreckensruf hatte sich bereits verbreitet: Die Russen kommen! Wo die Patrouille auftauchte, erschienen in den Dörfern weiße Fahnen. Auch Craig scherte sich nicht mehr um den Fünf-Meilen-Anhalte-Befehl. Er stieß nach Osten vor, ohne seine Position per Funk durchzugeben. Somit konnte er auch keinen Haltebefehl empfangen. Am frühen Nachmittag überholten ihn zwei Jeeps ungefähr fünf Kilometer vor der Elbe. Es waren Lieutenant Kotzebues Leute, die wieder zur Elbe fuhren, nachdem sie die Nachricht vom Treffen durchgegeben hatten. Alle Befehle waren vergessen, und auch Major Craigs Patrouille raste jetzt nach Leckwitz, wo Kotzebue vorher den einsamen russischen Reiter gesehen hatte. Dort auf der Dorfstraße näherten sich ihnen aus einer Staubwolke heraus Reiter. Es war russische Kavallerie! Die Kolonne war durchsetzt mit ein paar Mann auf Motor- und Fahrrädern. Einer fuhr mit einem Fahrrad auf sie zu, warf das Rad auf den Boden, salutierte und streckte ihnen die Hand hin. Es war um 16.45 Uhr an diesem schicksalhaften 25. April 1945.[100] Nachdem sie einige Begrüßungsfloskeln ausgetauscht hatten, trabten die Russen nach Süden, und Craig eilte mit seiner Patrouille zur Elbe, um Lieutenant Kotzebue am Ostufer zu treffen. Dort empfing sie Generalmajor Rusakow, Kommandeur der 58. sowjetischen Gardedivision. Der sah es als seine Pflicht an, zum zweiten Male an diesem Nachmittag die Amerikaner mit vielen Toasts auf Roosevelt, Truman, Churchill, Stalin und die Rote Armee – und noch mehr Wodka zu empfangen.[101] Gegen 18 Uhr erreichte ein Funkspruch den Kommandeur des 273. US Infantry-Regiments, Colonel Adams: „Ich habe Lieutenant Kotzebue getroffen, der mit den Russen Kontakt hat." Das alles machte die Lage für Colonel Adams nur noch verwirrter![102]

Gleichzeitig mit den anderen war in Wurzen am Morgen des 25. April ein Jeep mit Lieutenant Robertson, S 2 vom 1. Bataillon, und zwei Mann aufgebrochen. Er benutzte zunächst die Landstraße nach Torgau und bog dann nach Sitzenroda ab. Dort traf er auf eine Gruppe von befreiten britischen Gefangenen. Sie machten ihn darauf aufmerksam, daß in Torgau noch viele amerikanische Kriegsgefangene wären, darunter einige Verwundete. Angesichts der Tatsache, daß er sich ungeschoren im Niemandsland zwischen Mulde und Elbe bewegen konnte, brauste Robertson sofort auf Torgau zu, um die Amerikaner zu befreien. Natürlich mit dem Hintergedanken, dort auch die Russen zu treffen. Als er dann die Stadt erreichte, suchte er vergeblich nach seinen Landsleuten. Er traf dort nur eine Gruppe befreiter Kriegsgefangener aus verschiedenen Nationen, darunter auch zwei Amerikaner. Diese beiden schlossen sich sofort der Patrouille an. Plötzlich stießen sie auf eine Gruppe deutscher Soldaten. Doch diese freuten sich, endlich ihre Waffen wegwerfen zu können. Da hörten sie anhaltendes Feuer aus Infanteriewaffen. Es schien von der anderen Elbseite her zu kommen. Lieutenant Robertson und seine Männer hetzten durch das alte Torgau in Richtung Schloß zum Westufer der Elbe. Der Gefechtslärm kam vom anderen Ufer. Signalpistole hatte er keine, eine amerikanische Flagge ebenfalls nicht. Jetzt brauchte er sie, aber woher nehmen? Irgendwie mußte er doch den Russen seine Identität zeigen! Als sie dann an einer Apotheke vorbei eilten, kam ihm eine Idee. Im Laden fand er rote und blaue Wasserfarben, dazu eine weißes Bettlaken. Schnell malten sie daraus eine amerikanische Fahne. Mit ihr in der Hand stürmte Robertson auf einen Turm des Schlosses. Das Schießen auf der anderen Elbseite hatte sich gelegt. Er konnte Gestalten am anderen Ufer erkennen. Heftig schwenkte er vom Turm die selbstgefertigte Flagge hin und her – es blieb alles ruhig. Aber als sich einer von Robertsons Männern zeigte, schossen die Figuren vom Ostufer wieder. Nach einer Weile wurde das Feuer eingestellt und eine grüne Leuchtkugel wurde drüben abgeschossen. Robertson war wie elektrisiert. Nach der Vereinbarung sollten die Russen Rot schießen! Was machen? Er sandte sofort seinen Jeep zurück, um einen der befreiten russischen Gefangenen zu holen. Bald war dieser zur Stelle und kletterte den Turm hoch. Aus Leibeskräften schrie er zum Ostufer hinüber, daß hier Amerikaner wären.[103] Die Russen auf der anderen Seite schienen endlich begriffen zu haben, was hier vorging.

Robertson faßte sich ein Herz und rannte mit seiner kleinen Gruppe auf die zerstörte Elbbrücke zu. Er kletterte auf die noch stehenden und frei schwingenden Träger und arbeitete sich über die Elbe vor. Ein russischer Soldat vom anderen Ufer kletterte ihm entgegen. Es war Leutnant Silwaschenko vom 173. Schützenregiment der 1. Ukrainischen Front. Robertson erreichte ihn. Er war außerstande, etwas zu sagen. Er grinste freundlich und klopfte dem Russen überschwenglich auf die Schulter. Es war genau 16 Uhr. Die Begrüßung auf den zerstörten Eisenträgern der Elbbrücke von Torgau war innerhalb von 45 Minuten der zweite Kontakt der russischen und amerikanischen Armeen. Die Russen feierten die Amerikaner überschwenglich. Natürlich floß auch hier viel Wodka. Die sowjetischen Soldaten erklärten auch, warum sie auf Robertsons provisorische Fahne geschossen hatten. Vor ein paar Tagen hatte nämlich eine deutsche Einheit eine amerikanische Flagge geschwenkt, um die Russen zur Feuereinstellung zu bewegen und sich in Sicherheit zu bringen.

Gegen 18 Uhr traf Robertson mit einem überladenen Jeep in Wurzen beim Bataillonsgefechtsstand ein. In seiner Begleitung befanden sich ein russischer Major sowie zwei weitere sowjetische Offiziere und ein Sergeant. Es ging sofort weiter zum Regiment. Für den Regimentskommandeur kam die Entwicklung völlig überraschend. Jetzt hatte man als Beweis der Kontakte mit den Sowjets vier leibhaftige russische Soldaten vor sich.

Der Divisionskommandeur General Reinhard war von dieser Begebenheit mehr als irritiert. Er mußte den Eindruck haben, keiner in seiner 69. Division habe seine Befehle befolgt. Eine Zeitlang spielte er sogar mit dem Gedanken, Lieutenant Robertson vors Kriegsgericht zu bringen! Das Regimentstagebuch des 273. US-Infantry Regiments verzeichnete für diesen Tag den lakonischen Satz: „Einiges unklar bei einem Offizier. Er kann nicht 5 von 25 Meilen unterscheiden."[104]

Am nächsten Tag begann der Rummel. Es wurde ein Treffen des amerikanischen mit dem russischen Divisionskommandeur verabredet. Und einen Tag später traf sich dort der Corps-Kommandeur des V. US Corps General Hübner mit dem Kommandeur des 34. russischen Corps. Es gab viel Tanz, Musik und noch mehr Wodka. Einen Tag später wiederholte sich die ganze Zeremonie mit einem Treffen des Befehlshabers der 1. US Army General Hodges mit dem der 1. Ukrainischen Armee auf sowjetischer Seite.

Die deutsche Wehrmacht oder das, was von ihr noch übrig war, mußte jetzt in zwei getrennten Hälften operieren. Das alles geschah knapp 90 Straßenkilometer von Zerbst entfernt.

General Eisenhower ließ es sich nicht nehmen, Lieutenant Robertson ein paar Tage später in seinem Hauptquartier zu empfangen. Der hatte die improvisierte "Stars and Stripes"-Fahne mit den zerlaufenen Wasserfarben mitgebracht und überreichte sie seinem Oberbefehlshaber als Geschenk.

An diesem 25. April jagte noch eine andere Nachricht durch den Äther: Gegen 13 Uhr trafen Panzer der 328. russischen Schützenpanzerdivision der 47. Armee, begleitet von Panzern der 65. Panzerbrigade von der 2. Gardepanzerarmee, die von Norden und Süden als Teile der 1. Bjelorussischen Front an Berlin vorbei vorgestoßen waren, auf andere sowjetische Einheiten. Es waren Spähtrupps des 6. mechanischen Gardekorps der 4. Gardearmee von Konjews 1. Ukrainischer Front. Das Ganze fand bei Ketzin nordwestlich der Havelseen von Potsdam statt. Damit war Berlin eingeschlossen. Hitler saß in seiner Reichskanzlei mit den noch um ihn versammelten Nazigrößen in der Falle. Sein eigener Untergang sollte auch der des ganzen deutschen Volkes werden, so lauteten seine letzten verbrecherischen Anweisungen.

Parlamentäre

Die ersten Erfolge des Lautsprechereinsatzes durch die Psy-Ops, die Trupps zur psychologischen Kriegsführung, zeichneten sich ab. Bereits am frühen Morgen des 26. April tauchten vor den Stellungen des 1. und 3. Bataillons vom 329. immer mehr deutsche Soldaten auf. Sie kamen mit erhobenen Händen und schwenkten weiße Fahnen. Jeweils in Gruppen von 25 bis 30 Mann ergaben sie sich. Um die Mittagszeit des 26. April meldete das 3. Bataillon, Spähtrupps hätten festgestellt, daß in Schora viele weiße Fahnen aus den Fenstern hingen. Auch ein Beobachtungsflugzeug der US-Artillerie bestätigte das. Es meldete weiter, daß auch in Zerbst weiße Fahnen zu sehen wären. Der Aufklärungszug des Regiments unter Lieutenant Magill bekam deshalb den Befehl, vorsichtig zu erkunden, ob die deutschen Truppen sich aus Zerbst zurückgezogen hätten. Gemeinsam mit ihnen sollte der Psy-Ops-Trupp vorgehen und in Richtung der deutschen Stellungen senden. Alles ging behutsam und mit der nötigen Sorge für jedes Menschenleben der amerikanischen Streitkräfte vor sich. Denn die Führung dachte nicht daran, jetzt am greifbaren Ende des Krieges auch nur einen Mann zu opfern.

Es gab zwar vereinzelte Einschläge der deutschen 8,8-Flak im Bereich um Moritz. Ansonsten herrschte aber Ruhe. Die nutzte der Divisionskommandeur General Macon, um an die Front zu kommen und bei den Bataillonen einige der GI´s auszuzeichnen, die sich besonders bewährt hatten.

Am späten Nachmittag gegen 17.45 Uhr näherten sich, von Zerbst kommend, zwei deutsche Pkw mit weißer Fahne. Die Hoffnung stieg, daß die deutsche Garnison in Zerbst endlich kapitulieren würde. Von den Vorposten wurden ein deutscher Major und ein Oberstleutnant sofort zum Bataillonsgefechtsstand nach Güterglück gebracht. Dort übergaben sie einen Brief des Kommandeurs vom XX. Armee-Korps General Köhler. Darin bat der deutsche General, 6 000 verwundete deutsche Soldaten und 500 Wehrmachtshelferinnen zu übernehmen und in Lazarette in die amerikanisch besetzten Gebiete zu überführen. Der General ging in seinem Brief davon aus, daß die Verwundeten, wenn sie in russische Hände fielen, für einen Arbeitseinsatz in der Sowjetunion nicht in Frage kämen und deshalb erschlagen würden. Die Frauen sollten vor Vergewaltigungen durch russische Soldaten geschützt werden, von denen Flüchtlinge, die aus den russisch besetzten deutschen Gebieten kamen, berichtet hatten. Major White, der Kommandeur des 3. Bataillons, gab den deutschen Parlamentären keine Antwort. Er vereinbarte mit ihnen ein neues Treffen am nächsten Tag um 10 Uhr.[105] Major Callagan brachte den Brief als Kurier umgehend zur 83. Division, um die Entscheidung von General Macon zu bekommen. Das Schreiben wurde an General Mc Clean vom XIX. US-Corps weitergereicht und von dort umgehend zum Stab der 9. US Army geschickt. Hier entschied man gegen 22 Uhr, das Ersuchen für die Übernahme abzulehnen. Das sollte am nächsten Tag dem deutschen Parlamentär übermittelt werden.

Der Bataillonsgefechtsstand des 3. Bataillons hatte sich in Güterglück eingerichtet und übernahm die Aufgaben der ersten Militärverwaltung. Gustav Baumgart, Bürgermeister seit 1931, wurde in seinem Amt belassen. Ihm zur Seite stand Heinrich Hensee als Chef der Polizei mit drei Gehilfen. Der Naziortsgruppenleiter befand sich einstweilen noch auf freiem Fuß. Von den Kriegsgefangenen bekam der Regimentsstab des 329. auch genaue Angaben über die noch vor Zerbst befindlichen Truppen. Zunächst handelte es sich um die beiden Maschinengewehr-Bataillone 110 und 115. Sie bildeten den südlichen und westlichen Teil der deutschen Verteidigungsfront vor der Stadt. Von Hamburg aus waren sie hierher in Marsch gesetzt worden. Spähtrupps des 331. US Infantry-Regiments stellten fest, daß die Deutschen vor Eichholz und Steckby bereit waren, sich zu ergeben. Während des Nachmittags marschierten dann alle der dort zurückgelassenen Landser bereitwillig in Gefangenschaft. Vorher hatten sie nur noch scheinbar Widerstand geleistet. Es handelte sich dabei um eine Gruppe der 1. Kompanie vom Panzerjäger-Bataillon der Division Scharnhorst. Das Festungs-MG-Bataillon 115 lag vor Töppel und Moritz in Stellung. Die Einheit bestand zum größten Teil aus Magenkranken.[106] Immerhin verfügten die drei Kompanien zusammen über 36 Maschinengewehre und einen Panzerfaust-Zug. Der Himmel war bedeckt, es herrschte typisches Aprilwetter mit vereinzelten Regenschauern. Deshalb gab es weder Artilleriefeuer noch Granatwerferbeschuß aus den deutschen Stellungen vor Zerbst.

Kurz vor Mitternacht erschienen überraschend deutsche SS-Offiziere beim 330. US Infantry-Regiment, um das Kapitulationsangebot eines gesamten Regiments zu überbringen, das sich nördlich von Schora im Leitzkauer Wald aufhielt. Diese Kampfgruppe gehörte zur 15. Lettischen SS-Division, die von Pommern nach Berlin abkommandiert worden war. Sie sollten die Reichshauptstadt mit verteidigen. Es handelte sich um das 1. Bataillon des SS-Grenadierregiments 32, das 1. Bataillon des SS-Grenadierregiments 33 und ein SS-Füsilierbataillon. Nördlich von Berlin sollten sie Stellung beziehen. Kommandeur dieser Einheit war SS-Standartenführer (Oberst) Janums. Er entschloß sich jedoch, seine Leute zu retten – und setzt sich mit dem Verband in Richtung der amerikanischen Linien ab. Das Füsilierbataillon nahm er vorsichtshalber nicht mit, da es von deutschen Offizieren befehligt wurde, denen er nicht traute. Mit seinen zwei lettischen Bataillonen marschierte er an der Ostseite Berlins vorbei nach Blankenfelde bei Mahlow im Süden der Stadt, und von dort aus weiter nach Potsdam. Da der Oberst sein Regiment selbst anführte, wurde er von keinem deutschen Befehlshaber angesprochen. Außerdem trug er gefälschte Befehle bei sich. Im Raume Fichtenfelde, südwestlich von Potsdam, wurden sie in ein kurzes Gefecht mit vorgedrungenen russischen Verbänden verwickelt und verloren hierbei noch 100 Mann. Die meisten entkamen den russischen Spitzen jedoch. Über Belzig, Wiesenburg gelangten sie bis in den Raum vor Schora. Janums wußte, daß die Amerikaner hier einen Brückenkopf über die Elbe gebildet hatten. Während über ihre Kapitulation verhandelt wurde, lagerte das Regiment in dem kleinen Wald 2,5 km nördlich des Dorfes. Ein deutscher Leutnant, der in diesem Raum eine Kompanie an der Front führte, versuchte mit vorgehaltener Pistole, den Oberst von der Kapitulation abzubringen. Der Oberst seinerseits drohte damit, die wenigen Deutschen in ein Gefecht zu verwickeln, wenn sie versuchen sollten, sich einzumischen. Daraufhin zog es der Leutnant vor, den Rückzug anzutreten. Oberst Janums war ein altgedienter Offizier. Bereits in der russisch-zaristischen Armee war er Offizier gewesen, später in der lettischen Armee. Als die Russen Lettland 1940 anektierten, flüchtete er nach Deutschland. Hier wurde er aufgefordert, der SS beizutreten und übernahm eine lettische Einheit.

Der Divisionskommandeur General Macon hatte die Genehmigung zur Übernahme des Regiments erteilt. Das war keinesfalls selbstverständlich. Angeblich hatten sich die westalliierten und die sowjetischen Militärs darauf geeinigt, die deutschen Verbände jeweils in die Gefangenschaft des Landes zu überstellen, gegen das sie zuletzt oder hauptsächlich gekämpft hatten. Da es sich hierbei um Verbände handelte, die am Kampf um Berlin gegen die Sowjets beteiligt gewesen waren, war die Sache höchst problematisch. Oberst Janums ist es hoch anzurechnen, daß er seine Soldaten retten wollte. Aber auch dem amerikanischen Divisionskommandeur gebührt Respekt, daß er eine klare Entscheidung im Sinne der Menschlichkeit getroffen hatte – obwohl es sich um SS-Truppen handelte. Diese standen bei den Amerikanern nicht zu Unrecht im Verdacht, eine Mörderbande zu sein. Die Bilder von Auschwitz und Buchenwald waren um die Welt gegangen. Eisenhower hatte Buchenwald gleich nach der Befreiung besucht und gesagt, er werde nie mehr mit einem deutschen General reden. Und hier bei Schora ließ ein amerikanischer Offizier Gnade vor Recht geschehen! Die Spitzen von Janums Regiment machten sich am 27. April gegen 0.10 Uhr durch Leuchtsignale bemerkbar. Entlang der Bahnlinie Güsten–Berlin, der sogenannten „Kanonenbahn", marschierte das gesamte Regiment in geschlossener Formation südlich von Schora über die amerikanische Frontlinie in die Gefangenschaft. Um 2.30 Uhr hatten die letzten ihre Waffen abgeliefert. Lieutenant Allen, Kompanieführer der C-Kompanie des 330. Regiments meldete, daß sich alle Gefangenen unter Kontrolle befänden. 896 Soldaten und 41 Offiziere waren dem Schrecken der russischen Gefangenschaft und den Lagern Sibiriens entronnen. [107]

Schon in den Tagen zuvor standen Captain Schommer und Lieutenant Mac Farlane mehr oder weniger unfreiwillig im Blickpunkt des Geschehens um Zerbst. Captain Francis C. Schommer war S 3 beim Stab des 3. Bataillons und für die taktische Planung und Befehlsgebung zuständig. Viele strategische Maßnahmen im Buckshot-Regiment trugen seine Handschrift. Seine Vorfahren waren Ende des letzten Jahrhunderts von Trier nach Wisconsin ausgewandert. Vom Vater hatte er Deutsch gelernt und mußte deshalb öfter Dolmetscheraufgaben übernehmen.* First Lieutenant Paul Mac Farlane stammte aus

---

*   An der Loire hatte Captain Schommer die Kapitulationsverhandlungen mit dem deutschen General Elster geführt.

New York und war S 2 beim 3. Bataillon. Sein Aufgabenbereich bestand aus der Beurteilung der Feindlage und dem Einsatz der Aufklärungskräfte. Mit seinem analytischen Verstand konnte er manche Entscheidung des Buckshot-Regiments beeinflussen. Vor St. Malo hatte er sich freiwillig gemeldet, um die Übergabe der von den Deutschen besetzten Festung zu erwirken.*

Nach dem Krieg schrieb Francis Schommer seine Erlebnisse aus den letzten Kriegstagen bei Zerbst nieder.[108] Hier ist sein Bericht:

„Am 23., 24., 25. und 26. April machten wir der Garnison von Zerbst immer wieder Angebote, daß die Stadt an die amerikanischen Truppen übergeben werden sollte. Aber jedes Angebot war verweigert worden. Unsere starken Artilleriekräfte mit ihren 155 mm-'Long Toms' und 240er Haubitzen sandten eine Menge Granaten aller Größen in Richtung der Verteidiger. Anfangs wurde unser Feuer durch deutsche 15 cm-Haubitzen beantwortet. Der ungleiche Schußwechsel endete jedoch durch unser konzentrisches und anhaltendes Feuer auf ihre Stellungen.

Am 26. April erreichte ein Anruf unserer Vorpostenkette unser Bataillons-Hauptquartier in Güterglück mit der Information, daß deutsche Offiziere mit einer weißen Fahne erschienen waren und um ein Treffen mit dem Kommandeur gebeten hatten. Ich war der S 3 des 3. Bataillons im 329. US Infantry-Regiment und zuständig für taktische Planung und Befehlsgebung. Zu diesem Zeitpunkt war ich der höchste Offizier im Kommandoposten. Als die Nachricht eintraf, riefen Lieutenant Mac Farlane, der als S 2 für die Feindlage zuständig war, und ich unsere Jeepfahrer zusammen und brausten los in Richtung auf die Vorpostenlinie, etwa knapp einen Kilometer östlich von Güterglück. Wir dachten beide, daß dieses Treffen die Vorbereitung der Kapitulation von Zerbst war.

Als wir bei unseren vordersten Stellungen anlangten, trafen wir die beiden deutschen Offiziere. Einer von beiden war Armeearzt. Er bat darum, 6 000 Verwundete zu übernehmen. Unter ihnen befänden sich auch 400 verletzte britische und amerikanische Kriegsgefangene, an deren Wohlergehen uns sicherlich gelegen sein sollte. Da der deutsche Sanitätsoffizier nicht Englisch sprach und Paul Mac Farlane kein Deutsch, informierte ich den deutschen Sanitätsoffizier und seine Begleiter, daß wir seine Bitte unserem Kommandeur übermitteln würden. Leider hatte eine Anzahl von Korrespondenten Wind von der Sache bekommen, unter ihnen auch LIFE-Fotografen. Kameras klickten, Notizbücher wurden emsig beschrieben – und ständig fragten sie dazwischen. So mußte ich jeden Satz nochmals übersetzen. Wir kamen überein, daß wir den deutschen Parlamentären am folgenden Tag Antwort geben würden, wenn sie wieder bei unseren Vorposten erschienen. Im

---

* Dafür erhielt Mac Farlane den Silverstar, eine hohe amerikanische Kriegsauszeichnung.

Bataillonsgefechtsstand zurück, berichtete ich Major White, dem Kommandeur, von den Ereignissen. Der Brief der Deutschen wurde ans Regiment weitergeleitet.

Am nächsten Morgen wurde ich mit dem Bataillonskommandeur zum Regiment bestellt. 'Hören Sie, Schommer,' sagte der Colonel, 'wie wäre es, wenn Sie eine Art formaler Kapitulationsforderung niederschreiben würden, die Sie den Krauts übergeben könnten, wenn sie zurückkommen. Etwas, was Sie Ihrem Kommandanten als Dokument zurückbringen können. Ich denke, das hat eine größere Wirkung als eine mündliche Botschaft. Adressieren Sie das an den Kommandanten, und teilen Sie ihm mit, daß es keinen Deal geben wird! Sie können ihm schreiben, daß wir nicht vorhaben, Zerbst anzugreifen. Er hat zwei Möglichkeiten: Entweder er ergibt sich, oder er wartet solange, bis die Russen ihn von hinten packen. Schreiben Sie das in harter Sprache! Keine Und´s, Wenn´s und Aber´s!' Dann fügte er noch hinzu: 'Wir dürfen nicht angreifen, selbst wenn wir wollten. Die Division hat den Befehl erhalten, sitzen zu bleiben, wo wir sind – und wir sind lediglich 50 Meilen von Berlin entfernt. Ich werde nachher an der Vorpostenlinie sein!'

Ich wandte noch ein, daß unter den Verwundeten, die wir übernehmen sollten, etwa 400 Briten und Amerikaner wären. 'Schommer', sagte er, 'Ich schätze Ihre Sorge um die Genesung unserer Verwundeten. Aber wenn wir ihrer Bitte stattgäben, könnten sie ihre Mediziner auf unsere Kosten in Kampfsoldaten umfunktionieren.' Nach einer Pause: 'Sagen Sie ihnen, daß wir unsere Leute annehmen werden, nicht aber ihre Verwundeten, es sei denn, sie übergeben die Garnison bedingungslos.' 'Ich werde Captain Gray, unseren Bataillonsarzt, bitten, nachher mitzukommen', fügte ich hinzu. 'Das ist eine gute Idee,' antwortete er. 'Lassen Sie mich wissen, was passiert.' Mit dem Sprechen kam ich im Deutschen gut zurecht, nur mit dem Schriftlichen haperte es. Ich machte dieses Manko geltend. Da meldete sich ein junger Lieutenant vom Regimentsstab: 'Vielleicht kann ich von Nutzen sein, Captain, ich hatte vier Jahre Deutschunterricht, und ich kann tippen! Es gibt hier auch mehrere deutsche Schreibmaschinen.' Ich war sehr froh, und als er mir die fertige Übersetzung gab, fand ich sie grammatisch perfekt und O.K.

Am Morgen des 27. April waren wir pünktlich um 11 Uhr an der Straße von Güterglück nach Zerbst zur Stelle. Natürlich war die Presse ebenfalls schon dort. Zur verabredeten Zeit erschienen auch mein Bataillonskommandeur und Colonel Crabill. Es war ein angenehmer Tag ohne Kriegsgeräusche. Alles blieb ruhig. Mit Ferngläsern suchten wir die Umgebung von Zerbst ab, aber es gab kein sichtbares Lebenszeichen. Es war 11 Uhr. Ein deutscher Offizier war nicht erschienen. Wir suchten mit unseren Ferngläsern weiter die Umgebung ab – nichts! Um 11.30 Uhr sagte der Colonel: 'Nun, Schommer, ich glaube, Sie haben den Kapitulationsbrief umsonst geschrieben. Ich vermute, es kommt niemand mehr.' Er kletterte gemeinsam mit Major White in seinen Jeep. Auch einige Korrespondenten brachen auf. Um 12 Uhr waren nur noch wir drei übrig. 'Tja, Mac,' sagte ich, 'zum Teufel! Laß uns zurück zum Bataillonsstab fahren.' 'Vielleicht gab es irgendeine Verzögerung?' Mac Farlane wollte nicht aufgeben. Captain Gray hatte es sich in meinem Jeep bequem gemacht, wußte aber auch nicht weiter.

'Vergiß es, Mac,' sagte ich, 'sie mögen unsere Bedingungen nicht. Außerdem ist jetzt Essenszeit.' 'Warum fahren wir nicht einfach in die Stadt – vielleicht sind sie fort?' meinte Mac. 'Toll!' sagte ich sarkastisch, 'und vielleicht haben sie alle Minen eingesammelt, bevor sie aufbrachen, damit die armen Amerikaner sich nicht verletzen, wenn sie die Straße entlang kommen.' 'Wahrscheinlich haben sie die Straße nicht vermint, die Krautoffiziere sind auf keine Mine gestoßen!' 'Das war gestern. Heute sind sie diese Straße nicht entlang gekommen,' erwiderte ich. 'Du bist der geborene Angsthase,' meinte er. Hier machte ich mehr aus Spaß einen Fehler. 'Wenn Du sicher bist, daß es keine Minen gibt, warum machst Du Dich nicht auf den Weg? Ich folge Dir dann.' Ich kannte Paul Mac Farlane seit den Tagen unserer Ausbildung zu Hause in den Staaten. Während ich in England wegen meiner Verwundung im Lazarett lag, hatte er sich freiwillig gemeldet, um die Zitadelle von St. Malo zur Übergabe zu veranlassen. Und als ich wieder im Bataillon war, das jetzt in Luxemburg lag, war er nachts aus dem Bett gesprungen und hatte unsere Ack-Ack, die leichte Flak, mit Flüchen belegt, weil sie auf deutsche V 1 schoß, die aus der Gegend bei Trier abgeschossen wurden. 'Diese verdammten Schwachköpfe treffen noch eine, und wir sind im Eimer!'

Jetzt dagegen holte er ein Bettlaken unter dem Sitz seines Jeep hervor und zerriß es, um zwei weiße Flaggen daraus zu machen. Mein Fahrer Elwood Palmer, Woody genannt, machte sich daran, sie auf den Drahtschneidern auf den vorderen Stoßstangen zu befestigen. Er schaute mich dabei an, als sei dies alles ein Witz, der sofort vorbei sein würde. Captain Gray auf dem Rücksitz sagte nichts. In der Normandie hatte er oft sein Leben riskiert, indem er Verwundete unter Beschuß an Ort und Stelle behandelte. Sicherlich gehörte das nicht zu seinem Job, auch erreichte ihn nicht der Dank des Vaterlandes mit einer Medaille. Mein Magen knurrte, ich wäre lieber unterwegs zum Mittagessen gewesen, als dieses verrückte Abenteuer zu beginnen. Ich wollte nicht, daß Mac und sein Fahrer von einer Mine in die Luft gejagt würden, obwohl wir Sandsäcke auf dem Fahrzeugboden liegen hatten. Damit sollte die Wirkung einer eventuellen Explosion gemindert werden. Aber wir verzichteten gerne darauf, eine solche Erfahrung zu machen. Wir fuhren los.

Mit Mac hatte ich mich verständigt, daß ich ihm in 40–50 m Abstand folgen würde. Wir ließen es äußerst behutsam angehen. Nach den ersten 150 m auf unserer Strecke erreichte Mac ungefähr 30 km/h, nach 300 m zeigte mein Tacho 40 km/h an. Schließlich fuhren wir mit 50. Ich wies den Fahrer an zu hupen. Mac schaute sich um. Ich winkte ihm das Brems-ab-Signal zu, er aber mißdeutete das und signalisierte mir, daß ich aufschließen sollte. Der Gedanke schoß mir durch den Kopf: warum hatte ich das bloß zugelassen? Ich war der höhere Offizier und für das Debakel verantwortlich. Plötzlich sah ich Köpfe aus zuvor nicht bemerkten Schützenlöchern neben der Straße schauen. Sie trugen deutsche Stahlhelme – ihre Vorpostenlinie. Sie waren also noch immer da. Ich nahm an, daß Mac anhalten und dem Vorpostenkommandeur das Ziel unserer Mission erklären würde. Ich irrte mich. Macs Fahrer gab Gas – wir fuhren jetzt mit fast 60 km/h! Ich beruhigte mich mit dem Gedanken, daß der Stadtkommandant von Zerbst sich über unsere Expedition im klaren war und seine Vorpostenkette angewiesen hatte, uns ungeschoren passieren zu lassen. Und plötzlich waren wir in Zerbst. Wir brausten durch eine Trümmerlandschaft und erreichten im Zentrum den Markt.

Ungefähr 25 oder 30 deutsche Soldaten standen außerhalb der Überreste eines Gebäudes am Rande des Platzes, vermutlich das ehemalige Rathaus. Sie schauten neugierig zu uns herüber. Niemand richtete eine Waffe auf uns. Die Soldaten standen einfach nur dort herum und schauten uns an, als hätte irgendein Vorgesetzter unser Eindringen erlaubt. Man hätte einfach nur vergessen, sie zu informieren. Mac stoppte, ich hielt ebenfalls hinter ihm an. 'Was zum Teufel machst Du da!' fragte ich. 'Willst Du uns in Gefangenschaft bringen?' War er der zukünftige Patton? (General Patton, Befehlshaber der 3. US Army, war wegen seiner exaltierten Befehle und Maßnahmen bei den GI´s und der Führung berüchtigt.) 'Was ist denn los?' fragte Mac naiv. Wir waren bereits an mehreren getarnten, an strategischen Punkten aufgestellten 8,8 cm-Geschützen vorbeigefahren. 'Warum zum Teufel hast Du an der Vorpostenkette nicht halt gemacht? Verdammte Scheiße, man sieht doch an den Krauts, daß sie nichts über unser Kommen wußten. Und ganz sicher nicht, daß wir in die Stadt hineinfahren würden. Die Vorposten müssen geglaubt haben, alles sei in Ordnung.' 'Na und?' meinte Mac lakonisch, 'Du hast dieses Kapitulationsding in Deiner Tasche – also laß sie's lesen!'

Dann bewegte sich etwas. Türen öffneten und schlossen sich. Einige Leute gingen hinein und kamen mit anderen Leuten wieder heraus. Kurze Konferenzen wurden gehalten, während Gruppen sich erst bildeten und dann wieder auflösten. Nach einer Zeitspanne, die mir wie eine Ewigkeit vorkam, näherten sich uns zwei deutsche Kübelwagen von der entfernten Seite des Marktes. Ein Unteroffizier und sieben Mann sprangen heraus, Gewehr im Anschlag. 'Gehen Sie in dieses Haus,' sagte er. Dabei gestikulierte er wild mit den Händen, wohl in der Annahme, wir verstünden nicht, was er sagte. Seine Männer stellten sich im Halbkreis um uns. 'Ich möchte den Kommandanten sehen,' sagte ich auf Deutsch. 'Ich habe ein Dokument für ihn.' Doch er ignorierte meine Erklärung. 'Gehen Sie in dieses Haus!' wiederholte er. Ich ging in Richtung des stark beschädigten Hauses (wahrscheinlich die Ruine des Neuen Hauses, dessen Keller noch intakt war). Der Unteroffizier deutete nochmals darauf hin. Mac und Captain Gray folgten. 'Die Fahrer auch!' befahl er. Unsere Fahrer wehrten sich dagegen, aus den Jeeps gedrängt zu werden. 'Es tut mir leid,' sagte ich, 'aber in unserer Armee bleiben die Fahrer jederzeit bei ihren Fahrzeugen, sie sind für sie verantwortlich.' Ich beharrte mit Entschiedenheit darauf. Wir fanden schließlich einen Kompromiß: Macs Fahrer durfte bei unseren Jeeps bleiben. In Wirklichkeit war das natürlich völlig egal. Mir kam es in diesem Moment darauf an, meine

Autorität zu wahren. Deutsche Soldaten waren seit Generationen dazu erzogen worden, Autorität zu respektieren. Sie würden auch zögern, uns grob zu behandeln.

Wir wurden in einen unbeheizten Raum geführt. Captain Gray, mein Fahrer und ich setzten uns auf ungepolsterte Stühle. Mac blieb stehen und begann, die Bilder an den Wänden zu betrachten. Ich vermied es, Captain Gray anzusehen. Er hat mich, da war ich sicher, innerlich für meine Zustimmung zu diesem rätselhaften Unternehmen verflucht. Mac sprach mit uns, vielleicht auch mit sich selbst. Irgendwie murmelte er: 'Der Angsthase war wieder einmal ängstlich.' Im stillen dachte ich an verschiedene Situationen meines Lebens, in denen es einen glücklichen Ausgang gab. Aber mein Bewußtsein wies alles zurück. Meine Zigarette, die ich vergessen hatte, verbrannte mir die Finger.

Etwa zehn Minuten waren vergangen, als sich die Tür öffnete und ein deutscher Oberleutnant flott hereinkam, begleitet von dem Unteroffizier, der uns bereits begegnet war. Dieser deutete dem deutschen Offizier an, daß ich der Chef der Mission war. 'Sie kommen alle mit mir!' sagte er, sich an mich wendend. Als er hereinkam, war ich aufgestanden. 'Wohin gehen wir?' fragte ich mit fester Stimme. 'Wir treffen den Kommandanten.' 'Es wäre mir lieber, wenn der Kommandant hierher käme,' sagte ich verteidigend. Auf dem Weg zum Gefechtsstand des Kommandanten, der sich logischerweise am Rande der Stadt befinden mußte, wollte ich nicht noch mehr Verteidigungsanlagen sehen. Je weniger wir sahen, desto höher waren sicherlich unsere Überlebenschancen. 'Kommen Sie mit!' sagte er in barschem und bestimmtem Ton. 'Möchten Sie uns die Augen verbinden?' fragte ich hoffnungsvoll. 'Das wird nicht nötig sein,' antwortete er, ohne zu zögern. Das Herz rutschte mir in die Hose. Unterwegs zu ihrem Gefechtsstand kamen wir an weiteren vier oder fünf getarnten 8,8 cm-Geschützen vorbei. Es bestand kein Zweifel, wir waren ihnen ausgeliefert! Ich war auch nicht länger besorgt. Wenn man erst einmal Bescheid weiß, weichen Angst und Beklommenheit einer relativ ruhigen Ergebenheit dem eigenen Schicksal gegenüber. Ich fühlte mich wieder entspannt.

Wir hielten vor einem stattlichen alten Haus am Stadtrand und betraten es (vermutlich das Schützenhaus). Es war mit relativ geringem Schaden davongekommen. Wir wurden in einen Raum geleitet, den man als Tanzsaal bezeichnen könnte. Am Ende stand eine Reihe von Tischen, hinter der ein Oberst und sein Stab saßen. Ich übergab dem Oberleutnant mein Kapitulationsschreiben. Er marschierte damit durch die Halle und legte es dem Kommandanten vor. Der erhob sich. 'Salutieren!' flüsterte ich. Der Oberst erwiderte den Gruß. 'Bitte setzen Sie sich,' sagte er und nickte bestärkend mit dem Kopf. Die Offiziere seines Stabes waren sitzengeblieben. Er aber blieb stehen. Er las das Schriftstück schweigend und streute mehrere 'Jawohls' in seine Lektüre ein.

Als er geendet hatte, gab er das Schriftstück an den Offizier zu seiner Linken weiter. Dann wandte er sich uns zu. Er sprach bedächtig und mit wohlüberlegter Wortwahl. 'Ich habe den Befehl über die Truppen, die diese Zone verteidigen. Ich respektiere Ihr Pflichtbewußtsein bei der Ausführung Ihres Auftrages. Ebenso respektiere ich das Angebot, das Ihr Kommandeur unterbreitet. Ich bin mir über die Alternative im klaren. Wenn eine Kapitulation stattzufinden hätte, würde ich es vorziehen, mich den Amerikanern zu ergeben. Ich bin jedoch ein deutscher Offizier – ein Soldat meines Vaterlandes. Ich gehorche Befehlen. Es liegt nicht in meiner Befugnis, in dieser Sache eine Entscheidung zu fällen, ohne meine Vorgesetzten zu konsultieren. Das wird natürlich einige Zeit in Anspruch nehmen.' Während dieses Monologs hatte Mac mich ständig angestoßen und mich leise gefragt: 'Was sagt er, – was sagt er?' Der Oberst schaute seine Stabsoffiziere von rechts nach links an. Dann blickte er direkt zu mir und fragte in höflichem Ton: 'Haben Sie mich verstanden?'

'Gewiß, Herr Oberst,' antwortete ich. Hah – dachte ich mir, hier haben wir einen Gentleman, einen Offizier der alten preußischen Schule. Er kommt nicht direkt mit der Wahrheit heraus und erklärt uns, daß wir in einem dreisten und dummen Abenteuer hierher gekommen sind – typisch für Euch vertrauensseligen Amis. Es tut mir leid, Ihnen sagen zu müssen, daß wir Sie nicht gehen lassen können – jetzt, da Sie unsere Verteidigungsanlagen kennengelernt haben. Unwillkürlich schoß mir diese Hypothese in dem Augenblick, in dem er zu sprechen aufgehört hatte, durch den Kopf. Dann stellte ich die entscheidende Frage. Würde sie meine Schlußfolgerung bestätigen? Es konnte gar nicht anders sein: 'Wäre es möglich für Sie, unserem Kommandeur die Antwort bis heute 16 Uhr an unserer Vorpostenlinie zu übergeben?' Mac stieß mich wieder an. 'Was hast Du ihm gesagt?' Ich teilte es ihm mit. 'Sag ihm doch statt dessen, wir werden zurückkommen!' 'Halt doch den Mund!' zischte ich ihm zu. 'Das wird angemessen sein,' antwortete der Oberst. 'Danke,' sagte ich, als ich strammstand und salutierte.

Ich konnte es nicht glauben. Wir waren zurück in unseren Jeeps, nachdem wir einmal mehr an den 8,8 cm-Geschützen vorbei wieder auf dem Marktplatz angelangt waren. Wir wendeten und machten uns in Richtung auf unsere Vorpostenlinie auf den Weg. 'Ich wette, sie ergeben sich,' sagte Mac vergnügt. Captain Gray schwieg. Ich antwortete nicht, denn etwas beunruhigte mich. Wenn der Kommandeur sich ergibt, tut er das nicht auf Weisung seiner Vorgesetzten. Er ist ein Soldat, der entweder ja oder nein sagt. Warum haben sie uns entlassen, trotz der Tatsache, daß wir ihre Verteidigungspositionen gesehen hatten? Plötzlich wurde es mir bewußt: Bei Gott, sie machten sich keine Gedanken um die Geheiminformation, die wir gewonnen hatten – weil wir niemals unsere Linien erreichen würden. Mittlerweile hatte sicherlich ihre Vorpostenkette den Befehl erhalten, uns niederzuschießen. Haben die blöden Amis wirklich geglaubt, daß wir sie ziehen lassen? Das würde eine banale Kriegshandlung sein.

Mein Herz schlug heftig, als wir uns ihrer Vorpostenkette von hinten näherten. Die Köpfe waren in unsere Richtung gedreht. Ich war zum Bersten angespannt. Jetzt waren wir gleichauf, – dann hatten wir die Linie hinter uns gelassen! – Noch immer kein Schuß! 100 Meter – nun mußte es geschehen! Feuerten sie jetzt ihre Maschinengewehre und Panzerfäuste auf uns ab? – Es blieb alles ruhig! Ich kann es nicht verstehen, daß die Deutschen uns in unsere Stellungen zurückkehren ließen – unverletzt. Hatte sich der deutsche Oberst, der nach meiner Schätzung Ende 60 war, über die Kapitulationsmöglichkeit bereits entschieden?

Zurück in Güterglück, fuhren wir direkt zum Regimentshauptquartier in Walternienburg weiter. Colonel Crabill war informiert worden. Die Vorposten hatten uns nach Zerbst hineinfahren sehen. Der Regimentskommandeur begrüßte uns sofort, als wir eingetreten waren. Statt daß wir dem Colonel gemeinsam Bericht erstattet hätten, begab sich Mac sofort zur S 2-Sektion. Er tauchte erst bei uns auf, als ich meinen Bericht fast beendet hatte. In der Hand hatte er eine Handvoll Luftbilder von Zerbst. Aufgeregt lächelte er.

'Colonel,' sagte er, mit den Photos gestikulierend, 'ich kann jede Stellung ihrer 8,8er genau bestimmen. Wir können sie sofort ausschalten!' 'Das wäre nicht fair,' platzte ich heraus, nachdem sie uns haben gehen lassen!' Es war sicherlich eine dumme Bemerkung, alles mit einem sportlichen Wettkampf zu vergleichen. Colonel Crabill betrachtete die Photos, die Mac auf dem Schreibtisch ausgebreitet hatte. Nach einer Pause sagte er: 'Nein – das wären faule Tricks. Wir werden sie auf die verdammten Russen warten lassen. Es sei denn – sie überlegen es sich.' Dann fügte er nachdenklich hinzu: 'Es ist wirklich egal, ob wir Zerbst einnehmen oder nicht. Wir würden es ohnehin bloß für die Russen tun!'

Wir kehrten zum Bataillon zurück. Ich war glücklich und erleichtert. Mac war am Boden zerstört. Ich glaube, er nahm mir meinen Anteil daran übel, seinem Plan, die deutschen Waffen auszuschalten, einen Dämpfer aufzusetzen." Soweit der erste Teil des Schommer-Berichts für den 27. April 1945.

Gegen 14.10 Uhr an diesem 27. April besuchte General Ferenbaugh, der stellvertretende Divisionskommandeur den Regimentsgefechtsstand und unterrichtete Colonel Crabill darüber, daß das Regiment in den Raum Halberstadt zurückverlegt würde, sobald die GI´s in ihren Stellungen von den Russen abgelöst würden. Das Regiment sollte Besatzungsaufgaben wahrnehmen, sich um ehemalige alliierte Kriegsgefangene und verschleppte Personen bemühen und sich ansonsten um die Aufrechterhaltung von Recht und Ordnung kümmern. Als dann auch General Macon auftauchte, machte er deutlich, daß es darüber hinaus Aufgabe der zukünftigen Besatzungspolitik wäre, Probleme der Verwaltung und Versorgung des Gebietes um Halberstadt zu lösen.

Um 16 Uhr wartete die Führung des Regiments erneut vergeblich auf das Erscheinen des deutschen Kommandanten oder eines seiner Abgesandten. Irgendwie wurde bekannt, daß der deutsche Oberst zu seinem vorgesetzten Stab gefahren war, um die Genehmigung zur Übergabe von Zerbst zu bekommen. Er hatte sich aber noch nicht gemeldet. Die Amerikaner verlängerten das Ultimatum nochmals bis 20 Uhr. Auch wurde ein Feuerstop für die Artillerie erlassen. General Macon fuhr ebenfalls wieder zu seinem Gefechtsstand zurück. Alle hatten sie voller Optimismus darauf gehofft, daß Zerbst an diesem Tag noch kapitulieren würde und daß die Kriegshandlungen hier eingestellt werden könnten. Leider vergeblich!

Gegen 19.30 Uhr näherte sich den amerikanischen Vorposten ein weißes Fahrzeug aus Richtung Zerbst. Eine halbe Stunde später kam der Kommandeur des 3. Bataillons, Major White, auf dem Regimentsgefechtsstand in Walternienburg an und meldete, daß der deutsche Kommandant von Zerbst es ablehnt, die Stadt zu übergeben. Seine vorgesetzten Stellen hätten ihm keine Genehmigung zur Übergabe gegeben. Er ersuchte die Amerikaner erneut, die Verwundeten zu übernehmen. Das Ersuchen wurde jedoch abgelehnt. Es wurde angenommen, die Deutschen würden sich aus der Stadt zurückziehen. Die amerikanischen Streitkräfte könnten sie dann übernehmen. Danach bestünde die Möglichkeit, die Verwundeten zu versorgen. Gleichzeitig wurde der gewaltigen Artilleriekonzentration die Anweisung erteilt, die aus der Stadt herausführenden Straßen zu „bearbeiten", um jegliche Truppenbewegung aus der Stadt zu verhindern.

Der 28. April 1945

Schon sehr früh am Morgen des 28. April fuhr Colonel Crabill zum Divisonsgefechtsstand nach Calbe. Er war dorthin beordert worden, um die beabsichtigte Verlegung des Regiments in den Raum Halberstadt zu besprechen. Vorrang hatten aber die Diskussionen um ein weiteres Vorrücken auf Zerbst. Gegen 11.30 Uhr rief der Colonel vom Divisionsstab aus das Regiment an und befahl, das 2. und 3. Bataillon davon zu unterrichten, daß Zerbst am selben Tag um 15 Uhr angegriffen würde. Bei diesem Angriff sollte das 2. Bataillon frontal auf der rechten Seite vorgehen, das 3. müßte von links angreifen und dabei den nördlichen Teil der Stadt besetzen. Das erinnerte viele der Beteiligten wieder an die Kämpfe in der Normandie, den Angriff auf St. Malo, das Vordringen aus dem Hürtgenwald auf Düren, die Kämpfe in der Ardennenschlacht und das Vordringen nach Neuss an den Rhein. Aber die Männer hatten auch die Gewißheit, daß dies ihr letzter Angriff in diesem grausamen Krieg sein würde. Fünf Minuten nach dem Anruf, gegen 11.35 Uhr, meldete die gesamte Korpsartillerie von mindestens sieben Artilleriebataillonen mit ungefähr 130 Geschützen Feuerbereitschaft. Die Rohre waren drohend gen Zerbst gerichtet. Weitere 11 Bataillone standen im rückwärtigen Raum bereit, um den Angriff zu unterstützen. Zahlreiche Panzereinheiten mit einer erheblichen Feuerkraft warteten ebenfalls auf den Befehl zum Losschlagen. Trotz des regnerischen Aprilwetters waren auch Luftstreitkräfte in genügender Anzahl vorhanden, ihre todbringenden Bomben erneut über Zerbst auszuklinken.

Ein Inferno, schlimmer noch als das am 16. April, wartete auf die leidgeprüfte Stadt. Auch die bis dahin verschonten Viertel würden in Trümmer sinken. Und das alles, weil engstirnige Militärs, Feiglinge, die es nicht wagten, Aktionen der Menschlichkeit zu befehlen, fünf nach zwölf die deutsche Niederlage nicht zur Kenntnis nahmen. Jahrhundertelanger preußischer Kadavergehorsam wurde hier zur Absurdität! Noch immer kam aus Zerbst keine Nachricht, daß die deutschen Soldaten die Waffen strecken würden.

Als Colonel Crabill um 12 Uhr zum Regimentsgefechtsstand nach Walternienburg zurückkehrte, ordnete er an, daß nach der Einnahme von Zerbst Vorbereitungen getroffen werden sollten, den Angriff weiter nach Osten vorzutragen. Dort würden sie dann die Russen treffen, die schätzungsweise noch 25 km entfernt im Fläming stünden. Um 12.35 Uhr wurde an die amerikanische Artillerie der Befehl erteilt, daß das konzentrische Feuer um 14.55 Uhr auf Zerbst eröffnet würde – eine Art Trommelfeuer vor dem Angriff. Die Feuerwalze sollte dann nach Osten wandern, um die vorgehenden Bataillone des 329. Buckshot-Regiments zu unterstützen. Während der ersten 20 Minuten sollte eine Mischung aus Nebel- und Spenggranaten verschossen werden. Auch die Kasernen und Stäbe, die Captain Schommer und Lieutenant Mac Farlane gestern in Zerbst beobachtet hatten, würden in die Feuerwalze mit einbezogen. Lieutenant Magills I & R-Zug (Aufklärungszug) wurde beauftragt, am nächsten Tag die Gegend ostwärts von Zerbst zu erkunden und Kontakt zu den Russen zu suchen. Es bestünde nach Auswertung der Luftaufnahmen Grund zu der Annahme, daß die Deutschen dort eine neue Verteidigungslinie gegen die vordringenden sowjetischen Verbände aufgebaut hätten.

Um 13.35 Uhr wurde festgelegt, daß dem 2. Bataillon drei Züge des US-Panzerbataillons 736 und ein Zug des US-Panzer-Jagd-Bataillons 643 beigegeben würden. Das 3. Bataillon sollte ebenfalls von drei Zügen Panzern und einem Zug Jagdpanzer derselben Einheiten begleitet werden. Das 1. Bataillon bildete die Reserve, ebenso die ihm zugeordneten Panzer. 13.42 Uhr: Der vorgeschobene Regimentsgefechtsstand wurde nach Niederlepte verlegt. Von dort aus sollte gleichzeitig mit dem Funkgerät weiter versucht werden, Kontakt mit den Russen aufzunehmen. Colonel Crabill vertrat die Meinung, daß der Kampfwert der deutschen Soldaten vor Zerbst gering war. Zu Beginn des Angriffs würden sich sicher ganze Einheiten ergeben. Er glaubte nicht, daß sie ernsthaften Widerstand leisteten. Sobald weiße Fahnen zu sehen wären, sollte das Feuer sofort eingestellt werden. Wenn aber von deutscher Seite nach dem Zeigen der weißen Flagge weiter gefeuert werde, hätte die Artillerie Befehl, jeden Widerstand zusammenzuschießen.

Um 14.15 Uhr tauchten in Walternienburg plötzlich zwei Zivilisten aus Zerbst auf – Heinrich Gelzenleuchter und Dr. Hermann Wille. Beide hatten unter Einsatz ihres Lebens den Versuch unternommen, die Beschießung der Stadt zu verhindern und den Einmarsch der Amerikaner zu ermöglichen.

Auch über diese Aktion der beiden Männer liegt ein Bericht vor.[109] Heinrich Gelzenleuchter war Kaufmann und für bombengeschädigte Betriebe unterwegs. Da er in Zerbst zu Hause war, landete er Anfang April beim Volkssturm. Er erlebte in der Stadt den furchtbaren Luftangriff und machte danach dem Volkssturmkommandanten klar, daß die Männer sinnvoller zur Bergung aller Verletzten und Verschütteten in Zerbst eingesetzt werden sollten. Gelzenleuchter wurde Zeuge der Schommer-Mission.

Am anderen Morgen, also am Samstag, 28. April, sah sich der Nazi-Kreisleiter gezwungen, die Behörden der Stadt davon zu unterrichten, daß die Wehrmacht die Stadt heimlich aufgegeben hätte. Auch Landrat Schmidt bestätigte das. Es hieß, daß nur noch 80 Soldaten mit 31 Gewehren (!) dageblieben seien. Nazikreisleiter und Landrat schlugen sofortige Verhandlungen mit den Amerikanern vor, um die Stadt vor weiteren Bombardements zu retten. Gelzenleuchter, der über englische Sprachkenntnisse verfügte, wurde beauftragt, mit den Amerikanern Verbindung aufzunehmen. Gelzenleuchter wählte zu seiner Begleitung den Arzt Dr. Hermann Wille, der seit Jahrzehnten in Zerbst praktizierte und das Vertrauen der Bürger besaß. Mit einer Rot-Kreuz-Binde am Arm war er leicht zu erkennen. Beide benutzten Fahrräder, weil es unverdächtiger war. Die Zeit drängte. Sie fuhren zunächst in Richtung Süden nach Bias und bogen dann westwärts nach Leps ab. Dort bestürmten sie die Dorfbewohner: „Ihr kommt nicht durch! Bringt Euch in Sicherheit!" Doch tapfer fuhren sie weiter in Richtung Eichholz. Ein amerikanisches Flugzeug umkreiste die beiden. Schnell entfalteten sie ein weißes Tuch, das sie bisher sorgfältig versteckt gehalten hatten. Es war spät! Gerüchte, die in Zerbst umgelaufen waren, hatten behauptet, um 12 Uhr sollte die Beschießung und das Bombardement beginnen. Sie erreichten ein Wäldchen. Der Weg war schwierig, quergelegte Stämme, verkleidete Hindernisse und Granattrichter erschwerten ihnen das Fahren. Dr. Wille war immerhin 65 Jahre alt und hatte Schwierigkeiten mit dem Tempo. Plötzlich sahen sie vor sich deutsche Luftwaffensoldaten, die gerade entwaffnet wurden. Ein amerikanischer Offizier forderte beide auf, die Hände hochzunehmen und sich den Gefangenen anzuschließen. Mit einiger Mühe machten sie dem Lieutenant klar, daß sie Abgesandte der Stadt Zerbst wären. Man forderte sie auf, in einen Schützenpanzer einzusteigen. Die Fahrräder mußten sie zurücklassen. Über einen Waldweg brausten sie an vielen GI´s vorbei in Richtung Elbe.

Im Gasthof Tochheim befand sich der Gefechtsstand des 331. US Infantry-Regiments. Der Kommandeur wollte sofort wissen, wieviel deutsche Soldaten noch in Zerbst wären. Sie wiesen darauf hin, daß sie als Unterhändler gekommen seien, um die Stadt zu übergeben. Der Oberst behandelte sie sehr zuvorkommend und freundlich. Er telefonierte, und die Uhr lief drohend weiter. Es wurde 11.30 Uhr! Codenamen wie Black stone (329.), Black boy (331.) und Blue stone (330.) schwirrten durch den Raum. Es waren die drei Regimenter der 83. Infantry Division. Gelzenleuchter und Dr. Wille wurden aufgefordert, in einen Jeep zu steigen. In rasender Fahrt ging es nach Walternienburg. Dort empfing sie Colonel Crabill. Gelzenleuchter mußte leider die Frage verneinen, ob er die militärische Übergabe brächte. Er sagte, daß der Oberbürgermeister ihn ermächtigt hätte, bindende Erklärungen abzugeben. Crabill meinte darauf, daß er darin keinen Wert sähe. Doch Gelzenleuchter wies auf amerikanische Flugblätter hin, in denen eine Übergabe durch das Militär oder den Bürgermeister gefordert wurde. In seinem Bericht schreibt Gelzenleuchter weiter: „ 'Ich lege lieber den Rest der ganzen Stadt nieder, als daß ich das Leben eines einzigen amerikanischen Soldaten noch opfere!' sagte der Colonel. 'Sie treffen dann nur Frauen und Kinder und wehrlose Männer, Herr General (!), wenn Sie die Stadt restlos zerstören,' waren meine Einwendungen." [110]

Auf dem Gefechtsstand wurde der stellvertretende Divisionskommandeur General Ferenbaugh erwartet, und Colonel Crabill ließ die beiden Unterhändler aus Zerbst wissen, daß er danach eine entsprechende Entscheidung treffen würde. Er gab Herrn Gelzenleuchter jedoch zu verstehen, daß die Amerikaner keinen Krieg gegen wehrlose Frauen und Kinder führen wollten. Er würde aber das Leben seiner Soldaten nicht aufs Spiel setzen, wenn er es durch Artilleriefeuer schützen könnte. [111]

Als General Ferenbaugh auf dem Regimentsgefechtsstand eintraf, wurde entschieden, den Angriffsbeginn auf 16 Uhr zu verschieben.[112] Der Colonel und der General brachten die beiden Zivilpersonen nach Güterglück zum 3. Bataillon.

Die Uhr zeigte bereits 14.20 Uhr! Und wieder war Captain Schommer zur Stelle, er berichtete darüber:[113] „Offensichtlich war unser Anteil am Krieg beendet. Das war enttäuschend, da wir die Truppen waren, die Berlin am nächsten lagen – nur 50 Meilen entfernt. Aber wir hatten Anweisung, zugunsten der Russen stehen zu bleiben. Ich saß gerade im Gefechtsstand und wartete auf den Ruf zum Mittagessen, als das Telefon klingelte. Es war für mich. 'Schommer, hier spricht Bagley,' der S 3 des Regiments. 'Dies ist ein Vorwarn-Befehl. Wir sind angewiesen worden, Zerbst einzunehmen. H-hour (Angriffszeit) ist 15 Uhr. Der schriftliche Befehl wird in Kürze bei Ihnen eintreffen.' Ich leitete die Nachricht an den Bataillonskommandeur weiter. Major White lächelte zustimmend. Mir war unbehaglich zumute, besonders, wenn ich an das Versprechen dachte, das ich den Deutschen gegeben hatte. Ich hatte ihnen mitgeteilt, daß wir nicht angreifen würden. In diesem Augenblick fühlte ich mich schuldig. Ich hatte schon mit deutschen Offizieren vor der Hitlerzeit zu tun gehabt. Es waren ehrenwerte und vertrauenswürdige Soldaten. Ich war vom Mittagsmahl an der Feldküche zurückgekehrt und wartete auf den Angriffsbefehl.

Es war fast 14 Uhr, als sich die Tür öffnete. Jemand rief: 'Habt Acht!' Colonel Crabill, begleitet vom stellvertretenden Divisionskommandeur General Ferenbaugh, betrat den Raum. Weiterhin kam noch eine ganze Anzahl ausgewähltes 'Divisions-Messing' (Rangabzeichen) hinzu. Weiterhin waren zwei Zivilisten mittleren Alters dabei. Der Colonel kam direkt auf mich zu. 'Schommer,' begann er, 'dies sind zwei Würdenträger aus der Stadt Zerbst. Sie sind gekommen, um uns zu bitten, nicht mehr mit der Artillerie in die Stadt zu schießen. Sie sagen, die Bürger der Stadt wollen, daß ihre Truppen sich ergeben. Sie glauben, daß der Kommandant der Garnison wahrscheinlich in die Kapitulation einwilligen würde, wenn wir jemanden entsenden, um mit ihm zu sprechen.' 'Sie sollten uns heute morgen eine Antwort schicken,' sagte ich. 'Ja, ich weiß,' antwortete der Colonel. 'Aber sie haben jetzt anscheinend einen neuen Befehlshaber.' Nach einer kurzen Pause fuhr er fort: 'Schommer, ich hätte gerne, daß Sie mit diesen beiden Abgesandten zurück nach Zerbst fahren und dort zusehen, ob Sie den neuen Kommandanten überreden können, zu kapitulieren. Das ist kein Befehl. Wenn Sie ablehnen, wird das in keiner Ihrer Akten vermerkt werden.'

Ein makabrer Gedanke! Warum gab es einen neuen Befehlshaber? Ich wußte, daß es der 'modus operandi' des deutschen Oberkommandos war, einen zögernden und nicht zum Heldentod bereiten Kommandeur durch gewissenlose Schlächter der SS zu ersetzen. 'Schommer, bevor Sie sich entscheiden, möchte ich, daß Sie wissen, daß wir wie befohlen angreifen werden – auch wenn Sie zur H-hour (Angriffszeit) noch nicht zurück sind.' 'Wunderschön!' Ich hatte davon gehört, daß die sadistische SS kriegsgefangene amerikanische Offiziere ins offene Feld gestellt hat, als unsere Artillerie feuerte. Das Ganze mit der Bemerkung: 'Wir hoffen, Sie haben Spaß an Ihrer wundervollen Artillerie!' Aber Gott sei Dank hielt diese Einschätzung der Situation nur ein oder zwei Sekunden an. Das gesamte 'Messing' schaute mich aufmerksam an. Ich hatte bei Gott kein Verlangen, noch ein toter Held zu werden, und das in einem Augenblick, da der Krieg beinahe vorbei war. Vielleicht konnte man meine 'Begeisterung' an meinem Gesicht ablesen. 'Ich werde gehen, Sir,' sagte ich. Das 'Messing' hielt eine kurze Konferenz ab. 'Schommer,' sagte der Colonel, indem er sich von der Gruppe mir zuwandte. 'Wir werden die Angriffszeit auf 16 Uhr verlegen, das könnte ihnen etwas zusätzliche Zeit verschaffen. Viel Glück!'

Jemand hatte meinen Fahrer benachrichtigt. Er saß schon hinter dem Lenkrad meines Jeeps, als ich herauskam. Dieser Palmer hatte mich in der Vergangenheit bei einigen haarigen und fragwürdigen 'Ausflügen' begleitet. Niemals hatte er Unwillen oder Angst gezeigt. Dennoch hatte ich bereits entschieden, diese Mission allein hinter mich zu bringen. 'Palmer, Sie gehen nicht mit, ich werde selbst fahren!' Er schaute mich erstaunt an und antwortete im Befehlston: 'Nein Sir, ich werde Sie fahren!' Mir kam kurz der Gedanke, ihm zu befehlen, den Jeep zu verlassen. Aber er schaute mir weiter direkt in die Augen. Er hatte mir einen Befehl erteilt – und er meinte, was er sagte! Zu allem Überfluß tauchte auch noch Mac auf. 'Ich möchte mitkommen. Ich hole meinen Jeepfahrer.' Er bat mich um Erlaubnis. Ich mußte lachen. 'Willkommen!' sagte ich lakonisch. Die deutschen Zivilpersonen, die zu Fuß bis zu unserer Vorpostenlinie gegangen waren, saßen auf dem Rücksitz meines Jeeps. Mac mit seinem Fahrer folgte direkt hinter uns. Ich warf einen Blick auf meine Armbanduhr. Es war 14.21 Uhr als wir Güterglück verließen. Niemand sprach ein Wort, bis wir in Zerbst einfuhren. Von da an wies einer der beiden Zerbster mir die Richtung. Die 8,8 cm-Geschütze standen noch da, doch nicht an denselben Stellen wie gestern. Die beiden Zivilisten hatten sich auf den hinteren Jeeprand gesetzt, um den amerikanischen Offizieren Sicherheit zu geben. Die Stadt war kaum belebt.

Wir hielten vor einem Gebäude, das anscheinend das Rathaus gewesen war (es handelte sich um das Neue Haus auf dem Markt). Was einst als ein dreistöckiges altes Gebäude aufragte, konnte sich nur noch der Teile von vier Wänden rühmen, die sich über Tonnen von Schutt erhoben. Der Eingang zum Keller war sorgfältig freigeschaufelt worden. Wir stiegen die Kellertreppe hinunter in einen Raum von ca. 3,5 x 6 m. Mehrere Tische waren zusammengerückt worden, um sie herum saßen vier Zivilisten. Sie erhoben sich, als wir eintraten. Einer der beiden Unterhändler hatte meinen Namen behalten und stellte mich den anderen vor. Wir setzten uns.

Die beiden Unterhändler beschrieben die einzelnen Ereignisse ihrer Mission. Zusammenfassend sagten sie, daß der amerikanische Angriff auf die Stadt unmittelbar bevorstehe. Alle stimmten zu, daß die Stadt sofort übergeben werden müßte. 'Wer ist der neue Kommandant?' fragte ich. 'Wir wissen es nicht. Er kam in der Nacht an.' 'Gehört er zur SS?' 'Nein, es ist ein älterer Mann der Wehrmacht. Ich habe sein Auto in die Stadt fahren sehen. Wenn er zur SS gehören würde, wäre die Lage für uns in Zerbst hoffnungslos.'

Ich entspannte mich sichtlich. 'Wir haben ihm eine schriftliche Nachricht geschickt, bevor wir zu ihren Stellungen kamen,' fuhr er fort. 'Wir baten darum, Zerbst zum Wohle seiner Menschen hier zu übergeben. Aber er wies dieses Ansinnen wohl zurück, denn bis jetzt haben wir keine Antwort erhalten.'

'Dann bringen Sie mich bitte zu seinem Hauptquartier,' antwortete ich. In diesem Augenblick erhob sich ein älterer Mann. Es war der Oberbürgermeister Abendroth. 'Ich glaube, Sie verstehen die Situation falsch. Der Kommandant braucht eine militärische Konfrontation, damit er kapitulieren kann. Das ist sicher der Grund für die Ablösung des bisherigen Stadtkommandanten. Ich glaube nicht, daß er seine persönliche Ehre Ihnen überantworten würde. – Entschuldigen Sie, wenn ich das so sage. Einem General hätte er sich vielleicht ergeben. Ich will Ihren Rang nicht beleidigen. Aber es ist eine Frage des Stolzes, obwohl Sie ja einen General repräsentieren.' Er machte eine Pause und schaute starr geradeaus auf die Mauer. Sein Mund war zusammengekniffen. Dann fuhr er fort: 'Es wäre das beste, wenn ich, als Oberbürgermeister und Repräsentant der Bürger dieser Stadt, ihn bäte zu kapitulieren – zum Wohle aller!' 'Dann übermitteln Sie ihm diese Botschaft,' sagte ich. 'Sofern Sie sich nicht sofort ergeben, werden Sie sich einem konzentrierten und heftigen Angriff unserer Streitkräfte gegenübersehen. Dazu käme ein vernichtendes Artilleriefeuer und möglicherweise auch nochmals ein schwerer Luftangriff. Sie werden nicht nur Ihre Soldaten völlig sinnlos opfern, sondern auch große Verluste unter den Stadtbewohnern zu verantworten haben.' Er stand noch immer. 'Ich werde die Nachricht übermitteln,' sagte er stoisch. Er schaute sich nochmals im Kellerraum um und brach dann in Begleitung des einen Unterhändlers (Herrn Gelzenleuchter) auf.

Ich schaute auf meine Uhr. Es war 14.50 Uhr – eine Stunde und zehn Minuten vor H-hour! Mac und ich blieben im Keller zurück. 'Möchten Sie ein Glas Wein? Es ist nicht der beste,' sagte einer der Männer (es war vermutlich der Landrat Schmidt). 'Ja, danke,' antwortete ich. Sie holten eine Flasche Wein und eine Anzahl verschiedener Gläser. Das erste Glas wurde eingeschenkt und mir angeboten. 'Sag ihnen, ich kann darauf verzichten,' murmelte Mac. 'Er könnte vergiftet sein!' 'Der Lieutenant trinkt nicht,' entschuldigte ich ihn. 'Man stirbt nur einmal!' flüsterte ich ihm zu, als ich das Glas an die Lippen setzte. Der Wein war recht gut, und ich spendete unseren Gastgebern Lob.[114] Wir vertrieben uns die Zeit mit etwas Konversation. War ich in Deutschland geboren? War ich deutscher Abstammung? Wie hatte ich Deutsch gelernt? Es wäre unglücklich, daß wir uns in einem Keller mit wenig Annehmlichkeiten treffen mußten und ähnliches mehr. Es gab keinen feindseligen Unterton."

Zur gleichen Zeit fuhren Gelzenleuchter und der Oberbürgermeister mit dem amerikanischen Jeep zur Gneisenau-Kaserne, dem Gefechtsstand des deutschen Kommandanten. Am Tag vorher waren die beiden amerikanischen Offiziere noch im davor gelegenen Schützenhaus empfangen worden, um nicht in die letzten Geheimnisse des Militärs in

151

Zerbst eingeweiht zu werden. Im Keller des Stabsgebäudes der unzerstörten Kasernen trafen sie einen Major der SS (Sturmbannführer) und einen älteren Oberleutnant.

Gelzenleuchter schreibt darüber: [115] „Oberbürgermeister Abendroth beklagte sich zunächst darüber, daß man ihm am vorigen Tag nicht die Wahrheit über die amerikanischen Parlamentäre gesagt habe. Die Offiziere antworteten ausweichend. Wir vertraten nun beide den Standpunkt, daß es doch Wahnsinn sei, die Stadt weiter zu verteidigen. In Zerbst sei fast kein Militär zu sehen. Der Major gab zu, daß die Stadt nicht erfolgreich verteidigt werden könne. Er sei überzeugt, daß die Amerikaner binnen 30 Minuten in der Gneisenau-Kaserne wären. 'Unter diesen Umständen ist es doch heller Wahnsinn, die Stadt noch weiter zu verteidigen!' warf der Oberbürgermeister ein. 'Ich kann die Stadt nicht übergeben, denn ich habe den Befehl über Zerbst erst vor eineinhalb Stunden übernommen,' antwortete der Major. 'Wie kann die Wehrmacht überhaupt die Stadt räumen, ohne mich als ziviles Oberhaupt davon zu unterrichten?' meinte der Oberbürgermeister. Statt eine Antwort zu geben, fragte der Major unvermittelt: 'Sie sagten Herr Oberbürgermeister, daß Sie von den Amerikanern vorhin erfahren haben, die Stadt müsse sich sofort ergeben, da sie sonst völlig zerstört würde.' Und drohend fügte er hinzu: 'Wie kommen Sie eigentlich in Verbindung mit dem Feind?" Darauf ergriff ich das Wort und gab eine ausweichende Antwort. Ich betonte aber, daß keine Zeit verloren werden dürfe, wolle man nicht das Unglück über die ganze Stadt heraufbeschwören. Ich sagte dann kurz entschlossen beiden Herren: 'Sie, Herr Major, können mit Ihrem soldatischen Gewissen eine Übergabe der Stadt nicht verantworten, und Sie, Herr Oberbürgermeister, sind eine zivile Autorität, die ebenfalls nicht frei handeln kann. Also werde ich der Schweinehund, der Verräter sein! Ich – übergebe die Stadt! Kommen Sie, Herr Oberbürgermeister, schnell, die Zeit drängt!' Ehe sich die beiden Offiziere von ihrer Überraschung erholt hatten, waren wir draußen, und mit dem dort wartenden Wagen sausten wir zurück zum Neuen Haus."

Schommer seinerseits berichtet über die weiteren Ereignisse: [116] „Beinahe eine halbe Stunde war vergangen, seit die beiden uns verlassen hatten. Ein weiteres Glas Wein wurde mir angeboten. Ich schlug einen Toast auf den Oberbürgermeister vor. Wir hoben die Gläser. 'Wirklich schade, er war ein guter Mann – ein guter Bürgermeister.' 'Warum sagen Sie – er war?' fragte ich. 'Er wird Selbstmord begehen.' 'Warum?' 'Weil er das Militär um Kapitulation ersucht und damit das Vaterland verraten hat.' 'Aber er tut das doch für sein Vaterland!' entgegnete ich. 'Er wird Selbstmord begehen.' Es war H-hour minus 29! Noch eine knappe halbe Stunde. Jetzt wurde ich nervös. 'Würde er Selbstmord begehen, ohne sich zurückzumelden?' frage ich. 'Er wird zurückkommen – vorher!' Es war vollkommene Stille im Raum.

H-hour minus 14! Da – Wumm, wumm! Es war unsere Artillerie! Sie ermittelte routinegemäß die optimale Schußweite durch Rauchgranaten. Weitere zwei Minuten schlichen vorüber. Bald würde unsere Artillerie scharf schießen! Da öffnete sich die Kellertür. Es war der Oberbürgermeister. Ohne jede Gefühlsregung sagte er: 'Der Kommandant weigert sich zu kapitulieren. Ich werde dafür sorgen, daß die Sperren geöffnet und von ziviler Seite weiße Flaggen gehißt werden.' Der englisch sprechende Unterhändler erklärte, daß man ihn zum amerikanischen General als Geisel mitnehmen sollte, als Garant dafür, daß die amerikanische Armee nichts zu befürchten habe. Weiter meinte der Oberbürgermeister: 'Wenn Sie angreifen, ohne Ihre Artillerie einzusetzen, so glaube ich, daß unsere Soldaten nicht auf Sie schießen werden. Sollten Sie jedoch Ihrer Artillerie den Feuerbefehl erteilen, dann würden einige von Ihnen getötet und verwundet werden. Unsere Soldaten wären dann nervös – und würden schießen!' 'Danke für Ihre ehrenhaften Bemühungen,' sagte ich, während ich überstürzt aus dem Keller ging. 'Gib Gas!' wies ich meinen Fahrer an. Wir brausten aus der Stadt." Schommer wußte natürlich nicht, was sich inzwischen abgespielt hatte.

Um 15.05 Uhr bekam der Task-force-Verband den Befehl, zur linken Flanke aufzuschließen, um sie zu schützen. Der in Güterglück zurückgebliebene Dr. Wille, der zweite Zerbster Unterhändler, bot sich bis zur Rückkehr von Captain Schommer als Geisel an. Das Angebot wurde aber von General Ferenbaugh abgelehnt. Um 15.25 Uhr rief General Macon Colonel Crabill an und gab die Anweisung, mit dem 2. und 3. Bataillon um 16 Uhr ohne Artillerievorbereitungen anzugreifen. Sollten jedoch die amerikanischen Verbände beschossen werden, würde die Artillerie sofort das Feuer eröffnen. Beim Stab nahm man an, die Deutschen würden sich ohne Kampf ergeben. Zehn Minuten später ein neuer Befehl: Der Kommandeur des 2. Bataillons, Lieutenant Colonel Sharp, sollte beim Angriff auf Zerbst mit den Panzern voraus vorgehen. Die Infanterie sollte dann in kurzem Abstand folgen. Sobald man jedoch die Angreifer beschießen würde, sollte sofort das Feuer eröffnet werden. Zur gleichen Zeit wurde von dem 331. Regiment gemeldet, daß dort zwei Jungen aufgegriffen wurden, die erzählten, daß die deutschen Truppen Zerbst in der letzten Nacht verlassen hätten. Schommer und Mac Farlane brausten durch Zerbst zurück.

Gelzenleuchter berichtet zusätzlich:[117] „So fuhr ich allein mit den beiden Offizieren durch Zerbst. Es war bereits kurz vor 16 Uhr – das Ultimatum lief ab. Unterwegs sprang ich nochmals aus dem Wagen, um einem Bekannten zuzurufen: 'Laufen Sie schnell in alle Straßen und veranlassen Sie die Bevölkerung, in die Keller zu gehen und die weiße Fahne zu hissen!' Am Ende der Magdeburger Straße wurden wir von deutschen Posten angehalten. Ich bekam die Weisung, mich sofort bei Oberleutnant X zu melden. Blitzschnell überlegte ich, was jetzt zu tun sei. Ich wußte mit Sicherheit, daß ich vom Stadtkommandanten telefonisch zur Verhaftung gesucht würde. Deshalb sprang ich schnell entschlossen vom Wagen, lief in den Hof, frug nach dem Oberleutnant, schrie über den Weg: 'Sofort zurück, in knapp zehn Minuten kommen die Amerikaner!' Mich auf dem Absatz umdrehen, auf die Straße zu stürzen und ins Auto zu springen, war eins! Im Höllentempo ging es nach Töppel. Es war 15.50 Uhr! Um Haaresbreite wäre mein Vorhaben in letzter Minute am letzten Posten von Zerbst gescheitert."

Von der Rückkehr berichtet dann Francis Schommer:[118] „Wir waren auf dem Rückweg und brausten die Landstraße nach Töppel entlang. Wumm! Die Rauchgranate explodierte ungefähr 75 m neben uns. Eine weitere Markierung für unsere Artillerie. Colonel Crabill und General Ferenbaugh warteten bereits. Unsere beiden Infanteriebataillone waren im rechten Winkel zueinander aufgestellt worden, um die Stadt von zwei Seiten zugleich anzugreifen. 'Ich bin erleichtert, daß Sie zurück sind, Schommer,' sagte der Colonel. 'Wir waren schon soweit, Sie beide aufzugeben.' Ich erklärte kurz, was geschehen war, worauf der Colonel eine kurze Besprechung mit dem General und dem Regimentsstab abhielt. 'Wir werden den Angriff wie geplant ausführen, abgesehen davon, daß die Artillerie vorläufig nur in Bereitschaft verharrt. Übermitteln Sie dem Bataillonskommandeur die Nachricht: Wir schießen nicht, es sei denn, unsere Männer werden beschossen.' Ich gab die Meldung weiter. Es war H-hour + 6 – also 16.06 Uhr.

Das Vorrücken der beiden Bataillone verlief planmäßig über ebenes Gelände. Kein Schuß fiel – und doch waren die Nerven zum Zerreißen gespannt! Br-t-t-t-t! – etwa zehn Feuerstöße aus einem deutschen MG 34! Aber dann war wieder Stille. Unsere Boys erwiderten das Feuer nicht!"

Heinrich Gelzenleuchter stand wie versteinert am Rande des völlig zerstörten Dorfes Töppel. An einem Umformerhäuschen am Dorfeingang sprach ihn Colonel Crabill an:[119] „Der Oberst fragte, ob ich die militärische Übergabe der Stadt in Händen hätte. Ich antwortete: 'Herr General, die Stadt ist vom Bürgermeister übergeben worden. Dort gibt es doch fast keine Soldaten mehr. Wenn Sie in die Stadt einmarschieren, wird kein Schuß fallen! Ich stehe hier als Garant, daß nichts passiert!'

Panzer, Sturmgeschütze, MG´s, Nachrichtenwagen, Sanitätswagen und viele Soldaten bewegten sich auf Zerbst zu. Die Panzer näherten sich über die Straße der Stadt, eine dünne Schützenkette ging über die Felder vor. Auch MP – Militärpolizei – war dabei.

Mir schien es, daß die Amerikaner bereits in Zerbst eingedrungen waren. Ich hatte meine Rolle als Geisel ausgespielt. Ich sprach einen Major an und bat ihn, mich zu betreuen. Es wäre doch nicht angängig, daß ein deutscher Zivilist inmitten der amerikanischen Truppen umherspazierte. Der Major fragte, woher ich komme und zweifelte an der Wahrheit meiner Aussage. Sein Wagen brachte mich unverzüglich zum Stab nach Güterglück. Dort erkannten mich Captain Schommer und Lieutenant Mac Farlane, die mich zu Verhandlungen nach Zerbst gebracht hatten. Auf deren Geheiß wurde ich wieder nach Töppel zurückgebracht, wechselte dort das Auto, und im Jeep ging es zurück nach Zerbst. War ich ein Befreier der Stadt oder ein Verräter? Die Soldaten mit ihren schußbereiten Maschinenpistolen schauten neugierig in die Menge am Straßenrand. Ich erkannte einige Bekannte, biß die Zähne zusammen – und sah starr geradeaus. Irgendwie fühlte ich aber Genugtuung, daß ich vielen geholfen hatte, ihr Leben und den Rest ihrer Habe zu retten. Der amerikanische Offizier im Jeep kannte die Sperren besser als ich. Wir kamen zum Marktplatz, um im Neuen Haus den Oberbürgermeister aufzusuchen. Leider mußte ich dort hören, daß er vor einer Stunde durch SS verhaftet worden war. Unverzüglich lief ich dem amerikanischen Offizier nach und bat ihn, mich zur Kaserne zu fahren, damit ich den Oberbürgermeister aus seiner Haft befreien konnte. Wahrscheinlich hatte ihn die SS nach unserer Unterredung mit dem Major im Stabsgebäude abgeholt. Glücklicherweise trafen wir ihn jedoch im Vorbeifahren auf der Heide. Er war schon befreit worden."

Die Infanterie des 3. Bataillons war über die Güterglücker und die Magdeburger in die Grüne Straße eingebogen. Von dort gingen die GI´s über den Ankuhn weiter nach Osten vor. Die K-Kompanie marschierte über die Breite Straße zum Markt. Vorsichtig, mit vorgehaltenen Gewehren und Maschinenpistolen tasteten sie sich von Haus zu Haus vor. Jeder Keller wurde untersucht. Auf dem Markt stand ein bekannter Zerbster Zahnarzt und winkte den sich vorsichtig nähernden GI´s zu. Ein Offizier sprach ihn an. Der Zahnarzt verstand kein Englisch, sprach aber fließend Französisch. Auch der amerikanische Offizier sprach etwas Französisch. Er bat ihn, mit zur Kaserne zu fahren und bei der Entwaffnung der deutschen Soldaten zu dolmetschen.

Von Bias aus war das 2. Bataillon durch die umliegenden Dörfer in den noch fast unzerstörten südlichen Teil von Zerbst eingerückt. Die Bewohner staunten nicht schlecht, als sich unter ihnen eine ganze Anzahl farbiger GI´s befanden, die freundlich lächelnd an die Kinder Süßigkeiten verteilten. Haus für Haus wurde durchsucht. Die gefundenen Waffen wurden auf den Straßen zerschlagen. Auch an der Wohnung von Herbert Neumann klopften nach Waffen und deutschen Soldaten suchende Amerikaner. Er hatte als Fahnenflüchtiger das Franciseum gerettet, indem er die zahlreichen Brandbomben mit einigen Helfern unschädlich machen konnte und war danach als Verwundeter nach Hause gegangen. Aber immer noch trug er seine Marineuniform als Fähnrich zur See. Als die GI´s bei ihm an die Tür klopften fragen sie ihn: „You are a soldier?" Er schüttelte den Kopf – und sie gingen weiter! Wahrscheinlich dachten sie, er wäre Portier oder Zirkusmann.[120]

Auch Captain Schommer kam in die Stadt. Diesmal sah er Zivilpersonen, die ihn mit breitem Lächeln begrüßten. In der Kaserne traf er den gesamten Stab, den er von seinem ersten Besuch noch kannte. Als er den Major entdeckte, sprach er ihn an: „Zu der Zeit, als ich Ihnen sagte, wir würden nicht angreifen – war das die Wahrheit! Die Befehlsänderung kam erst heute". „Jawohl," antwortete der Major und grinste, „jawohl!" Schommer war betreten und ging zu seinem Jeep zurück.[121] Spürte dieser deutsche Fanatiker überhaupt keine Verantwortung seinen Landsleuten gegenüber? Nicht auszudenken, wenn die Amerikaner auf seine sture Haltung mit ebensolchen militärischen Maßnahmen geantwortet hätten!

Das 2. Bataillon hatte noch einen Ausfall durch eine heimtückische Sprengfalle, die in der Stadt verborgen war. Eine verborgene Sprengladung explodierte, als ein GI ein Haus betreten wollte. Gegen 18 Uhr ging es am östlichen Stadtrand in Stellung. Zur gleichen Zeit verlegte das 3. Bataillon seinen Gefechtsstand nach Zerbst. Die Stadt, besser gesagt, ihre Trümmer waren besetzt. Immerhin über 800 deutsche Kriegsgefangene wurden aufgebracht. Colonel Crabill freute sich. Sein Regiment stand Berlin am nächsten – die letzte Schlacht des „Rag Tag Circus" war geschlagen.

Heinrich Gelzenleuchter quälte sich in Selbstzweifeln. Er sah die amerikanischen Filmteams, die stolz die eroberte Stadt und die erfolgreichen GI´s auf ihre Bilder bannte. Niemand filmte ihn. Und doch waren er und Dr. Wille die aufrechten Männer, die versucht hatten, eine letzte Katastrophe zu verhindern. Hätten die deutschen Kommandanten nur ein Quentchen von der Tapferkeit besessen, die Gelzenleuchter und Dr. Wille gezeigt hatten – Zerbst wäre viel erspart geblieben.

Die Militärregierung

Das 329. US Infantry Buckshot-Regiment hatte Zerbst endlich besetzt und richtete am frühen Morgen des 29. April, einem Sonntag, hier seinen vorgeschobenen Gefechtsstand ein. Der Regimentskommandeur blieb jedoch mit seinem Stab in Walternienburg. Das 3. Bataillon hatte seine Aufgabe erfüllt und zog seine Kompanien am Morgen zurück nach Güterglück. Die I-Kompanie, die bisher im Raum von Töppel eingesetzt war, bekam Befehl, am nächsten Morgen nach Halberstadt zu verlegen – zur wohlverdienten Ruhepause und zum Ausschlafen. Das 2. Bataillon verblieb als Besatzung in Zerbst.

Von der Division kam der Befehl, nicht mehr auf deutsche Flugzeuge zu schießen, es sei denn, sie würden amerikanische Stellungen und Einrichtungen angreifen. Dem Vernehmen nach würden die Maschinen zur Übergabe an die Westalliierten eingeflogen. Zum Zeichen der Kapitulation flögen sie mit ausgefahrenem Fahrwerk.[122] Südlich des Einsatzgebietes der 83. US-Division östlich der Mulde bei Dessau ereignete sich noch eine eigenartige Begegnung. Drei Aufklärungsfahrzeuge der 3. US-Panzerdivision fuhren bis nach Wörlitz. Dort stießen sie auf zwei deutsche Kompanien, die sich auf dem Weg zum Elbübergang nach Coswig befanden. Obwohl die Landser voll bewaffnet waren, verwickelten sie die Amerikaner nicht in Kampfhandlungen. Im Gegenteil! Die deutschen Soldaten standen längs der Straße und winkten den drei Fahrzeugen freundlich zu. Die Patrouille stoppte, und die GI´s fragten, wo sie die Russen finden könnten. Entgegenkommend antworteten die Deutschen und deuteten in Richtung Osten. Freudig boten sie den amerikanischen Soldaten an, mit ihnen gemeinsam gegen die Russen zu kämpfen. Lächelnd lehnte der kommandierende amerikanische Offizier das Angebot ab. Höflich verabschiedete man sich, und die Patrouille setzte ihre Aufklärungsfahrt fort.[123] Sicherlich spielte die an der gesamten Westfront verbreitete Latrinenparole auch hier eine Rolle. Danach würden ab jetzt Amerikaner und Deutsche gemeinsam gegen die Sowjets kämpfen. Wahrscheinlich handelte es sich um eine der letzten Goebbelschen Lügengeschichten, die systematisch unter den deutschen Einheiten verbreitet wurde, um die Soldaten auch fünf nach 12 noch zum Kampf gegen die Russen zu ermuntern.

Das 2. Bataillon bekam neue Aufgaben – es mußte in Zerbst die erste Militärverwaltung aufbauen. Seine Hauptaufgabe war, den aus den östlichen Dörfern zurückströmenden Menschen zu verbieten, die in Trümmern liegende Stadt zu betreten. Die Zerbster Zivilisten kannten genug Schleichwege, um dennoch hinein zu gelangen; auch deutsche Soldaten drängten in die Stadt auf ihrer Flucht vor den Russen. Angehörige der Flakbatterien aus der Peripherie von Zerbst, Landser, die sich aus den östlichen Gebieten des Fläming trotz der gefürchteten „Kettenhunde" der Feldgendamerie hierher durchgeschlagen hatten und auch ganze Einheiten marschierten geordnet auf der Straße von Roßlau in Richtung Zerbst und – in Richtung „Ami". Manche deutsche Soldaten warteten längs der Straße auf ihren Fahrzeugen. Sie hofften, von den Amerikanern abgeholt zu werden.

Mit der gigantischen Zahl von stündlich neu eintreffenden Kriegsgefangenen waren die amerikanischen Verbände überfordert. Pausenlos wurden die deutschen Kriegsgefangenen über die beiden Pontonbrücken auf das Westufer der Elbe gebracht. Auch viele deutsche Soldaten der 18. Infanterie-Division waren dabei. Eigentlich hatten sie Befehl bekommen, östlich von Deetz in Richtung Belzig eine neue Verteidigungsstellung gegen die anrückenden Russen aufzubauen. Doch sie nutzten die allgemeinen Auflösungserscheinungen und setzten sich kompanieweise in Richtung „Ami" ab. Vernünftigerweise zogen sie die amerikanische Gefangenschaft einem sinnlosen „Halten bis zum Letzten" vor. In den Kolonnen, die auf das Westufer der Elbe drängten, flüchteten auch Tausende von verschleppten Personen – Polen, Russen, Franzosen, Rumänen, Italiener, Jugoslawen. Für die Zerbster stellte das eine neue Belastung dar, denn manch einer verlor dabei seine mühsam vor den Bomben gerettete Habe. Insbesondere plündernde Polen und Russen wurden zum Alptraum. Die Rache für die in deutscher Gefangenschaft erlittenen Qualen traf auch hier, wie so oft in diesen Tagen, die Unschuldigen. Doch die sich in den Trümmern, in Kellern und abenteuerlich zusammengesetzten Notunterkünften aufhaltenden Menschen konnten zum ersten Mal nach langer Zeit wieder ausschlafen. Es gab keinen Artilleriebeschuß, keine Tiefflieger und keine Angst mehr vor einem Bombenangriff.

Eisenhower hatte strikten Befehl erlassen, der jedes Fraternisieren mit der deutschen Bevölkerung verbot. Die Militärregierung in den besetzten Gebieten wurde jedoch aufgefordert, die wichtigsten Versorgungselemente wieder herzustellen. So bemühte sich der Kommandeur des 2. Bataillons, sofort eine zivile Verwaltung in Zerbst einzusetzen. Oberbürgermeister Abendroth wurde im Keller des Neuen Hauses ausfindig gemacht. Ein US-Offizier ermutigte ihn, seine Zuflucht zu verlassen und ein geeignetes Büro zu suchen. Vorläufig sollte er die Geschicke der Stadt leiten und die notwendigen Maßnahmen einleiten. An diesem Sonntag, dem 29. April, wenige Stunden nach dem Einmarsch der Amerikaner, wurden alle wichtigen Mitglieder der Stadtverwaltung aufgefordert, um 14 Uhr zu einer Sitzung zu erscheinen. Auf ihr sollten die Grundsatzfragen der Militärregierung und die Durchführung von Sofortmaßnahmen besprochen werden.

Zerbst hatte vor dem Krieg 23 000 Einwohner. Am 1. April 1945 war ihre Zahl auf über 30 000 angewachsen, darunter sehr viele Flüchtlinge aus den Ostgebieten. Am Morgen des 29. April weilten noch 7 000 Menschen in der Stadt. Aber im Laufe des Tages strömten trotz amerikanischer Sperren nochmals 5 000 weitere herein. Das gesamte Geschäftsviertel innerhalb der weitgehend unbeschädigten Stadtmauern lag in Trümmern. Von der Gesamtzahl der Zerbster Gebäude standen der schwer geprüften Bevölkerung kaum noch 25 % zur Verfügung. [124]

Um Ruhe und Ordnung aufrecht zu erhalten, wurde der bisherige Polizeihauptmann Wilhelm Fortnagel, der seit 1919 der Polizei angehörte und seit 1941 Mitglied der Nazipartei war, von der Militärregierung wieder mit dem Kommando über die Polizei betraut. Es fanden sich aber nur noch sechs Polizisten in der Stadt. Deshalb wurden zu ihrer Verstärkung 25 Hilfspolizisten angeworben. Diese sollten unter amerikanischem Befehl die Kontrolle an den Einfallstraßen übernehmen, um Nichteinwohner am Betreten der Stadt zu hindern. Eine andere Sofortmaßnahme der Militärregierung war das Ausstellen von Ganztagsausweisen für ein Arbeitskommando von zehn Mann. Das war wichtig, denn nach Einbruch der Dunkelheit bis zum Morgen herrschte eine strenge Ausgangssperre für die deutsche Bevölkerung. Die Männer sollten rund um die Uhr in den Trümmern nach bisher nicht entdeckten Leichen suchen. Es drohte Seuchengefahr! Auch alle Waffen in deutscher Hand mußten sofort abgeliefert werden. Auf Nichtbefolgung waren schwerste Strafen angedroht worden. Ein bekannter Zerbster Bürger, der auf dem Markt wohnte, hatte im Laufe der Zeit erhebliche Mittel für seine private Waffensammlung aufgebracht. Sie umfaßte Vorderlader des 18. Jahrhunderts, schwedische Reiterpistolen aus der Zeit des Dreißigjährigen Krieges, Degen und Hirschfänger aus derselben Zeit und Zündnadelgewehre des 19. Jahrhunderts. Aus Furcht vor der angedrohten Strafe trennte er sich schweren Herzens von seiner Sammlung – sie wanderte als Füllmaterial in einen Bombentrichter auf dem Markt.

Stadtkommandant von Zerbst wurde Lieutenant Colonel Charles M. Pack. Er war vom Regimentskommandeur aus Halberstadt zurückbeordert worden. Dort hatte er die Zurückverlegung einzelner Einheiten des Buckshot-Regiments zu regeln gehabt. Sein Stellvertreter wurde Major William P. Callghan. Diese beiden hatten mit sofortiger Wirkung, also vom 29. April an, alle Aufgaben der Militärregierung im Bereich des amerikanischen Brückenkopfes östlich der Elbe wahrzunehmen. Der ihnen zugewiesene Bezirk teilte sich in vier Abschnitte, somit wurde die Verwaltung für die unerfahrenen Militärs übersichtlicher.[125] Die meisten Soldaten des 2. Bataillons wurden in der Gneisenau-Kaserne untergebracht, andere aber auch in noch unbeschädigten Häusern der Südstadt. In der Kastanienallee mußten innerhalb weniger Stunden mehrere Häuser von ihren deutschen Bewohnern geräumt werden. Angesichts des nicht vorhandenen Wohnraums eine zusätzliche Härte.

Die Befehle und Gesetze der Militärregierung wurden durch Flugblätter und Plakatanschläge öffentlich bekanntgegeben. In erster Linie betrafen sie das Sicherheitsbedürfnis der Besatzer, die Anschläge des „Werwolfs" befürchteten. Wie sich jedoch bald herausstellte, war diese fanatische Partisanenorganisation mit dem Abtreten der Naziführungsclique ebenfalls ins Nichts weggetaucht.

Amerikanische Soldaten traten in Zerbst jedoch nicht nur als Sieger auf, sondern einige leisteten auch tatkräftige Hilfe. Lieutenant John D. Hanft arbeitete mit dem Pionierzug des 308. US-Kampf-Pionier-Bataillons von früh bis spät, um die Stadt wieder bewohnbar zu machen. Mit den drei Bulldozern, die zur Verfügung standen, räumten seine Männer auf den nach Osten führenden Ausfallstraßen die Trümmer beiseite. Dadurch wurde der Verkehr in beiden Richtungen ermöglicht. Es war eine schwierige Aufgabe, denn bis zu drei Meter hohe Schuttberge mußten weggeschafft werden. Weiterhin arbeiteten die amerikanischen Pioniere mit den Technikern der Stadt gemeinsam, um die Versorgungsleitungen wieder instand zu setzen. Die Stromversorgung aus Wittenberg und Dessau funktionierte nicht mehr. Das Wasserversorgungssystem wiederum war von der Elektrizität abhängig, außerdem hatten die Bomben die meisten Wasserleitungen zerstört. So konnte die Bevölkerung zunächst nur aus öffentlichen Brunnen mit Trinkwasser versorgt werden. Hier halfen die Amerikaner durch Aufbereitung. Für ihre militärischen Bedürfnisse wurden Notstromaggregate bereitgestellt.

Das größte Problem blieb die Versorgung der Bevölkerung mit Lebensmitteln. Der tägliche Kaloriensatz der Zerbster lag bei unter 1 000! Die Menschen hungerten. Öffentliche Küchen gaben zwar bis zu 9 000 Essen am Tag aus, aber das reichte bei weitem nicht. Denn auch die zurückflutenden verschleppten Personen mußten versorgt werden. Die Lage blieb kritisch. Amerikanische Soldaten bewachten die Lebensmitteldepots. Ein weiteres Problem, mit dem sich die Militärregierung konfrontiert sah, waren die über 1 100 verwundeten deutschen Soldaten in den noch intakt gebliebenen Lazaretten der Stadt und Umgebung. Dringend benötigtes Verbandsmaterial und Medikamente fehlten. 300 Schwerstverwundete, darunter auch Opfer der Fliegerangriffe und des Artilleriebeschusses, brauchten ärztliche Hilfe und Pflege. Die amerikanischen Sanitätseinheiten waren durch die Menge der Hilfsbedürftigen völlig überfordert. Es gab Spannungen mit dem deutschen Pflegepersonal, meistens wegen Sprachschwierigkeiten. Heinrich Gelzenleuchter hatte sich den Amerikanern als Dolmetscher zur Verfügung gestellt. Die Stadtverwaltung war provisorisch im Gebäude der Krankenkasse am Alten Teich eingezogen. Eine große Zahl von Franzosen, Belgiern, Holländern, Polen und anderen verschleppten Personen, die es eilig hatten, wieder nach Hause zu kommen, drängte sich in dem für diese Zwecke viel zu kleinen Gebäude. Auch ein englischer Pilot, der über Jugoslawien abgeschossen worden und in deutsche Kriegsgefangenschaft geraten war, bestand darauf, noch am gleichen Tag nach London geflogen zu werden.

Den Wünschen der deutschen Bevölkerung gegenüber verhielt sich der Militärkommandant zurückhaltender. Schroff wies er Bitten von Rückkehrwilligen, hierher evakuierten Rheinländern, zurück. Auch er hatte natürlich in der amerikanischen Truppenzeitung „Stars and Stripes" von Buchenwald, Bergen-Belsen, Auschwitz, Treblinka usw. gelesen. Jeden Tag wurden neue Verbrechen, Scheußlichkeiten und Unmenschlichkeiten der Nazi-Clique entdeckt. Warum sollte er als amerikanischer Kommandant jetzt freundlich den besiegten Nazideutschen gegenübertreten?

Nach wie vor lebte es sich in Zerbst gefährlich. Immer noch lagen Minen, versteckte Sprengfallen und vor allem Blindgänger herum. So durchwühlte ein 15jähriger Junge auf der Suche nach etwas Verwertbarem einen Abfallhaufen. Dabei explodierte eine Granate – der Junge war sofort tot. Viele Kinder drängten sich um die drei amerikanischen Feldküchen am Schloßgarten und bekamen hier zum ersten Mal in ihrem Leben Milchreis aus Trockenmilch. Die GI´s waren zu den Kindern durchweg freundlich – besonders die Farbigen. Manche Tafel Schokolade wechselte den Besitzer. Viele der kleinen Zerbster wußten gar nicht, was das war. Andere bissen in Apfelsinen wie in Äpfel. Es waren fremde Genüsse. Am Abend des 29. April nahm die Militärpolizei drei deutsche Zivilisten fest, die in ein US-Depot eingebrochen waren und dort Verpflegung gestohlen hatten.

Kurz darauf gab es erneut Unruhe in Zerbst. Bauern aus den Flämingdörfern drängten mit vollbeladenen Gespannen in die Stadt. Sie waren auf der Flucht vor den vordringenden russischen Truppen und wollten auf das andere Ufer der Elbe. Voller Verzweiflung wurden sie in ihre Dörfer zurückgeschickt.

Vorstoß zu den Russen

Zerbst war eingenommen, und deshalb konnte die amerikanische Führung ihre weitere strategische Planung voll auf die Begegnung mit den Russen ausrichten. Diese Aufgabe fiel der 113. Cavalry Group zu, einer Panzeraufklärungsabteilung in fast Regimentsstärke, die der 83. Division unterstellt war. Sie bestand aus der 113. und 125. Cavalry Reconaissance Squadron, was etwa zwei Panzeraufklärungsbataillonen entspricht und besaß insgesamt 60 Panzer, Schützenpanzer, Jagdpanzer und Panzerspähwagen. Den Einsatzbefehl hatte der Kommandeur Colonel Biddle schon am Vortag in Walternienburg mit dem Divisionskommandeur General Macon besprochen. Dieser hatte sich während der Einnahme von Zerbst beim Regimentsstab des 329. aufgehalten. Genaue Weisungen über den Vorstoß erteilte um 22 Uhr der G 3 (zuständig für taktische Planung der Division) auf dem Gefechtsstand in Calbe. Danach sollte die 113. Cavalry am 29. April um 6.30 Uhr die Pontonbrücke über die Elbe von Breitenhagen nach Tochheim überqueren und in Zerbst einen vorgeschobenen Gefechtsstand errichten. Von hier aus würden dann die weiteren Operationen geleitet werden. Der Plan sah vor, nach Osten und Südosten zu marschieren und auf der Durchlauflinie, die den Codenamen „Toast" erhielt, anzuhalten. Sie verlief von Hundeluft bis Zieko und dann entlang der Autobahn bis ostwärts von Klieken. Drei Hauptmarschwege wurden festgelegt.

Der Vorstoß begann planmäßig am Sonntag, dem 29. April, um 6.30 Uhr. Nachdem Zerbst durchquert war, fächerte die 125. Cavalry Reconaissance Squadron auf, um südostwärts vorzugehen. Die A-Kompanie bewegte sich mit ihren Panzerfahrzeugen rechts der heutigen Bundesstraße 184 und die C-Kompanie auf der linken Seite. Jede Kompanie war darüber hinaus durch einen Zug mit Flugabwehrgeschützen verstärkt worden.[126] Um 10 Uhr wurde Roßlau erreicht, wo General Wenck noch vor wenigen Tagen in der Pionierschule sein Hauptquartier aufgeschlagen hatte. Im Norden des Ortes mußte ein ausgedehntes deutsches Minenfeld umgangen werden. Roßlau wurde ohne Schwierigkeiten besetzt. Gegen 11 Uhr hatte die C-Kompanie fünf Kilometer nördlich davon Streetz und Mühlstedt erreicht und eingenommen. Von den vorgehenden Verbänden war Lieutenant Hanft mit seinem Pionierzug, der gerade in Zerbst wichtige Versorgungsarbeiten leistete, aufgefordert worden, einige riesige Seeminen, die auf der jetzigen Bundesstraße 184 eingebaut waren, sofort zu entschärfen. Da man sie nicht mit Erde bedeckt hatte, lagen die Zünder frei. Die Explosion auch nur eines dieser Teufelsdinger hätte verheerende Folgen gehabt.

Es ist kaum zu glauben, aber westlich von Klieken wurde die A-Kompanie auf der heutigen Bundesstraße 187 von einer Straßensperre aufgehalten, die eine deutsche Einheit fanatisch verteidigte. Der Panzer von Lieutenant Jeremiah J. O'Donnel wurde abgeschossen, er selbst dabei getötet. Mit ihm verlor die Kompanie einen hervorragenden Zugführer. Auch ein anderer Zugführer, Lieutenant Robert O. Bradley, wurde schwer verwundet.[127] Es gelang den GI´s nicht, die Straßensperre ohne sinnlose Opfer zu nehmen. Wie verblendet mußten die deutschen Soldaten sein, angesichts des sich abzeichnenden Kriegsendes noch weiterzukämpfen! Die A-Kompanie lag vor der Sperre fest. In der Zwischenzeit hatte die C-Kompanie ihren Vormarsch nach Norden fortgesetzt und dabei Luko erreicht. Um 15 Uhr war auch das drei Kilometer weiter östlich gelegene Düben genommen. Der Bataillonskommandeur Lieutenant Colonel Kleitz entschied, daß sich die A-Kompanie von der Straßensperre lösen und weiter nördlich das Widerstandsnest umgehen sollte, um der C-Kompanie zu folgen. Bis 17 Uhr hatte die C-Kompanie Zieko trotz erheblichen deutschen Artillerie- und Infanteriewaffenfeuers eingenommen. Auch hier kämpften die Deutschen noch fanatisch. Um Verluste zu vermeiden, erhielt die Kompanie Befehl, sich nach Düben zurückzuziehen und sich dort während der Nacht in Stellungen einzurichten. Die A-Kompanie blieb die Nacht über in Luko, jederzeit bereit, die Kameraden in Düben zu unterstützen, wenn es notwendig sein sollte.

Die Squadron (Bataillon) hatte im Laufe des Tages über 3 000 deutsche Kriegsgefangene eingebracht. Diese deutschen Soldaten folgten der Vernunft und hatten den sinnlosen Kampf eingestellt. Ihr Abtransport bereitete einige Schwierigkeiten. Per Funk wurde der Divisionsstab ersucht, Fahrzeuge für den Abtransport der Landser bereitzustellen.

Während des ganzen Tages war das Bataillon von Flugzeugen des Typs L 5 (Cup) begleitet worden. Es waren dies die üblichen Artilleriebeobachtungsmaschinen, die sich als außerordentlich tauglich erwiesen, weil sie mit Funk ausgestattet waren und präzise Meldungen über Feindkräfte übermitteln konnten.

Am Nachmittag hatte General Macon den Gefechtsstand der 113. Cavalry in Zerbst besucht. Er gab den Bataillonen Vollmacht, am nächsten Morgen die Ablauflinie „Toast" zu überschreiten, wies die Einheiten jedoch an, mit größter Vorsicht vorzugehen, um Verluste zu vermeiden. Die C-Kompanie sollte um 7 Uhr südöstlich in Richtung Coswig aufbrechen und dann weiter auf der 187 nach Wittenberg vorstoßen. Die A-Kompanie bekam den Auftrag, direkt nach Osten durch die Wälder des Fläming auf Cobbelsdorf vorzugehen. Dort wurden russische Truppen vermutet. Mit diesen sollte direkt Verbindung aufgenommen werden. Ein Zug der A-Kompanie wurde beauftragt, mit einem Pionierzug des 308. Pionierbataillons die Straßensperre bei Klieken auszuschalten, um die Verbindung von Zerbst über Roßlau nach Coswig als Versorgungsstraße nutzen zu können.

Aprilschauer begleiteten am Montag, 30. April, 7 Uhr den Vormarsch der A- und C-Kompanie. Ohne auf Widerstand zu treffen schwenkte die C-Kompanie von Zieko nach Coswig ein. Der Bürgermeister selbst übergab seine Stadt Coswig, die bereits um 10 Uhr ohne Widerstand völlig besetzt war. Die A-Kompanie nahm Buko gegen 8.45 Uhr. Hier wurde von einigen Unbelehrbaren Widerstand geleistet. Ohne amerikanische Verluste wurde er schnell gebrochen. Um 12.20 Uhr erreichte die A-Kompanie mit ihren Panzern bereits Wahlsdorf. Von hier aus wurden Spähtrupps nach Norden und Osten geschickt. Bei Cobbelsdorf gerieten die Amerikaner unter schwerstes Feuer. Das konnte nur von russischen Einheiten stammen! Verzweifelt versuchten sie Kontakt mit den Russen aufzunehmen – doch vergeblich! Das russische Feuer hielt an, die GI´s zogen sich zurück. Inzwischen hatte auch der Zug der A-Kompanie mit dem Pionierzug die Straßensperre von Klieken ausgeschaltet. Als die Amerikaner von Osten, also von hinten kamen, gaben diese deutschen Fanatiker endlich auf und hoben die Hände.

Inzwischen ging die C-Kompanie von Coswig ostwärts auf Griebo zu, das sie ohne Widerstand besetzte. Weiter ging es auf der 187 in Richtung des nächsten Ortes: Apollensdorf. Kurz vor dem 2,5 km entfernten Dorf schlug ihnen heftigstes Artillerie- und Infanteriewaffenfeuer entgegen. Das waren keine Deutschen mehr, das mußten doch die Russen sein! Mit allen Mitteln versuchten die Männer von Lieutenant Murphys Zug der C-Kompanie, sich ihnen erkennen zu geben. Ein Russisch sprechender Zivilist, der ihnen in Griebo bedeutet hatte, daß in Apollensdorf die Russen wären, wurde dorthin geschickt, um den Sowjets die Positionen der amerikanischen Truppen zu erklären. Er sollte ihnen mitteilen, daß die Amerikaner dringend eine Verbindung mit ihnen herstellen wollten. Die russischen Truppen ignorierten den Zivilisten, schickten ihn zurück – und feuerten weiter! Jetzt schoß die C-Kompanie die auf höhere Ebene vereinbarten grünen Leuchtzeichen – keine Antwort von den Russen. Zusätzlich wurde ein leichter Panzer eingesetzt, der mit einem Lautsprecher ausgerüstet und mit einem Russisch sprechenden Soldaten besetzt war. Fast eine Stunde wurde vergeblich versucht, über den Lautsprecher Verbindung mit den Russen aufzunehmen.[128] Dieser leichte Panzer mit dem Lautsprecher wurde von Lieutenant John C. Hardley geführt, der zur Presse- und Kriegsgefangenenabteilung des Stabes ETO (Operationsgebiet Europa) gehörte. Er hatte in Zerbst seine Dienste angeboten, da er vom Infantry-Regiment 329 nicht mehr benötigt wurde. Schließlich entschied sich der Chef der C-Kompanie, Captain Ploeun, um die Mittagszeit, an anderer Stelle den Vorstoß auf Apollensdorf zu versuchen. Er befahl dem 3. Zug unter Lieutenant Chas G. Barrett, sich dem Dorf über eine unbefestigte Straße dicht an der Elbe zu nähern. In der Zwischenzeit sollte Lieutenant Murphys Zug seine Stellung an der 187 halten.

Gegen 13.15 Uhr rief der Divisionskommandeur der 83. Infantry-Division bei Colonel Biddle in Zerbst an und befahl, alle Einheiten bis nach Coswig zurückzuziehen, da sie sich inzwischen außerhalb der Unterstützungsweite der Divisionstruppen befänden. Der kommandierende General des XIX. US Corps hätte den Befehl erteilt, kein Risiko mehr einzugehen. Doch bevor der Bataillonskommandeur diese Order erhalten hatte, kam es noch zum Kontakt des 3. Zuges der C-Kompanie mit dem 1. Bataillon des 320. Regiments der 121. Sowjetischen Garde-Infanteriedivision. Das Treffen fand um 13.20 Uhr an der Südwestseite von Apollensdorf statt. Es war das erste Zusammentreffen der 9. US Army mit Verbänden der 1. Ukrainischen Front des Marschalls Konjew und das zweite Treffen zwischen sowjetischen und amerikanischen Streitkräften im Operationsgebiet Europa (ETO) überhaupt. Ein tragischer Vorfall überschattete diese Begegnung. Ein Jeep der C-Kompanie fuhr auf ein russische Mine, die auf der Vormarschstrecke verlegt worden war. Zwei amerikanische Soldaten wurden getötet, einer schwer verwundet.

Bei den GI´s, die den ersten Kontakt zu den Russen herstellen konnten, handelte es sich um den Serganten Raymond T. Card, den Private (Gefreiter) Raymond Lombardy und Private Ralph J. Cabana.[129] Nachdem die Verbindung hergestellt war, zogen sich die C-Kompanie nach Griebo und die A-Kompanie nach Coswig zurück, um die Nachschubstraße Zerbst–Roßlau–Coswig zu sichern. Es sollte aber Kontakt mit den Russen gehalten werden. Der Kommandeur der 113. Calvalry group Colonel Biddle und der Bataillonskommandeur Lieutenant Colonel Kleitz fuhren am Nachmittag sofort zum Gefechtsstand der 121. Russischen Division, um dort eine Karte mit den Gliederungen und Positionen der 83. US Infantry-Division zu übergeben. Die Russen machten keine Angaben. Gleichzeitig sollten Vorkehrungen für ein Treffen zwischen General Macon und dem Divisionskommandeur der 121. Gardeschützendivision getroffen werden. Nach erheblichen Schwierigkeiten wurde Einvernehmen dahingehend erzielt, daß General Macon mit dem Kommandeur der 6. Russischen Gardeschützendivision zusammentraf, und zwar im Bereich der 121. Gardeschützendivision. Das Treffen sollte erst am nächsten Tag, also am 1. Mai, in Cobbelsdorf stattfinden. Einen Grund für diese Vereinbarung nannten die Russen nicht.

Später erfuhr Colonel Biddle, daß die russischen Streitkräfte in der Nacht zum 1. Mai weiter in Richtung Westen vorgehen sollten. Angesichts der fortgeschrittenen Zeit und der Anstrengungen, die das Bataillon während des Tages zu bestehen hatte, schlug der amerikanische Kommandeur vor, daß die Russen nicht vor Anbruch des Tages über die Straße Wittenberg–Coswig zur Autobahn vorrückten. Generalmajor Tserwonij, der Divisionskommandeur, akzeptierte den Vorschlag, und der Group Commander gab der 125. Squadron den Befehl, die C-Kompanie nach Klieken und den Rest der Einheit nach Roßlau zurückzuziehen.[130]

Auch westlich der Elbe hatte die 113. Cavalry group Aufgaben zu übernehmen, z.B. Auffanglager für verschleppte Personen einzurichten. Bei Neugattersleben, Groß-Mühlingen, in Ulnitz und zwei Kilometer nördlich von Calbe wurden umgehend Lager für Personen osteuropäischer Herkunft errichtet, die später zu den Russen überführt werden sollten.

Am Mittag des 1. Mai kam es im Gefechtsstand der 6. Russischen Gardedivision in Cobbelsdorf zum Treffen zwischen General Macon und Oberst Ivanow, dem sowjetischen Kommandeur. Eine Eskorte, von Colonel Biddle geführt, begleitete den amerikanischen General. Die Russen überboten sich an Gastfreundschaft, und immer wieder betonten sie die amerikanisch-russische Waffenbrüderschaft – natürlich floß auch hierbei viel Wodka. General Macon informierte den russischen Kommandeur, das sich seine 83. auf das Gebiet westlich der Elbe zurückziehen werde, sobald die sowjetischen Truppen weiter in Richtung des Flusses vorrückten. Oberst Ivanow entgegnete, daß seine Division zwar inzwischen die Autobahn erreicht, aber noch keine Befehle über den weiteren Vormarsch erhalten habe. General Macon äußerte den Wunsch, daß der Kommandeur des XIX. US-Corps, General McLain, mit Generalleutnant Tserenmanow, Kommandeur des 27. Russischen Korps, zusammenträfe. Die Sowjets antworteten ausweichend, deuteten aber die Möglichkeit dieser Begegnung an.[131] Anschließend begleitete Colonel Biddle seinen Divisionskommandeur nach Zerbst und kehrte nochmals nach Cobbelsdorf zurück, um die Einzelheiten über die Begegnung der beiden Korpskommandeure zu besprechen. Das Treffen mit Tserenmanow sollte am nächsten Tag um 13 Uhr in Wittenberg stattfinden. Der Amerikaner wunderte sich über offensichtliche Kommunikationsschwierigkeiten bei den Russen, denn es gab lange Wartezeiten und Verzögerungen. Mußten etwa erst Direktiven aus Moskau bei den sowjetischen Sicherheitsdiensten eingeholt werden?

Im Zerbster Raum waren die amerikanischen Aktivitäten soweit reduziert worden, daß zur Aufklärung nur noch sporadisch Spähtrupps ausgesandt wurden. Drei davon verließen am 1. Mai die Stadt. Lieutenant Magills I & R-Platoon (Nachrichtenzug) ging nordostwärts vor, erreichte Kerchau und Badewitz und machte zahlreiche Gefangene. Doch vor Deetz gerieten die Amerikaner in heftiges deutsches Infanteriewaffenfeuer. Der Zug zog sich sofort zurück, um keine Verluste zu erleiden. Die amerikanische Divisionsartillerie reagierte prompt und nahm die deutschen Widerstandsnester unter Beschuß. Der zweite Spähtrupp ging ostwärts vor, durchquerte Pulsforde, Bonitz, Trüben, machte einige Gefangene und kehrte nach Zerbst zurück. Ein dritter Spähtrupp stieß mit leichten Panzern bis Lindau vor, klärte noch bis Buhlendorf auf und brachte ebenfalls deutsche Gefangene mit.[132] Und immer noch gab es im Raum des Brückenkopfes Kampfhandlungen! Im Nordteil des 330. US Infantry-Regiments geriet der Aufklärungszug unter starkes deutsches MG- und Infanteriewaffenfeuer, als er versuchte, in Klein-Lübs einzudringen. Es waren SS-Truppen, die noch immer nicht begreifen wollten, daß es ein Nazideutschland nicht mehr gab. Die Divisionsartillerie setzte sofort die geballte Feuerkraft ein. Der Widerstand wurde gebrochen.

Nachdem Hitler sich in der Reichskanzlei durch Selbstmord der Verantwortung entzogen hatte, waren die Kommandeure des 48. Deutschen Panzerkorps und Teile der 20. Armee immer noch nicht bereit, die Waffen zu strecken. Sie hielten die Linie Möckern–Loburg–Altengrabow. Der deutsche Elbbrückenkopf bei Jerichow und Tangermünde sollte nach Süden abgesichert werden, um durch spätere Verhandlungen mit den Amerikanern den Rückzug der 12. Armee Wenck über die Elbe in amerikanische Gefangenschaft zu ermöglichen. Auch vor Prödel wurden die Spähtrupps des 330. beschossen. Daraufhin nahm die amerikanische Artillerie die deutschen Stellungen unter Feuer.

Trotzdem gelang es den GI´s nicht, nach Prödel einzudringen. Um auch hier unnötige Verluste zu vermeiden, zogen sie sich zurück. Lindau, 9 km nördlich von Zerbst, wurde ebenfalls durch einen motorisierten Spähtrupp des 330. erreicht. Ohne Widerstand vorzufinden, konnten die Amerikaner in den Ort eindringen, sie kehrten jedoch wieder in ihre Ausgangsstellungen zurück. Die Flugtätigkeit war durch tieffliegende Bewölkung und Schauerwetter sehr erschwert.

Lieutenant Hanft traf an diesem Tag, als er zur Sicherung der Straße mit seinem Pionierzug nach Roßlau ausrückte, auf einen Trupp Soldaten, die in Richtung Zerbst marschierten. Sie hatten noch alle ihre Waffen und wurden von einem Offizier geführt, der auf einem prächtigen Pferd ritt. Sie trugen eine den Amerikanern unbekannte braune Uniform. Es waren ungarische Gardesoldaten auf dem Weg in die Kriegsgefangenschaft. Amerikaner und Ungarn musterten sich erstaunt und neugierig.

Am 2. Mai traf sich dann General Mc Lain, der Kommandeur des XIX. US-Corps, mit Generalleutnant Tseranmanow, Befehlshaber des 27. Russischen Korps, um 13 Uhr in Wittenberg. Eine Reihe hochrangiger Offiziere begleitete den amerikanischen Korps-Kommandeur. Auf der russischen Seite war auch Oberst Ivanow von der 6. Russischen Gardedivision dabei. Dabei erfuhren die Amerikaner, daß diese sowjetische Division hervorragenden Anteil an der Verteidigung Moskaus im Winter 1941 hatte. Die Amerikaner überbrachten auch den Wunsch General Simpsons, Befehlshaber der 9. US Army, nach einem weiteren Treffen mit dem Kommandeur der 13. Russischen Armee. Colonel Biddle fuhr deshalb mit seinem S 2 ins Hauptquartier des 27. Sowjetischen Korps nach Zahna nordöstlich von Wittenberg. Hier sollten Einzelheiten festgelegt werden. Die beiden amerikanischen Offiziere erhielten aber die Information, daß noch keine definitive Vereinbarung getroffen werden könne. Sie hatten stundenlang auf diese Antwort warten müssen.[133]

Ein weiterer Spähtrupp des 329. erreichte am Mittag des 2. Mai Dobritz. Dort ergaben sich 12 deutsche Landser und sagten übereinstimmend aus, daß sich alle deutschen Verbände während der letzten Nacht in Richtung Norden abgesetzt hätten. Das 330. hatte ebenfalls einen verstärkten und motorisierten Spähtrupp in Richtung Norden geschickt. Einige Zivilisten in Leitzkau winkten den Männern in ihren Fahrzeugen freundlich zu. Die GI´s stellten fest, daß die Deutschen den Ort geräumt hatten. Ein Offizier verhörte den Bürgermeister. Dieser bestätigte, daß die Wehrmacht während der Nacht nach Norden abgezogen war. Auf dem Rückweg sammelte der Spähtrupp noch 15 deutsche Soldaten ein, die sich freuten, endlich dem Krieg entronnen zu sein. Ein Bulletin der 83. Division gab am 2. Mai stolz bekannt, daß allein von ihren Männern vom 4. Juli 1944 bis zum 1. Mai 1945 83 293 deutsche Kriegsgefangene aufgebracht worden waren.

In Zerbst wurde am 2. Mai der bisherige Oberbürgermeister Abendroth von der Militärregierung seines Amtes enthoben. Ebenso der Landrat Schmidt, beide waren Funktionsträger und Mitglieder der Nazipartei gewesen. Abendroth gelang die Flucht über die Elbe. Er mußte sich später zeitweise als Holzarbeiter in den Forsten von Helmstedt durchschlagen. Von der amerikanischen Militärregierung wurde jetzt Nikolaus Reinstädtler als neuer Bürgermeister in Zerbst eingesetzt. Er war bereits 64 Jahre alt, als er das schwierige Amt antrat. Infolge seiner Kriegserlebnisse im Ersten Weltkrieg hatte sich Reinstädtler früh der SPD angeschlossen. Seit 1920 arbeitete er in der Stadtverwaltung. Da sein Hauptanliegen der Aufbau eines neuen Bildungswesens war, hatte er auch die erste Volkshochschule in Zerbst aufgebaut. Als jedoch die Naziherrschaft begann, prügelten ihn SA-Rabauken die Rathaustreppe hinunter. Schwer verletzt mußte er eine lange Zeit im Krankenhaus verbringen. Er blieb in der Folgezeit ein standhafter Anti-Nazi. Sein Gesundheitszustand hatte sich 1944 derart verschlechtert, daß er pensioniert wurde. Als die Amerikaner ihn jetzt beriefen, zögerte er keinen Augenblick und ging mit großem Elan an die Aufbauarbeit. Nach wenigen Monaten aufopfernder Fürsorge für die Stadt starb er am 20. Dezember 1945 auf dem Wege zur Arbeit an einem Herzinfarkt.[134] Zerbst verlor mit ihm einen aufrechten Demokraten und den richtigen Mann für einen glaubwürdigen Neuanfang. Sein früher Tod bedeutete einen schweren Verlust für die Stadt.

Inzwischen begann wie überall auch in Zerbst die Suche nach versteckten Nazis. Auch mußten Dokumente sichergestellt werden. Das CIC-Team der 83. Division stellt fest, daß die Gebäude der NSDAP-Kreisleitung, des Bannes der Hitlerjugend und der NS-Frauenschaft beim Angriff am 16. April durch Bomben völlig zerstört worden waren. Dagegen fanden sie in einem Haus in der Bahnhofstraße viele Dokumente der NSDAP-Zerbst. Es handelte sich hierbei um wichtige Unterlagen der NS-Herrschaft. Sie waren in ausgezeichnetem Zustand. Mit unbekanntem Ziel wurden sie abtransportiert und wahrscheinlich landeten sie später im Document-Center in West-Berlin.

Als der 3. Mai anbrach, klärte ein Spähtrupp des 330. den nördlichen Raum des Brückenkopfes auf und drang in Dornburg ein. Die GI´s bewunderten das Schloß, in dem Katharina von Rußland einen Teil ihrer Kindheit verbracht hatte, aber sonst gab es nichts Aufregendes mehr. Die Amerikaner stellten fest, daß in weitem Umkreis mit Kampfhandlungen nicht mehr zu rechnen war. Sie beschränkten sich auf das Einsammeln von Kriegsgefangenen im Raum von Leitzkau-Lindau. Auch das 3. Bataillon des 329. war den ganzen Tag damit befaßt, die in Scharen heranströmenden und kapitulierenden deutschen Soldaten zu entwaffnen und aufzunehmen. Es waren allein in ihrem Bereich über 1 300 Deutsche, die sie dann weitertransportierten. Sogar ein Artillerie-Beobachtungsflugzeug machte Gefangene! Während des Vormittags bemerkte der Pilot im Raum Leitzkau eine Gruppe von 15 deutschen Soldaten. Er ging tiefer, um genaue Beobachtungen zu machen. Die Landser winkten ihm mit einer weißen Fahne zu. Durch Zeichen gab der Pilot zu verstehen, daß sie sich auf ein Straße zubewegen sollten. Per Funk verständigte er dann einen Spähtrupp in unmittelbarer Nähe und erklärte diesem noch den kürzesten Weg zu den deutschen Soldaten, die am Straßenrand schon geduldig auf die Amerikaner warteten.[135]

Inzwischen waren auch drei russische Verbindungsoffiziere beim Regimentsgefechtsstand in Walternienburg eingetroffen. Sie nahmen dort ihre Arbeit auf, die vor allem darin bestand, den Rückzug der Amerikaner und den Vormarsch der Russen zu koordinieren. Erstaunen zeigten sie über die Anzahl der Kriegsgefangenen, die vor den Russen geflohen waren. Die deutschen Soldaten kamen aus allen Divisionen, die vor Berlin gekämpft hatten. Hauptsächlich gehörten sie zur Armee Wenck und den Divisionen Scharnhorst, Jahn, Ulrich von Hutten, der 21. Panzerdivision und den 275. und 342. Infanteriedivisionen. Auffallend groß war die Anzahl der Flaksoldaten, besonders die der vier Batterien der 444. Flak-Abteilung. Deren 12,8 cm-Eisenbahngeschütze hatten den angreifenden Maschinen beim Angriff auf Zerbst noch Verluste zufügen können. An den folgenden Tagen waren alle durch gezielte Luftangriffe bei Thießen im Fläming zerstört worden.

Bezeichnend für die desolate Lage der Deutschen Wehrmacht war auch, was die Gefangenen der Kampfgruppe Trojan den amerikanischen Vernehmungsoffizieren berichteten. Diese Einheit bestand aus einem Baupionierbataillon und einer Heereskavallerieschule und verfügte etwa über 2 000 Mann. Im Raum Wittenberg sollten sie die Russen aufhalten, zogen sich jedoch nach Coswig und weiter nach Nordwesten zurück. Nicht jeder von ihnen hatte ein Gewehr. Einige waren nur mit einem Spaten bewaffnet. Deshalb mußten die älteren Soldaten ihre Waffen an die jüngeren übergeben. Den Älteren wurde aufgetragen, sich zu den Amis durchzuschlagen. Diese Auflösungserscheinungen deuteten das Ende an. Das 329. hatte vollauf zu tun, um all die Mengen von Landsern einzusammeln. Wie sollten aber alle mit Lebensmitteln versorgt werden? Der Hunger blieb ein bedrohlicher Begleiter der Massen, die in den berüchtigten Lagern auf den Wiesen des Rheintals landen sollten. Auch dort gab es noch Opfer – verhungert und an Entkräftung gestorben. Trotz allem – der Weg nach Sibirien war ihnen erspart geblieben. Das 329. bekam darüber hinaus noch den Auftrag, 19 000 alliierte Kriegsgefangene aus Altengrabow abzutransportieren, die die Russen befreit hatten. Die Trucks der Division waren pausenlos im Einsatz – auch diese Menschen mußten dringend verpflegt werden.

Auch die 113. Cavalry bekam ähnliche Aufgaben zugeteilt. Die Russen hatten gemeldet, daß sie in einem anderen Kriegsgefangenenlager bei Luckenwalde, in der Nähe von Berlin, Tausende von Kriegsgefangenen befreit hätten. Darunter wären ungefähr 7 000 Amerikaner und Engländer. Wenig später kam der Befehl, alle amerikanischen und westeuropäischen Gefangenen aus dem Lager zu holen. So machte sich das 125. Bataillon mit einer Lastwagenkolonne auf den Weg zu den Russen. Auch Vertreter des SHAEF (Supreme Headquarters Allied Expeditionary Force = Oberstes Hauptquartier des alliierten Expeditionskorps) waren in weiteren Lastwagenkompanien dabei. Es gab keine schriftliche Genehmigung. Deshalb mußte der Bataillonskommandeur Lieutenant-Colonel Kleitz mit List und vielen Tricks die Gefangenen herausholen. Als er bei der Division um die schriftliche Genehmigung ersuchte, die dem russischen Lagerkommandanten vorgelegt werden konnte, wurde sogar der Befehl gegeben, die Evakuierung zu stoppen. Aber zu diesem Zeitpunkt waren die meisten schon auf dem Rückweg – und die schwerfällige russische Bürokratie war überlistet worden.

Am 4. Mai stellte sich dann auch heraus, warum die Russen einem Treffen der beiden Armeeführer nicht zustimmen konnten. Die 13. Armee aus der 1. Ukrainischen Front Konjews mußte weiter nach Süden einschwenken, während die 33. Armee, die zur 1. Bjelorussischen Front des Marschalls Schukow gehörte, unter dem Befehl des Generalobersten Svatajew auf Zerbst vorging. Dort sollte dann nach dem Abzug der Amerikaner der russische Armeegefechtsstand eingerichtet werden. Schließlich kam nach erheblichen Verzögerungen doch eine Vereinbarung zustande: General Simpson und Generaloberst Svjatajew sollten am 9. Mai in Zerbst zusammentreffen.

Am Abend des 4. Mai erreichte den Regimentsgefechtsstand des 329. in Walternienburg ein Fernschreiben. Darin wurde mitgeteilt, daß die 95. Russische Division den Abschnitt von Roßlau nach Zerbst übernähme. Die amerikanischen Truppen sollten jedoch bis zu ihrer Ablösung im Bereich des Brückenkopfes bleiben. Auch die 367. Sowjetische Division würde am nächsten Tag vorrücken. Die 322. Sowjetische Schützendivision deckte ihre Flanke nach Süden. Deshalb sollten alle amerikanischen Soldaten zur leichteren Identifizierung am linken Arm eine weiße Binde tragen. Gleichzeitig würden Spähtrupps des 329. die Bewegungen beobachten, sie sollten sich aber nicht zu weit von der Stadt entfernen. Für die 113. Cavalry kam der Befehl zum Rückmarsch über die Elbe. Der begann dann bei Tagesanbruch am 5. Mai. Das 125. Bataillon bekam den Raum Eikendorf, wenige Kilometer südwestlich von Schönebeck, zugewiesen. Der vorgeschobene Gefechtsstand dieses Bataillons verblieb jedoch vorläufig in Roßlau, um den Abtransport der alliierten Kriegsgefangenen aus dem Lager Luckenwalde zu überwachen. Aus dem gleichen Grund blieb auch der vorgeschobene Gefechtsstand der 113. Cavalry group in Zerbst, denn die Verhandlungen über die Zusammenkunft der beiden Armeebefehlshaber sollten von hier aus weitergeführt werden.

General Macon hatte am 5. Mai zu einem Kommandeurstreffen beim Stab der 83. Division in Calbe eingeladen. Dabei wurde Colonel Biddle für seinen Einsatz während des Vormarsches im April und Mai zum dritten Mal mit der „Oak Leaf Cluster Bronze Star Medal" ausgezeichnet. Gegen Abend erließ der Stab des XIX. US Corps den Befehl 152, der in die Geschichte eingehen sollte: [136]

1 Das XIX. Corps zieht sich in Abstimmung mit dem Vormarsch der Streitkräfte der Sowjetunion nach Westen auf das Westufer der Elbe zurück.
2a Die 83. US Infantry-Division zieht sich in Abstimmung mit dem Vormarsch der Streitkräfte der Sowjetunion nach Westen aus dem Brückenkopf ostwärts der Elbe zurück.
2b Sie besetzt das Gebiet westlich der Elbe und löst dort Teile der 2. US-Panzerdivision und der 8. US-Panzerdivision ab. Bis auf weiteres übt sie dort die Kontrolle aus.

3   Der Fluß Elbe bildet die vorläufige Grenze zwischen den amerikanischen und sowjetischen Streitkräften. Alle Angehörigen der US-Streitkräfte haben sich auf dem Gebiet westlich der Elbe aufzuhalten, es sei denn, der Stab erteilt die Erlaubnis zum Überqueren des Flusses. Soldaten, die das Ostufer des Flusses betreten, werden durch die russischen Streitkräfte festgenommen und entsprechende Stäbe davon unterrichtet. Alle Angehörigen der russischen Streitkräfte sind angewiesen, sich ostwärts der Elbe aufzuhalten. Russische Soldaten, die sich auf das Westufer der Elbe begeben, werden – sofern es sich nicht um offizielle Besuche bei Regimentsstäben oder übergeordneten Stäben handelt – festgenommen und der Militärpolizei übergeben.

Auch für das 329. US Infantry-Regiment Buckshot war jetzt die Stunde des Rückzugs gekommen. Erinnerungen wurden wach! Voller Selbstvertrauen hatten sie auf dem Marsch nach Berlin bei Barby die Elbe überquert. Sie wurden dann durch einen Haltebefehl Eisenhowers dazu gezwungen, zwei Wochen lang vor Zerbst zu verhalten, um schließlich die zerstörte Stadt doch noch einzunehmen. Jetzt mußten sie das von ihnen erkämpfte Gebiet wieder räumen und einer ungewissen Zukunft überlassen. Denn inzwischen berichteten auch amerikanische Zeitungen von schrecklichen Übergriffen der sowjetischen Sieger. Die ersten Soldaten des Regiments überschritten um 14.30 Uhr am 5. Mai wieder die Elbe, diesmal gen Westen.[137] Als sie die Truman-Bridge passierten, dachten sie an die Pioniere, die in Rekordzeit die Pontons zu einer Brücke zusammengebaut hatten. Auch der Regimentsstab verließ Walternienburg. Um 22.15 Uhr wurde Wegeleben bei Halberstadt erreicht, und provisorisch richtete sich hier der Regimentsgefechtsstand ein. Die C-, F- und K-Kompanie waren noch in der Umgebung von Zerbst geblieben, um ihre Stellungen den Russen zu übergeben – und um Shakehands mit den noch Waffenbrüdern zu machen. Das Kommando über diese drei Kompanien hatte Lieutenant Colonel Sharpe. Die beiden Elbbrücken blieben vorläufig erhalten und wurden vom 125. Bataillon der 113. Cavalry Group bewacht. Das 331. US Infantry-Regiment, das bisher diese Wachaufgaben mit wahrgenommen hatte, verlegte man ebenfalls nach Westen.

Als die Russen weiter vorrückten, stellte der vorgeschobene Gefechtsstand des 125. Bataillons in Roßlau seine Tätigkeit ein. Einen Tag später baute die 113. Cavalry ihren Gefechtsstand in Zerbst ab, nachdem die Russen einmarschiert waren. Die Group machte in der Umgebung von Calbe kurz Zwischenstation und zog sich dann weiter nach Westen zurück.

Der 9. Mai brachte das Ende aller Kampfhandlungen in Europa. Die 83. Division und die 113. Cavalry erlebten diese Tage in der Hektik völliger Umstellungen. Die 83. übernahm zunächst Aufgaben der Militärregierung in Blankenburg, Ilsenburg, Hasselfelde und Braunlage. Das 329. übernahm bereits einen Tag später den Raum um Wolfenbüttel. Bei der endgültigen Aufgabenverteilung in den einzelnen Besatzungszonen gelangte es dann mit der Division nach Bayern. Colonel Crabill, der von allen Soldaten des Buckshot-

Regiments als Mensch und Offizier geliebt und respektiert wurde, verließ es am 24. Mai, um stellvertretender Divisionskommandeur zu werden. Sein Weggang wurde von den GI´s sehr bedauert, denn vom August 1942 an war er ihr Kommandant gewesen. Mit seinen Buckshootern ist er durch dick und dünn gegangen – England, Normandie, St. Malo, Loire, die Hölle im Hürtgenwald, Düren, Ardennnen, Neuss, von Wesel als „Rac Tag Circus" zur Elbe, der Übergang und der Brückenkopf Zerbst waren die gemeinsamen Stationen im Verlauf dieses schrecklichen Krieges.

Die 83. US Infantry-Division Thunderbolt hatte während des Zweiten Weltkrieges die neunthöchste Zahl an Opfern aller amerikanischen Divisionen zu beklagen. 3 620 Soldaten fanden den Tod und 11 807 erlitten Verwundungen. Darauf bezog sich Colonel Crabill bei der Verabschiedung von seinen Soldaten. Er sagte: „Der Erfolg in Europa wurde uns nicht leicht gemacht. In Europas Erde ruhen über 850 unserer Kameraden des Buckshot-Regiments. Fast 4 000 wurden im Kampf verwundet. Sie setzten ihr Leben ein für Freiheit und Menschenwürde. Wir schulden ihnen Dank und ewiges Erinnern!"[138]

Die Russen sind da

Der erste russische Panzer, der in Zerbst erschien, war ein T 34. Er fuhr noch, obwohl er ziemlich ramponiert aussah. Am Turm wies er Spuren eines Artillerietreffers oder einer Panzerfaust auf. Darüber flatterten Gurte und Stoffreste. Auch das Geschützrohr konnte nicht mehr bewegt werden, es hing wackelnd herunter. Doch dieser T 34, der jetzt in die Dessauer Straße einbog, führte eine Kolonne an. Sie bestand aus Panje-Wagen, auf denen jeweils zwei bis drei russische Soldaten saßen, die Kalaschnikows mit den runden Trommeln lässig auf dem Schoß. Einige rauchten. Beim näheren Hinsehen konnte man bemerken, daß es keine gewöhnlichen Zigaretten waren. Mit Hilfe von Zeitungspapier hatten sie Krümel von Tabakstrünken zu zigarettenähnlichen Gebilden geformt – Machorka. Die stanken selbst im Freien. Die ersten Kolonnen passierten die Stadt und fuhren direkt zu den Kasernen. Dann strömten durch das Heidetor Panzer und Lastwagen, teils aus amerikanischer Produktion, teils mit antiquiert aussehenden kastenförmigen Führerhäusern, in die Stadt hinein. Die Zerbster hatten sich wieder in den Kellern verkrochen. An einigen Häusern flatterten weiße, an anderen rote Fahnen.[139]

Rings um Zerbst wimmelte es jetzt von russischen Soldaten. Im Norden ging ein ganzes Regiment in Stellung. Der Regimentsstab besetzte den „Vogelherd", ein noch aus der Zerbster Fürstenzeit stammendes Ausflugslokal zwei Kilometer nördlich der Stadtmauern. Die Soldaten biwakierten ringsherum. Andere russische Einheiten lagerten an der ehemaligen Frontlinie des Brückenkopfes bei der Buschmühle in den Auen der Nuthe. Am Friedrichsholz, im Süden der Stadt, standen Geschütze eines Flakregiments. Die Soldaten hatten sich schnell in dem kleinen Wäldchen mit seinem alten Baumbestand eingerichtet. Zelte und kleine Holzhäuschen gaben ihnen Schutz vor dem noch immer leicht regnerischen Wetter. Die Offiziere des Regiments belegten einige Häuser der angrenzenden Friedrichsholzallee, heute Friedensallee. Die Bewohner mußten innerhalb kürzester Zeit aus Sicherheitsgründen ihre Wohnungen freimachen und wurden mit dem Allernotwendigsten, das sie mitnehmen konnten, auf die Straße gesetzt.

Sofort wurde an diesem schicksalhaften 6. Mai auch eine sowjetische Stadtkommandantur eingerichtet. In einem intakten Haus am Frauentorplatz nahm der erste Stadtkommandant Oberst Ivan Szepuro seine Tätigkeit auf.[140] Die Amerikaner hatten hier schon eine Verwaltungsstelle unterhalten. Nur drei Tage blieb er auf diesem Posten, dann verließ er die Stadt wieder. Unter seinem Nachfolger zog die Kommandantur in ein hochherrschaftliches Haus an der Dessauer Straße um. Auch hier mußten die Besitzer alle Einrichtungsgegenstände, Wäsche und Geschirr im Haus zurücklassen. Die weitgehend unbeschädigten Kasernen erwiesen sich sehr bald als zu klein für die Massen von Soldaten. Deshalb wurde das gesamte Areal auf die umliegenden Straßen ausgeweitet. Um Goethe- und Mozartstraße wurden Zäune gezogen. Die Häuser mußten auch hier von einer Stunde auf die andere von den Bewohnern geräumt werden.

Aber nicht alle Amerikaner hatten die Stadt verlassen. Lieutenant John D. Hanft bemühte sich mit seinem Pionierzug vom 308. US-Kampfpionerbataillon, russischen Pionieren Informationen über den Zustand der Versorgungsleitungen für Wasser, Strom und Gas zu geben. Einiges davon hatten die Amerikaner schon reparieren können, aber nach wie vor fehlten Elektrizität und Wasser. Die GI´s schauten auch belustigt den weiblichen russischen Soldatinnen der Militärpolizei zu, die mit roten und gelben Fähnchen an den Straßenkreuzungen die Verkehrskontrolle übernahmen. Hielten sie die roten Fähnchen hoch, hieß es: stop! Winkten sie mit den gelben, bedeutete es: fahren![141] Bald jedoch mußte auch dieser Pionierzug Zerbst verlassen und sich über die Elbe zurückziehen. Den amerikanischen Pionieren war noch aufgefallen, daß viele Russen auf Fahrrädern in der Stadt herumfuhren. Mancher kam damit nicht zurecht und fiel unter dem Gelächter seiner Kameraden in den Dreck. Die Zerbster lachten nicht, denn die meisten Fahrräder waren von irgendeinem Rotarmisten konfisziert worden. Wehe man wehrte sich dagegen! Mehrere Bürger, die das taten, wurden jämmerlich verprügelt und trugen Verletzungen davon.

Ruhe kehrte in Zerbst nicht ein. „Zapp-zerapp" – hieß das Wort für „organisieren" oder, klarer ausgedrückt – stehlen. Eine Armbanduhr zu tragen, war höchst riskant. Es dauerte manchmal nur ein paar Augenblicke, dann war sie die Beute eines Sowjetsoldaten, gleich welchen Rang auch immer er hatte. „Chamerad – komm gib Uhr!" wurde zu einem geflügelten Wort. Ganz schlimm erging es den Frauen. Beim Durchsuchen der Keller, Notunterkünfte und Wohnungen mußte manch eine Zerbsterin Schreckliches erleiden. Ein Lehrer, dem die Nazis große Schwierigkeiten bereitet hatten, weil er nicht auf ihrer Seite stand, stellte sich schützend vor seine Frau, als Rotarmisten sie bedrängten. Eine in den Keller geworfene Handgranate machte daraufhin seinem Leben ein Ende. Wieder gab es Opfer der Gewalt in Zerbst.[142] Ilja Ehrenburgs Aufruf, den Stolz der deutschen Frauen zu brechen, wurde wie in vielen Städten und Dörfern Ostdeutschlands auch in Zerbst umgesetzt. Hilferufe und Verzweiflungsschreie der Geschändeten waren in den Straßen der Stadt zu hören. Oftmals wurden junge Mädchen unter Gerümpel auf Böden und in Schuppen versteckt, um sie vor Vergewaltigung zu bewahren.

Die Nazis hatten bei ihrem Überfall die Sowjetunion zum Land des Untermenschentums erklärt. Sowjetsoldaten, die durch Trümmer von über 70 000 zerstörten Städten und Dörfern ihrer Heimat an den Leichen ermordeter Angehöriger vorbei nach Westen ins Herz jenes Landes vorgestoßen waren, das ihnen soviel Leid zugefügt hatte, sollten sie Gnade walten lassen? Das Elend, das der todbringende deutsche Faschismus über Europa gebracht hatte, sollte jetzt vergolten werden. Erinnerte man sich nicht auch an Bilder aus den Wochenschauen, in denen fanatisch entrückte Frauen zu Tausenden „Heil" schrien? Und doch gab es Zeichen der Menschlichkeit in all diesem Elend, die hoffen ließen. Einige sowjetische Soldaten teilten ihre kargen Rationen mit Zerbster Kindern, die sie aus hungrigen Augen ansahen. Ein Zivilist, auf Krücken daherhumpelnd, wurde von einem russischen Sergeanten angesprochen und umarmt – „nix mehr Krieg, Chitler kaputt!"

Die Zerbster Männer und Frauen der ersten Stunde, die bei den Nazis vieles zu erleiden gehabt hatten und jetzt aufatmeten, traten ein furchtbares Erbe an. Einige von ihnen waren aus KZs und Zuchthäusern der Nazis zurückgekehrt. Sie mußten jetzt das Chaos bändigen, das überall drohte, und mit harter Aufbauarbeit beginnen. Dabei war sicherlich mancher von ihnen überfordert. Aber der Wille, nach diesen schrecklichen Nazijahren einen Neuanfang zu machen, war groß. Es mußte übersehen und kaschiert werden, was die „sowjetischen Brüder" in der Stadt anstellten. Die Kommunisten hatten unter den Nazis eine hohe Zahl von Opfern zu beklagen gehabt. Dennoch begann manch einer von ihnen jetzt zu zweifeln, der aus Idealismus, eine bessere Welt zu bauen und zu gestalten, zum Kommunisten geworden war. Absolute Linientreue war gefragt. Kritik, besonders an einigen Vorkommnissen in Zerbst, gab es nicht. Totschweigen und Verdrängen beherrschte die ersten Versammlungen der sofort wiedererstandenen KPD. Aber es schlug auch die Stunde der Opportunisten. Einige, die kurze Zeit vorher lautstark „Sieg Heil" geschrien hatten, liefen jetzt mit einem überdimensionalen Sowjetstern am Revers herum.

Bald nach den Kampftruppen zog auch die GPU, die dann später zum NKWD umbenannt wurde, in Zerbst ein. In der Postpromenade wurde eine Villa beschlagnahmt. Davor standen Posten mit den charakteristischen grünen Mützen auf den Köpfen. Systematisch wurde die Stadt jetzt von ihnen durchkämmt. Alles, was Nazi gewesen war oder im Verdacht stand, einer gewesen zu sein, landete im Keller dieser Villa in der Postpromenade. Pausenlose Verhöre nach altbekanntem Muster und danach meistens der Abtransport in die alten, jetzt wiederbenutzten KZ´s und Zuchthäuser wie Buchenwald, Bautzen, Waldheim usw. schlossen sich an. Vielfach waren sie nur Durchgangsstationen für die Deportation in die Sowjetunion. Ehemalige Offiziere, die aus westlicher Kriegsgefangenschaft zurückkehrten, mußten sich wie alle entlassenen Soldaten auf der Kommandantur melden. Von dort transportierte man viele der Unglücklichen auf direktem Weg in die Zwangsarbeiterlager nach Osten. Nicht nur Nazis und Offiziere wurden verhaftet, auch Wirtschaftsbosse, Fabrikanten und Gutsbesitzer. Manch einer war darunter, der dem Naziregime kritisch gegenüber gestanden oder sogar Widerstand geleistet hatte. Auch alte Sozialdemokraten, die sich der auf sie zukommenden Zwangsvereinigung mit der KPD verweigerten und offen davor warnten, landeten im GPU-Keller. Einige hatten kurze Zeit vorher die Haft der Nazis überstanden. Ein Zerbster Schreibwarenhändler, der ausgebombt war, verkaufte in Ermangelung von Schreibwaren jetzt Briefmarken für Sammler. Darunter waren versehentlich einige aus der Nazizeit. Wegen Nazipropaganda landete auch er im GPU-Keller. Viele Zerbster kehrten aus dieser Gefangenschaft nicht mehr zurück. Vielleicht liegen sie verscharrt auf einem der kürzlich entdeckten Massenfriedhöfe der stalinistischen Justiz: Schuldige, Mitläufer und Unschuldige.

Der Flugplatz von Zerbst wurde ebenfalls schnell wieder belegt. Bald flogen Jak´s und Lag´s über die Stadt. Die sowjetischen Militärs hatten natürlich die strategische Bedeutung dieses Fliegerhorstes erkannt. Denn mit der Übernahme von drei Westsektoren in

Berlin würden die Westalliierten von den Luftkorridoren abhängig sein. Jagdflieger aus Zerbst machten dann tatsächlich während des Kalten Krieges von sich reden. Ein sowjetischer Jäger, der hier aufgestiegen war, beschoß in den 50er Jahren eine Air France-Maschine. Es handelte sich auch um in Zerbst gestartete Mig´s, die anläßlich der erstmaligen Sitzung des Deutschen Bundestages in West-Berlin am 7. April 1965 über dem Reichstag die Schallmauer im Tiefflug durchbrachen. So blieb Zerbst später weiter im Gespräch!

Am 8. und 9. Mai 1945 wurden dann der Sieg gefeiert. Dabei floß reichlich Alkohol. Die Soldaten feuerten mit allen Waffen stundenlang in die Luft. Der Krieg war vorbei – waren auch Terror und Unterdrückung vorbei? Wie hieß es doch in dem traditionellen Lied der Arbeiterbewegung, das sogar einmal Nationalhymne der jungen Sowjetunion war: „Die Internationale erkämpft das Menschenrecht!" Wie verhielt es sich mit den Menschenrechten nach der Nazizeit in der von der Sowjetarmee befreiten Zone?

Der Krieg in Europa war zu Ende, und das Treffen zwischen General Simpson und Generaloberst Svjatajew, dem Chef der 33. Sowjetischen Armee, fand schon in der nun beginnenden Friedenszeit am 9. Mai, pünktlich um 12 Uhr, in einer repräsentativen Zerbster Villa statt. Simpson, der von einem großen Aufgebot an Personal seiner 9. US Army begleitet wurde, hatte auch General Nugent, den Befehlshaber der 29. Taktischen US AirForce, mitgebracht. Die Russen zeigten sich als gute Gastgeber. Mit Krimsekt und Kaukasischem Wein stieß man auf den gemeinsamen Sieg über Nazideutschland an und versprach sich immerwährenden Frieden. Ein opulentes Mahl, serviert von jungen Russinnen mit Spitzenhäubchen, und ein intensiver Austausch gemeinsamer Kriegserlebnisse sorgte für einen harmonischen Verlauf dieser Begegnung. Nochmals bekräftigte General Simpson die Abmachung des Alliierten Hauptquartiers mit der sowjetischen Führung. Er erklärte, die amerikanische Truppen würden sich, sobald es möglich wäre, hinter die geplante Demarkationslinie zurückziehen. So geschah es dann auch bald danach. Nur wenige Monate später sollte Winston Churchill diese Grenzlinie den „Eisernen Vorhang" nennen, der die Welt erneut in zwei feindliche Hälften trennte. Der britische Premier hatte sich mit seiner realistischen Vision nicht durchsetzen können. Zerbst und der amerikanische Brückenkopf dort bedeuteten für kurze Zeit die Chance, Positionen in Europa zu verändern und mit der Eroberung Berlins eine andere Ausgangssituation gegenüber den Sowjets zu erreichen. Wäre der „Kalte Krieg" anders verlaufen?

Zerbst war anschließend das Schicksal einer unbedeutenden Provinzstadt in der DDR beschieden. In der einzig erhaltenen Zerbster Grund- und Hauptschule hatte man im Sommer 1945 an der Stirnwand der Aula den Spruch angebracht: „WIR WOLLEN DER WAHRHEIT WIEDER DIE EHRE GEBEN!" Bald wurde dieser Spruch durch die DDR-Realität wieder übertüncht. Vielleicht läßt der 9. November 1989 hoffen, daß er endlich Wirklichkeit wird und daß den Bürgern der Stadt Zerbst eine glückliche Zukunft in Recht und Freiheit beschieden sein wird.

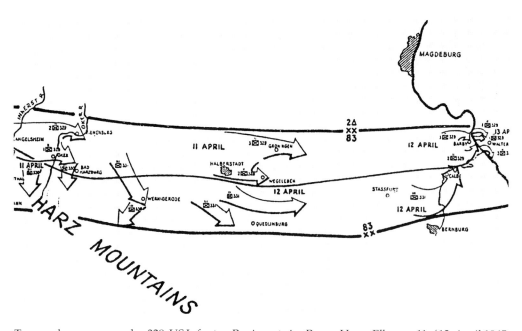

Truppenbewegungen des 329. US Infantry-Regiments im Raum Harz–Elbe am 11./12. April 1945

Shermanpanzer auf dem Weg nach Halberstadt

Colonel Edwin B. Crabill, Kommandeur des 329. US-Infantry-Regiments „Buckshot"

Der Stab des 3. Bataillons, 329. US Infantry-Regiment. Links oben: Captain Schommer, Major White, Captain Boyd. Unten links: Lieutenant Mac Farlane und Lieutenant Harpin.

Mit schnell zusammengebauten Fähren geht es über die Elbe

In kürzester Zeit wurde die Truman-Bridge über die Elbe gebaut, so daß rasch die schweren Waffen, Panzer und Nachschub in den Brückenkopf gebracht werden konnten. Bald darauf entstand südlich davon eine zweite Pontonbrücke.

Leichte amerikanische Flak bewacht den Elbübergang bei Barby. Dieses Geschütz hat seit der Landung in der Normandie 11 deutsche Flugzeuge abgeschossen.

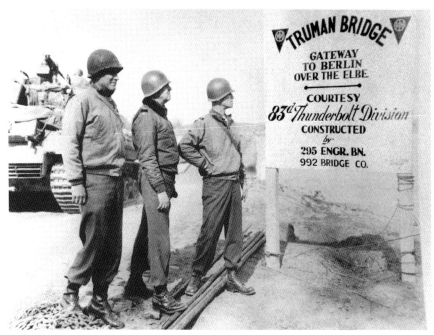

Major General Robert C. Macon, Kommandeur der 83. US-Infantry-Division, Major General Mac Lain, Kommandeur des XIX. US Corps, und Lieutenant General Simpson, Kommandeur der 9. US Army weihen am 16. April 1945 die Truman-Bridge über die Elbe ein

Amerikanische Truppen überqueren die Elbe bei Tochheim in Richtung Zerbst; Ausschnitt aus der Zeichnung eines amerikanischen Künstlers

```
FROM : 99TH COMB BOMB WG 150030B
TO   : COBOMGP 322, 344, 386, 391
OPERATIONAL PRIORITY
SECRET QQX BT                                    99TH COMB BOMB WG
                                                 A P O 140
99CBW P-181-E                                    15 APRIL 45

            INTELLIGENCE ANNEX TO F O NO 546

    PLAN "A"
    -------
       TARGET : CN 5846
       REFER TO ANNEX TO F O 544
       BRIEF CREWS ON PARAGRAPH "D" OF ANNEX TO F O 542
       -322B-GROUP COVER BUILDINGS 13, 14, 16 AND CHOKE POINT 26
       344TH GROUP COVER BUILDINGS 8 TO 16 INCLUSIVE

       391ST GROUP COVER BUILDINGS 17 TO 24 INCLUSIVE

       SECONDARY TARGETS ARE ALL M/Y'S AT W-8031, W-2565, X-4011,
       X-4112, AND X-5961
    PLAN "B" AND "C"
    ---------------
       TARGET IS TOWN OF ZERBST AT D-988830
       THIS TOWN IS A COMMUNICATION CENTER OF RESISTANCE WHICH
       TACTICAL RECONNAISSANCE REPORTS TO BE VERY ACTIVE WITH
       INSTALLATIONS, SUPPLIES, AND PERSONNEL
       USE ILL. 3/AIR/139/1 (GU4082) AND RECCE 106WI36 PRINTS 7014-7015
       322D AND 391ST GROUPS COVER ON ILL. 3/AIR/139/1 THE BUILT UP
                                 AREA BOUNDED BY 016032, 020039, 030028
       AND 016027
       344TH GROUP COVER ON ILL. 3/AIR/139/1 THE BUILT UP AREA
                          BOUNDED BY 016027, 030028, 027017, AND 016021
    ALL PLANS
    ---------
       BE ESPECIALLY CAREFUL TO AVOID DROPPING ON OUR OWN TROOPS,
       BE ALERT FOR FIGHTER REACTION, AND REPORT ALL OBSERVATIONS
       WITH CLOSEST POSSIBLE PINPOINTS
                             - - - V A N C E - - -
BT 150030B
WRG    AR
ALL STATIONS HOLD FOR K WITH R
CC : PLAN "A" 344TH GROUP COVER BUILDINGS 8 TO 12 INCLUSIVE

JEJ  R.....15/0000B   PJH     AR
JGA  R.....15/0100B   WFM     AR
JKM  R.....15/0000B   JT      AR
JIG  R.....15/0100B   JNN     AP
```

```
JIG VIA JJK V ITA JJF NR 15/16
                              OP  CP
FROM 1ST PATHFINDER SQ PROV  16/1625B
TO : CG, IX BOMBARDMENT DIVISION  ATT: A-2
     CG, 99th COMBAT WING
     CO, 344TH BOMB GROUP

SECRET QQX BT

1ST PPT SQ PROV P-152-D

A. FIRST PATHFINDER SQUADRON WITH THE 344TH BOMB GROUP
B. ZERBST COMM. CENTER RD 98806315
C. TWO B-26'S
D. ONE B-26 CASUAL FLAX POSITION ON EAST EDGE OF ZERBST RD 988083
   GROUP TOOK OVER FOR VISUAL RUN SO FFF BOMBED CASUAL
E. ONE B-26 GROUP TOOK OVER FOR VISUAL RUN TURNED AROUND AT 1051
F. 4 X 500 GP ON CASUAL  4 X 500 GP RETURNED
G. UNOBSERVED
H. AND I. NONE
J. MODERATE ACCURATE HFF IN TARGET AREA  RD 98808315
K. NONT
L. 13,500 ON CASUAL
M. 105 CASUAL
   GROUP FORMATION - GOOD
                        PREPARED BY : LT. WHIDDON
CO 1ST PATHFINDER SQ PROV
BT 16/16850
WT/DIG 0
JJK R.....1417358        WRG
AR AR.
JIG R.........16/1855 AJ1      AR
```

Der Befehl zum Luftangriff auf Zerbst, ausgestellt am 15. April 1945

B 26-Marauder im Anflug auf Zerbst

Betanken einer Douglas A 26-Invader

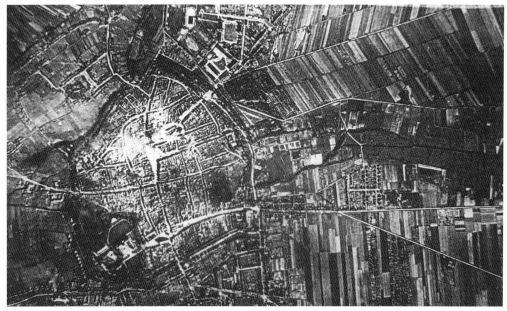
Die ersten Bomben treffen den nördlichen Markt, die Bäcker- und die Jüdenstraße

Beim Angriff der dritten Welle wurde besonders das Zerbster Fischmarktviertel zerstört. Klar zu erkennen sind die Bombeneinschläge und die Rauchentwicklung im Nordosten der Stadt.

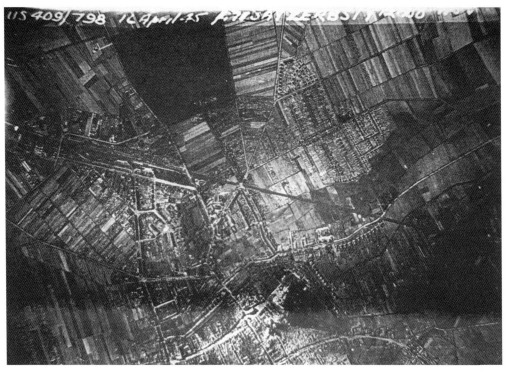

Der Ankuhn hat Treffer erhalten. Der Zielpunkt um die Nikolaikirche ist markiert, ebenso jener an der Bartholomäikirche und am Schloß. Der Zielpunkt in der Südstadt wurde nicht getroffen; dagegen Einschläge und Rauchpilze östlich der Wolfsbrücke.

Seite 185: Der Angriff auf den Zerbster Flugplatz am 10. April 1945 dauerte von 14.49–14.54 Uhr. Auf und neben dem Rollfeld explodierten 222 Bomben á 453 kg und 444 Bomben á 226,5 kg.
© Luftbild: Ingenieurbüro Carls, Würzburg

Seite 187: Das Schloß ist getroffen (links oben). In der Bildmitte ist die Südstadt von Zerbst mit Bahnhof zu sehen.

Das brennende Zerbst

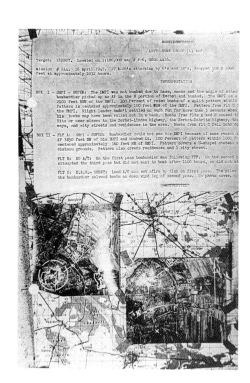

Flugbericht der 409. Bombardement Group

Zerbst nach dem Bombenangriff am 16. April 1945 © Luftbild: Ingenieurbüro Carls, Würzburg

Das brennende Güterglück. Das Luftbild wurde von First Lieutenant Richard G. Burron von der 67. Tactical Reconnaissance Group aus einer Höhe von 1 520 m am 15. April 1945 aufgenommen.

Ein Bahnübergang bei Güterglück wird von GI's des 3. Bataillons vom 329. US Infantry-Regiment besetzt. Eine Markierung für Flugzeuge, um die eigene Luftwaffe über den aktuellen Frontverlauf zu informieren, ist im Vordergrund zu erkennen.

Warten auf die H-hour. Ein Plausch und eine Zigarette vor dem Angriff auf Zerbst.

In einem Dorf bei Zerbst sammeln sich die „Buckshooter" zum Vorstoß auf die Stadt

Captain Francis C. Schommer, S 3 des 3. Bataillons im 329. US Infantry-Regiment, für die taktische Planung und Befehlsgebung zuständig, führte die Kapitulationsverhandlungen in Zerbst

Panzer mit aufmontierten Lautsprechern in den Straßen von Zerbst am 28. April 1945

Kriegsgefangene deutsche Soldaten werden durch die Trümmer von Zerbst zur Sammelstelle geführt

Wehrmachtssoldaten verlassen das zerstörte Zerbst auf dem Weg in die amerikanische Gefangenschaft   Life-Fotograf: Tony Vaccaro

Zerbster Bürger mit Handwagen nach dem Einmarsch der Amerikaner

Stolz läßt sich John A. Hardiman, „Runner" von Company B, 329. US Infantry-Regiment, und gerade 19 Jahre alt, auf dem Zerbster Markt fotografieren

Die Trümmer der Stadt, wie sie von amerikanischen Fotografen im Bild dokumentiert wurden: Die Alte Brücke (Bild oben), der Wächtergang (unten)

Der Zerbster Markt. Blick auf das Rathaus. Das zinnengeschmückte Gebäude rechts war das Neue Haus aus dem 16. Jahrhundert. Die ursprünglichen Renaissancegiebel wurden 1839 durch Zinnen ersetzt.

Der Roland, Standbild von 1445/46, vor dem Zerbster Rathaus

Der zerstörte Marktplatz mit den Ruinen von St. Nikolai und dem Rathaus

Ein Wahrzeichen von Zerbst, der Roland vor dem Doppelturm der zerstörten Kirche St. Nikolai

Ein Kriegsgefangenenlager bei Zerbst. Zahlreiche amerikanische und britische Gefangene konnten hier befreit werden.

An einem Bauernhaus bei Zerbst weht die amerikanische Fahne, die eine Bäuerin schnell geschneidert hatte. Die GI´s hatten ihr gesagt, daß auch die Russen ihr nichts tun würden, wenn die „Stars and Stripes" vor dem Haus wehen würde.

Auch in Zerbst begegneten sich amerikanische und russische Soldaten

Bankett in einer unzerstörten Zerbster Villa. Am Tisch Offiziere der 9. US Army und der 33. Sowjetischen Armee. An der linken Tafelseite, von rechts: Lieutenant Major Moore, Captain Shain, Brig. General Nugent vom XXIX. Tactical Air Command, Brig. General van Richard. An der rechten Seite der Tafel, von rechts: Oberst Enosow, Generalmajor Grenzky, Generalmajor Davidowski, Generalmajor Vetruschew, Generalmajor Pletnev. Die Feier fand am 9. Mai 1945 statt.

Adolf-Hitler-Stein in einem Dorf bei Zerbst

Der Life-Fotograf Tony Vaccaro machte dieses Bild am 1. Mai 1945 in Hohenlepte auf einem Gefechtsstand des 331. US Infantry-Regiments: „Hitler tot – Adolf kaputt"

Gedenkstätte für die Opfer vom April 1945 auf dem Zerbster Heidetorfriedhof

Die „Oak-Leaf Cluster"-Urkunde für First Lieutenant Paul Mac Farlane. Ihm wurde diese hohe amerikanische Auszeichnung für seinen Einsatz am 27. April 1945 in Zerbst verliehen.

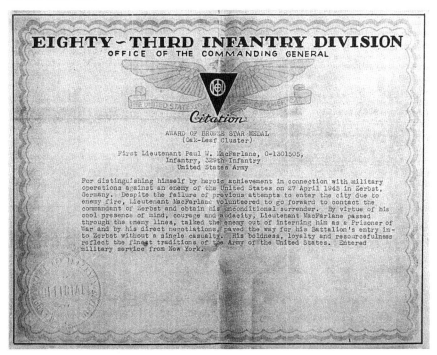

Das Zerbster Schloß vor der Zerstörung im Jahre 1945. Erbaut wurde es von 1681–1760 nach Plänen von Cornelis Ryckwaert, Giovanni Simonetti und Georg Wenzelslaus von Knobelsdorff. Die spätere Zarin Katharina die Große verbrachte als Zerbster Prinzessin ihre Kindheit in diesem Schloß.

Der ehemalige Ostflügel des Schlosses, wie er sich heute darstellt

Udo Pfleghar wurde in Zerbst geboren und besuchte das dortige Gymnasium. In den letzten drei Jahren des zweiten Weltkrieges mußte er noch an den Kriegshandlungen als Luftwaffenhelfer und Wehrmachtssoldat teilnehmen. Nach dem Krieg studierte Pfleghar in den 50er Jahren an der Freien Universität Berlin sowie an den Universitäten in Köln und Madrid Geschichte, Kunstgeschichte und Theaterwissenschaften. Bis vor wenigen Jahren war er im Schuldienst beschäftigt, zuletzt als Leiter einer Schule in Köln.

Schon seit seinem Studium ist der Autor journalistisch und literarisch tätig. Er schrieb für zahlreiche Zeitungen und Zeitschriften Reiseberichte, historische und kulturhistorische Aufsätze und Abhandlungen.

Anmerkungen

(Bibliographische Hinweise zu den genannten Quellen befinden sich im Quellen- und Literaturverzeichnis.)

1. Zerbster Heimatkalender, 1963, S. 66.
2. Ebenda, 1975, S. 75.
3. Ebenda, 1967, S. 31.
4. Ebenda, 1992, S. 55.
5. Ebenda, 1968, S. 44.
6. Ebenda, 1961, S. 62.
7. Ebenda, 1997, S. 42.
8. Ebenda, 1966, S. 28.
9. Franzos, S. 22.
10. Zerbster Heimatkalender, 1996, S. 17.
11. Persönliche Erinnerungen des Verfassers.
12. Zerbster Heimatkalender, 1960, S. 45.
13. Bericht eines Augenzeugen an den Verfasser.
14. Groehler, S. 6.
15. Ebenda, S. 7.
16. Ebenda, S. 19.
17. Ebenda.
18. Ebenda, S. 68.
19. Ebenda, S. 86.
20. Ebenda, S. 104.
21. Ebenda, S. 155 f.
22. Ebenda, S. 164.
23. Gellermann, S. 39.
24. Philos, S. 89.
25. Ebenda, S. 89.
26. Chronik des 329. US Infantry-Regiment, Nr. 3 a, S. 5.
27. Kriegstagebuch 329. US Inf. Rgt., S. 7.
28. Ebenda, S. 8.
29. Mac Donald, S. 387.
30. Zerbster Heimatkalender, 1985, S. 10.
31. „Volksstimme", 17. April 1996, S. 10.
32. Mac Donald, S. 397.
33. Ebenda, S. 397.
34. Gellermann, S. 55.
35. Kienscherf, S. 29.
36. Schommer: „Bericht vom 16. September 1944 über die Kapitulation einer deutschen Division bei Romorantin, 50 km südlich der Loire." Dieser Erlebnisbericht wurde freundlicherweise dem Verfasser von Schommers Sohn John zur Verfügung gestellt.
37. Zerbst im April 1945, S. 11 ff.
38. Zerbst im April 1945, S. 16.
39. Ebenda, S. 15.
40. Kienscherf, S. 30 ff.
41. Shukow, S. 292.
42. 99th Comb bomb Wg APO 140, 15. April 1945.
43. A 26 OPRED No 16 for 24 hours, APO 696.

44	Mission Summary 113.
45	9th Bomb. Div. M-Group Narrative 409 BG Box II Flight SMPI-Superior.
46	9th Bomb. Div. M-Group Narrative 344 BG Box I.
47	9th Bomb. Div. – Group Narrative 416 BG Box I.
48	9th Bomb. Div. – Group Narrative.
49	„Volksstimme", 15.4.1995.
50	Zerbst im April 1945, S. 21.
51	Ebenda, S. 23.
52	Ebenda, S. 24.
53	Ebenda.
54	Ebenda, S. 25.
55	Ebenda, S. 31.
56	Ebenda.
57	Ebenda, S. 32.
58	Ebenda, S. 33.
59	Mitteilung von Herbert Neumann an den Verfasser.
60	Mac Donald, S. 341.
61	Churchill, S. 1041.
62	Böddeker, S. 148.
63	Shukow, S. 275.
64	Tieke, S. 30. Vergl. Gosztony, S. 12.
65	Shukow, S. 276.
66	Ebenda.
67	Böddeker, S. 148.
68	Ebenda.
69	Ebenda.
70	Churchill, S. 1042.
71	Ebenda, S. 1043.
72	Ebenda, S. 1044.
73	Gellermann, S. 62.
74	Smith, S. 181 ff.
75	Churchill, S. 1068.
76	Mac Donald, S. 405.
77	Shukow, S. 276. Vergl. Gosztony, S. 122.
78	Bradley, S. 535.
79	Mac Donald, S. 399.
80	Mitteilungen von Veteranen des 329. US Infantry-Regiments an den Verfasser.
81	Bradley, S. 539.
82	The Army Air Forces, S. 629 f.
83	Mac Donald, S. 400.
84	Zerbst im April 1945, S. 40.
85	Ebenda, S. 41.
86	G 3 Periodic Reports, 19.4.1945.
87	Zerbst im April 1945, S. 42 und Augenzeugenbericht von Ernst Pfleghar.
88	G 3 Periodic Reports, 19.4.1945.
89	Gellermann, S. 75 f.
90	Tieke, S. 70.
91	Ebenda, S. 196.
92	Kriegstagebuch 329. US Infantry-Regiment, 23.4.1945/14.15 Uhr.
93	Ebenda, 17.00 Uhr.
94	Gellermann, S. 76.

95 G 2-Lagemeldung Nr. 214, 83. US Inf. Div. und Kriegstagebuch 329. Inf. Rgt., 24.4.1945/8.45 Uhr.
96 Mac Donald, S. 448.
97 Ebenda, S. 451.
98 Ebenda, S. 452.
99 Ebenda.
100 Ebenda, S. 453.
101 Ebenda.
102 Ebenda.
103 Ebenda, S. 454.
104 Ebenda, S. 456.
105 Kriegstagebuch 329. US Inf. Rgt., 26.4.1945/18.45 Uhr und Gellermann, S. 86. Er spricht von 6 000 deutschen Verwundeten.
106 Gellermann, S. 76.
107 G 2-Report 216, 27.4.1945.
108 Bericht von Francis C. Schommer, im Besitz seines Sohnes John Schommer.
109 Gelzenleuchterbericht.
110 Ebenda.
111 Kriegstagebuch 329. US Inf. Rgt. vom 28.4.1945/14.15 Uhr.
112 Ebenda.
113 Schommerbericht.
114 Ebenda.
115 Gelzenleuchterbericht.
116 Schommerbericht.
117 Gelzenleuchterbericht.
118 Schommerbericht.
119 Gelzenleuchterbericht.
120 Bericht von Herbert Neumann an den Verfasser.
121 Schommerbericht.
122 Kriegstagebuch 329. US Inf. Rgt. vom 29.4.1945/14.40 Uhr.
123 G 2-Lagemeldung Nr. 217/28.4.1945.
124 83. US Inf. Div., Militärregierung APO, 29.4.1945.
125 Ebenda vom 1.5.1945.
126 Kriegstagebuch der 113. US Cavalry Group MECZ vom 28.4.1945.
127 Ebenda vom 29.4.1945.
128 Ebenda vom 30.4.1945.
129 Ebenda vom 30.4.1945.
130 Ebenda vom 30.4.1945.
131 Kriegstagebuch der 113. US Cavalry Group MECZ vom 1.5.1945.
132 Erfahrungsbericht für Mai 1945/329. US Inf. Rgt.
133 Kriegstagebuch der 113. US Cavalry Group MECZ vom 2. Mai 1945.
134 Zerbster Heimatkalender, 1996, S. 66.
135 G 2-Lagemeldung Nr. 222 vom 3.5.1945, 83. US Inf. Div.
136 Kriegstagebuch der 113. US Cavalry Group MECZ vom 5.5.1945.
137 Erfahrungsbericht für Mai 1945/329. US Inf. Rgt.
138 O'Connor, S. 5.
139 Augenzeugenbericht von Herbert Neumann an den Verfasser.
140 Zerbster Heimatkalender, 1983, S. 22.
141 Bericht von John D. Hanft an den Verfasser.
142 Augenzeugenberichte Zerbster Bürger, gesammelt von Ernst Pfleghar; im Besitz des Verfassers.
143 Bericht der 83. US Infantry-Division vom 9. Mai 1945.

Quellen- und Literaturverzeichnis

Literatur

Ambrose, Stephen E.: Eisenhower and Berlin, 1945 – The Decision to Halt at the Elbe, New York 1967.

Böddeker, Günther: Der Untergang des Dritten Reiches, München 1985.

Bradley, Omar N.: A Soldier's Story of the Allied Campaigns from Tunis to the Elbe, London 1951.

Churchill, Winston S.: Der Zweite Weltkrieg, Bern, München und Wien 1996.

Eisenhower, Dwight D.: Crusade in Europe, New York 1948.

Franzos, Karl Emil: Aus Anhalt und Thüringen, Berlin 1984.

Gellermann, Günther W.: Die Armee Wenck – Hitlers letzte Hoffnung, Koblenz 1990.

Gosztony, Peter: Der Kampf um Berlin 1945 in Augenzeugenberichten, Nördlingen 1975.

Groehler, Olaf: Anhalt im Luftkrieg. Anflug auf Ida Emil, Dessau 1993.

Kienscherf, Dietrich: Wie ich PoW Nr. 3214570 wurde, Neustrelitz 1995.

Liddelhart, Basil: Geschichte des Zweiten Weltkrieges, Wiesbaden 1970.

Lindner, Heinrich: Geschichte und Beschreibung des Landes Anhalt, Bde. I und II., Halle 1991

Lipinski, Anette: Wiederaufbau kriegszerstörter Kleinstädte in den unterschiedlichen Gesellschaftssystemen Jülich und Zerbst. Diplomarbeit, Geografisches Institut der Universität Köln 1994.

Lorenz, Hermann: Anhalts Geschichte in Wort und Bild, 1. Nachauflage, Dessau 1990.

Mac Donald, Charles B.: United States Army in World War II. The European Theater of Operations. The Last Offensive, Washington 1990.

O'Connor, Daniel P.: Buckshot – A History of the 329. Infantry Regiment, Wolfenbüttel 1945.

Philos, C. D.: The Thunderbolt across Europe. A History of the 83rd Infantry Division 1942 – 1945, München 1945.

Poguê, Forrest C.: The Decision to Halt on the Elbe 1945, in Command Decisions, Washington 1960.

Schramm, Percy E. (Hrsg.): Kriegstagebuch des Oberkommandos der Wehrmacht, Bd. IV/2, 1. Januar 1944 – 22. Mai 1945, Frankfurt 1961.

Schultz-Naumann, Joachim: Die letzten dreißig Tage, München 1980.

Shukow, Georgi Konstantinowitsch: Erinnerungen und Gedanken, Moskau und Berlin 1969.

Smith, Walter Bedell: General Eisenhowers sechs große Entscheidungen (Europa 1944–1945), Stuttgart 1956.

Specht, Reinhold: Das mittelalterliche Zerbst, Zerbst 1955.

Tieke, Wilhelm: Das Ende zwischen Oder und Elbe – Der Kampf um Berlin 1945, Stuttgart 1992.

Time-Life-Bücher: Der Zweite Weltkrieg – Entscheidung im Westen, Franklin M. Davis jr., Amsterdam 1982.

„Volksstimme", Redaktion Zerbst, Ausgaben vom 15.4.1995 und 17.4.1996.

Zerbster Heimatkalender, 1960 ff, Hrsg.: Claus Blumstengel in Zusammenarbeit mit dem Heimatmuseum und dem Heimatverein Zerbst.

Zerbst/Anhalt – Ein Stadtführer, Zerbst 1993.

Zerbst im April 1945: Eine Chronik nach Berichten von Augenzeugen, Zerbst 1955.

Ungedruckte Quellen

National Archives, Washington, DC.:

United States Army in World War II, Special Studies-Chronology 1941–1945. Compiled by Mary H. Williams. Office of the Chief of Military History, Departement of the Army, Washington 1960.

Chronik: 329. US Infantry-Regiment Journal 12.4.–30.4.1945. (383-INF(329)-0.3 4390)

Kriegstagebuch: Unit Journal, 329th Infantry, (Cont'd). 12. April ff..

Journal 329th Infantry Regiment, 3rd Bataillon. Handgeschrieben vom 25. April–4. Mai 1945 (383-INF(329)7-0.7 4 Folders).

G 2-Lagemeldungen April 1945, Nr. 214 – 223, 83. Inf. Div. (383-2.1 25332).

G 3 Periodic Reports April–May 1945, Nr. 210 ff. (383-3.1 25765).

US Inf. Division, Erfahrungsberichte ab 24. April, APO 83, Militärregierung. (383-5 12488).

Field Artillery: Unterstellungen 20. April 1945. (383-ART-0.3 4814).

Erfahrungsbericht für den Monat Mai 1945: Inf. Regt. 329. (383-INF(329)-0.3 4390).

Kriegstagebuch der 113. US Cavalry Group: Operation 113th Cavalry Group, MECZ, 28. April–11. May 1945. (CAVG-113-0.3 6596).

83rd Thunderbolt Inf. Div: Erfahrungsbericht, Headquarters Military Section, APO 83, 2 MAY, 1945. (383-29.0 12484).

National Archives, Record Group 18, College Park, Maryland 20740-6001:

The Army Air Forces in World War II: Combat Chronology 1941–1945, Compiled by Kit C. Carter, Robert Mueller, Office of Air Force History, Headquarters USAF 1973. S. 628 f.

99th COMB BOMB WG: APO 140, 15. April 1945, Intelligence Annex to FO NO 546.

Mission Summary # 113: 9th Bombardment Division (M), APO 140, Field Order #853, 16. April 1945.

386th Bombardment Group: Mission No 64 FOI 547, 99th Bomb Wing.

386th Bombardment Group: Participation Report for 16. April 1945, Box 1251.

344th Bombardment Group: Pathfinder Sq Prov. 16/1625 D 99th Comb Wing.

344th Bombardment Group: Mission Report, Field Order 547, 16. April 1945. Box 998.

409th Bombardment Group: Mission # 244 Zerbst, 16.4.1945. Box 1469.

Francis C. Schommer: The Rag Tag Circus – From Omaha Beach to the Elbe, 329th Buckshot Infantry-Regiment. Dieser Bericht wurde dem Verfasser von John Schommer, dem Sohn Captain Schommers, freundlicherweise zur Verfügung gestellt.

Francis C. Schommer: Bericht über die Kapitulation General Elsters mit 20 000 deutschen Soldaten am 16.9.1944 südlich der Loire. Auch dieser Bericht wurde von John Schommer zur Verfügung gestellt.

Gelzenleuchterbericht: Erlebnisbericht des Herrn Gelzenleuchter über die Zerstörung der Stadt Zerbst am 16.4.1945 und die Kapitulation am 28.4.1945, Kreisarchiv Zerbst, Archivnummer: 94, Bl. 1–27.

Mitteilungen an den Verfasser

Erich Hänze, John D. Hanft, John A. Hardiman, Emanuel Lamb, Paul Mac Farlane, Samuel W. Magill, Herbert Neumann, Eugene A. Peloquin, Ernst Pfleghar und über 100 Augenzeugenberichte aus seinem Nachlaß.

Bildnachweis

329. US Inf. Rgt. „Buckshot"; John Schommer, National Archives, Washington;
Ingenieurbüro Carls, Würzburg;
Smithonian Institution, National Air and Space Museum, Washington;
AKG Foto (14129 Berlin, Teutonenstraße 22, Tony Vaccaro);
Heimatmuseum Zerbst;
Sammlung Pfleghar, Köln.

Vorderer Vorsatz: Hauptstoßrichtung des 329. US Infantry-Regiments „Buckshot" zwischen dem 1. April und 13. April 1945

Hinterer Vorsatz: linke Seite: „Brückenkopf Zerbst" über die Elbe am 12./13. April 1945, Meßtischblatt
rechte Seite: Hauptstoßrichtung zwischen dem 13. und 28. April 1945, Meßtischblatt

Inhalt

Was Zerbst einmal war	6
Noch ist Frieden	22
Dem Krieg entgegen	28
Krieg	36
Die Front rückt näher	48
Das 329. US Infantry-Regiment „Buckshot" – Von Liverpool nach Zerbst	51
Über die Elbe – Der Brückenkopf	76
Zerbst ist Festung	86
Codewort „Young girl" – Target is town of Zerbst	94
Das Inferno	103
Stop	110
Der Kampf geht weiter	116
Treffen mit den Russen bei Zerbst?	126
Torgau	130
Parlamentäre	135
Der 28. April 1945	146
Die Militärregierung	157
Vorstoß zu den Russen	162
Die Russen sind da	173
Bildteil	177–202
Über den Autor	203
Anmerkungen	204
Quellen- und Literaturverzeichnis	207
Bildnachweis	210

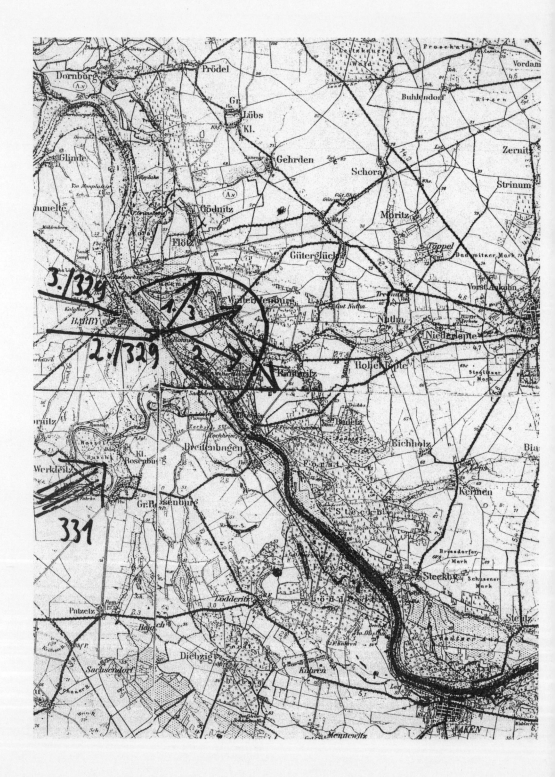